25

Coleção
LEIS ESPECIAIS *para* **concursos**

Dicas para realização de provas com questões de concursos e jurisprudência do STF e STJ inseridas artigo por artigo

Coordenação:
LEONARDO GARCIA

ESTATUTO DO TORCEDOR

Lei 10.671/2003

Coleção

LEIS ESPECIAIS *para* **concursos**

25

Dicas para realização de provas com questões de concursos e jurisprudência do STF e STJ inseridas artigo por artigo

Coordenação:
LEONARDO GARCIA

JOSEANE SUZART LOPES DA SILVA

ESTATUTO DO TORCEDOR

Lei 10.671/2003

2ª
edição
revista, atualizada e ampliada

2019

EDITORA *Jus*PODIVM
www.editorajuspodivm.com.br

EDITORA
*Jus*PODIVM
www.editorajuspodivm.com.br

Rua Território Rio Branco, 87 – Pituba – CEP: 41830-530 – Salvador – Bahia
Tel: (71) 3045.9051
• Contato: https://www.editorajuspodivm.com.br/sac

Capa: Ana Caquetti

Diagramação: Cendi Coelho *(cendicoelho@gmail.com)*

O79 Estatuto do Torcedor / Joseane Suzart Lopes da Silva – 2. ed. rev., atual. e ampl. – Salvador: Ed. Juspodivm, 2017.
176 p. (Leis Especiais para Concursos, v.25/ coordenador Leonardo de Medeiros Garcia)

Bibliografia.
ISBN 978-85-442-1591-3.

1. Direito. 2. Estatuto do Torcedor I. da Silva, Joseane Suzart Lopes II. Título.

CDD 340

AGRADECIMENTOS

Ao meu esposo Gervásio, pelo apoio sempre incondicional,
às minhas filhas, Ana Clara e Clarissa, pela grande
compreensão, apesar de ainda tão jovens.
À minha sobrinha Júlia, pelo auxílio neste trabalho.
Ao grande amigo Ademir Bicalho Júnior pelas pesquisas
sobre jurisprudência e concursos públicos relativos ao tema.

Proposta da Coleção *Leis Especiais para Concursos*

A Coleção *Leis Especiais para Concursos* tem como objetivo preparar os candidatos para os principais certames do país.

Pela experiência adquirida ao longo dos anos, dando aulas nos principais cursos preparatórios do país, percebi que a grande maioria dos candidatos lê apenas as leis especiais, deixando os manuais para as matérias mais cobradas, como constitucional, administrativo, processo civil, civil, etc. Isso ocorre pela falta de tempo do candidato ou porque faltam no mercado livros específicos (para concursos) em relação a tais leis.

Nesse sentido, a Coleção *Leis Especiais para Concursos* tem a intenção de suprir uma lacuna no mercado, preparando os candidatos para questões relacionadas às leis específicas, que vêm sendo cada vez mais contempladas nos editais.

Em vez de somente ler a lei seca, o candidato terá dicas específicas de concursos em cada artigo (ou capítulo ou título da lei), questões de concursos mostrando o que os examinadores estão exigindo sobre cada tema e, sobretudo, os posicionamentos do STF, STJ e TST (principalmente aqueles publicados nos informativos de jurisprudência). As instituições que organizam os principais concursos utilizam os informativos e as notícias (publicados na página virtual de cada tribunal) para elaborar as questões de concursos. Por isso, a necessidade de se conhecer (e bem!) a jurisprudência dos tribunais superiores.

Assim, o que se pretende com a presente coleção é preparar o leitor, de modo rápido, prático e objetivo, para enfrentar as questões de prova envolvendo as leis específicas.

Boa sorte!

Leonardo Garcia
(Coordenador da coleção)
leonardo@leonardogarcia.com.br
leomgarcia@yahoo.com.br
www.leonardogarcia.com.br

Sumário

Estatuto de Defesa do Torcedor
Lei nº 10.671, de 15.05.2003

CAPÍTULO I
DISPOSIÇÕES GERAIS

Dispõe sobre o Estatuto de Defesa do Torcedor e dá outras providências.

Art. 1º. Este **Estatuto** estabelece normas de **proteção** e **defesa** do **torcedor**.

Art. 1º-A. A **prevenção da violência nos esportes** é de **responsabilidade do poder público, das confederações, federações, ligas, clubes, associações** ou **entidades esportivas, entidades recreativas** e **associações de torcedores,** inclusive de seus respectivos dirigentes, bem como daqueles que, de qualquer forma, promovem, organizam, coordenam ou participam dos eventos esportivos.

1. **A necessária proteção dos torcedores**: Esta categoria, antes de serem previstas regras que assegurassem os seus interesses, era obrigada a conviver com uma série de situações atentatórias, engendradas pelas arbitrariedades cometidas por muitas entidades organizadoras dos eventos desportivos e/ou por aquelas que detinham a titularidade do jogo. Há que se ressaltar que não existiam regras proibitivas de práticas ilícitas por parte dos torcedores, sendo que muitos, no seu afã egoístico, terminavam prejudicando os demais presentes. Para assistirem as partidas almejadas, os torcedores eram obrigados a pagar certo montante a fim de ingressarem nos estádios, cumprindo, assim, com a obrigação imposta, mas, em contrapartida, deparavam-se com diversas irregularidades identificadas tanto na organização do evento quanto na sua execução e posterior finalização. Os problemas não se restringiam apenas à competição em si, alastrando-se para o espaço físico em que estas eram realizadas, pois as acomodações de muitas edificações nem sempre atendiam à segurança necessária dos espectadores. Ademais, as condições higiênicas destes locais colocavam em risco a saúde dos usuários.

2. **Raízes históricas do Estatuto do Torcedor**: No final da década de 90, mais especificamente após a Copa do Mundo de Futebol realizada em

1998, quando foram desmascaradas diversas irregularidades praticadas, configurando-se verdadeiros escândalos, o Governo Federal deu início a discussões para a implantação de medidas moralizadoras do setor esportivo, mormente no espectro da citada modalidade esportiva[1]. Em virtude das notícias divulgadas na Imprensa sobre as falcatruas cometidas neste setor, foram instauradas duas Comissões Parlamentares de Inquérito na Câmara Federal dos Deputados, denominadas respectivamente de CPI CBF/Nike e CPI do Futebol[2]. Como resultado das tentativas do poder público de fiscalizar a atuação descabida dos entes e agremiações responsáveis pelas práticas esportivas, foi editada a Medida Provisória nº 79. O Ministério do Esporte, através do secretário-executivo, à época, José Luiz Portella, realizou estudos sobre o tema, resultando no Projeto de Lei n. 7.262/02, transformado no Estatuto do Torcedor (Lei nº 10.671/03). Após 13 (treze) anos da vigência do CDC, o Brasil passou a dispor deste diploma específico, quando em vários países europeus, leis similares já vigiam há quase um decênio.[3] Iniciada a vigência do Estatuto do Torcedor, foi o editado o Decreto n. 4.960/04, criando a Comissão Nacional de Prevenção da Violência e Segurança nos Espetáculos Esportivos (CONSEGUE),

---

1. O historiador Joel Rufino dos Santos descreve assim a fase de popularização do futebol no Brasil: (...)o que Charles Miller nos trouxe, em 1894, foi um esporte universitário e burguês. Elegante e obediente a um código. (...) Pelo menos nos dez anos seguintes, o futebol continuou um jogo inglês e de elite: os jogadores eram, na sua esmagadora maioria, técnicos industriais e engenheiros ingleses. SANTOS, Joel Rufino dos. *História política do futebol brasileiro*. Rio de Janeiro, Civilização Brasileira, 1964. p. 12-3.
2. Afirma Eduardo Manhães que "Embora as denúncias levantadas pela CPI da Câmara dos Deputados tenham sido significativas, municiando o Ministério Público e o poder judiciário, seu relatório não chegou a ser votado, em razão das medidas protelatórias e atentatórias ao decoro empreendidas pela tropa de choque da Confederação Brasileira de Futebol, articulada por seu presidente Ricardo Teixeira e liderada pelo deputado Eurico Miranda. A frustração causada pelo desfecho circense da CPI da câmara deu lugar a uma indignação consensual da opinião pública que, catalizada pelos meios de comunicação, deu sustentação a um movimento político que culminou com a aprovação por unanimidade do relatório da CPI do Senado, de responsabilidade do senador Geraldo Altholff, que recomendava o indiciamento dos envolvidos e medidas administrativas e legislativas transformadoras, de caráter moralizador e modernizador, que impunham o cumprimento do mandamento constitucional que determina tratamento diferenciado para os desportos profissional e não-profissional". MANHÃES, Eduardo Dias. *Política dos Esportes no Brasil*. 2a. ed. rev. e ampl. São Paulo: Paz e Terra, 2002, p. 120.
3. Em 1851, foi instalado o primeiro clube desportivo do Brasil. Ricardo de Moraes Cabezón, ao tratar da origem do futebol no nosso País, afirma que os tripulantes do navio Criméia, ao desembarcarem no Rio de Janeiro, em meados de 1884, jogaram a partida de futebol. Em seguida, Charles Miller, filho de ingleses, trouxe para o Brasil bolas, uniformes. Segundo o autor, no início, o futebol desenvolveu-se na alta sociedade paulista. CABEZÓN, Ricardo de Moraes. *Os Direitos do Torcedor. Uma Abordagem do Alcance da Responsabilidade Civil Aplicado ao Estatuto do Torcedor (Lei n. 10.671/03)*. São Paulo: Memória Jurídica, 2006, p. 14.

providência de caráter fundamental para serem evitados os desatinos dos torcedores nos estádios.

3. **O advento do Estatuto do Torcedor**: Neste emaranhado de aspectos prejudiciais, conviveu o torcedor de muitos países, até que, em alguns destes, foram instituídas regras voltadas para a proteção dos seus interesses. As reclamações dos torcedores sobre a violação dos seus direitos tornaram-se frequentes e as entidades desportivas tiveram que aquiescer com a previsão de novas regras disciplinadoras. Os valores pagos pelas torcidas para presenciarem os espetáculos esportivos geravam, e ainda geram, cifras altíssimas, e aqueles entes, para continuarem usufruindo dos lucros obtidos, não tiveram outra opção a não ser acatar parte dos reclames dos interessados. No Brasil, foi criado o Estatuto de Defesa do Torcedor (EDT), através da Lei n. 10.671, de 15 de maio de 2003.

4. **A proteção constitucional do desporto**: A Constituição Federal de 1988 previu o desporto como um dos institutos de grande importância para a ordem social e a sua implementação deverá ocorrer com seriedade, competência e zelo para que todos os envolvidos na atividade sejam beneficiados. O desenvolvimento das atividades esportivas continuou galgando ímpeto na década de 90, advindo a Carta Europeia do Desporto[4] (1992) que adotou princípios fundamentais para servirem de sustentáculo para as políticas governamentais. A proteção do desporto teve continuidade no início do século XXI, sendo editada a Resolução n. 58/05[5], da Organização das Nações Unidas, que o enunciou como forma de promover a "educação, a saúde, desenvolvimento e a paz"[6]. Entretanto, as entidades do setor, mesmo tendo conhecimento da importância do desporto, não tem cumprido com as suas obrigações, omitindo informações cruciais sobre a competição em desfavor dos torcedores, assim como disponibilizando produtos e/ou serviços sem atentar para as normas de segurança vigentes.

---

4. CONSELHO DA EUROPA. Carta Europeia do Desporto, de 15 de maio de 1978. Disponível em:<http://www.bizcaia.net/kultura/kirol_gazteria/FTPkirolak/PUBLICACIONES/CARTAEURPEAcastellano.pdf>Acesso em:23 dez.2004.
5. Resolução n. 58/5, de 03 de novembro de 2003. Disponível em:<http://daccessdds.un.org/doc/UNDOC/GEN/N03/453/21/PDF/N0345321.pdf?OpenElement>.Acesso em:05 maio 2005.
6. José Manuel Meirim aduz que "Note-se, contudo, que as normas e princípios presentes em diversas cartas e declarações permitem alcançar alguns princípios normativos. Exemplos: princípio do acesso universal à prática desportiva, princípio da autonomia das organizações desportivas privadas e princípio da colaboração entre as entidades públicas e privadas". MEIRIM, José Manuel. Direito Desportivo Internacional. *In Curso Sistêmico de Direito Desportivo.* MACHADO, Rubens Approbato; LANFREDI, Luís Geraldo Sant'Ana *et al* (coordenadores). São Paulo: Quartier Latin, 2007, p. 548.

5. **A importância do desporto e do público torcedor**: A Constituição Federal de 1988 reconheceu a importância das atividades esportivas para o pleno e saudável desenvolvimento dos seres humanos,[7]assim como do direito dos consumidores, dentre os quais aqueles que remuneram para assistirem os espetáculos promovidos neste campo[8]. Contudo, enquanto as práticas esportivas tiveram o seu reconhecimento em leis posteriores que contribuíram para o seu desenvolvimento e aperfeiçoamento, os torcedores tiveram que utilizar os subsídios constantes apenas no CDC, para a resolução dos problemas que os afetavam, até que 15 (quinze) anos após a promulgação da Carta Maior, fossem os seus interesses disciplinados em um diploma específico[9].

6. **O desrespeito às normas constitucionais**: No âmbito desportivo, mesmo após o advento do Estatuto do Torcedor, as entidades organizadoras atuam em desrespeito aos direitos dos torcedores, infringindo os ditames constitucionais, sem que providências efetivas venham a ser implementadas. Tais entidades dispõem de poder econômico e sobrepujam os interesses do público torcedor, considerando como uma mera engrenagem do sistema capitalista. As forças exercidas por aquelas entidades atingem os direitos dos torcedores, prejudicando-os. Competições esportivas são estruturadas com base em regras obscuras, informações imprescindíveis são não repassadas para os interessados, condições inseguras nos estádios são alarmantes e as entidades do ramo fazem o bem almejarem com os recursos financeiros obtidos. Tudo isto ocorre mesmo tendo a Constituição Federal de 1988 previsto o desporto como um instituto jurídico crucial para o desenvolvimento físico, social e cultural dos seres humanos.

---

7. Nas constituições brasileiras anteriores, não são localizados dispositivos sobre a proteção das atividades esportivas. O Decreto-lei n. 1.056, 19.01.1939 criou a Comissão Nacional do Desporto . O Decreto n. 3.199/41 foi considerado a primeira lei orgânica do desporto. A Constituição Brasileira de 1967 apenas estabeleceu competência da União para legislar sobre desportos (art. 8º, XVII, alínea 'q').A Lei n. 6.251, de 2.9.1976, regulamentada pelo Decreto n. 80.228, de 25.8.1977, considerou as atividades esportivas como instrumento fundamental para o desenvolvimento físico e o apuro eugênico da juventude.
8. Martinho Neves Miranda afirma que "O tratamento dispensado pelo Estado brasileiro ao desporto, a exemplo do que se observa no plano internacional, foi posterior à formação dos grupos desportivos que se constituíram para implementar a prática em território pátrio. O início foi sob o ponto de vista educacional". MIRANDA, Martinho Neves. *O Direito no Desporto.* Rio de Janeiro: Lumen Juris, 2007, p. 112.
9. A Lei n. 8.672, datada de 6 de julho de 1993, apelidada de "Lei Zico", instituiu o Sistema Federal do Desporto com a finalidade de promover e aprimorar as práticas desportivas de rendimento, concebendo o "desporto participação" como manifestação legítima. A Lei n. 9.615/98, conhecida como "Lei Pelé", enfatizou o direito à prática desportiva como parte da cidadania e destacou a importância do desporto educacional e de participação. O art. 42 desta Lei, no parágrafo 3º equiparou o espectador pagante, por qualquer meio, de espetáculo ou evento desportivo, ao consumidor, consistindo em um avanço.

7. **A amplitude do Estatuto do Torcedor:** A proteção dos interesses dos torcedores não se restringe apenas à fase do planejamento da competição, eis que o diploma legal em epígrafe contém normas que tratam da segurança e da saúde desta categoria. O transporte dos torcedores deverá ser seguro e organizado e a edificação deverá dispor de instalações físicas adequadas que lhes assegurem comodidade e bem-estar. Urge que o espaço físico seja dotado de condições higiênicas e que a alimentação comercializada esteja dentro dos padrões estabelecidos pelas normas da vigilância sanitária. O Estatuto não se limita apenas a exigir que o local do evento esteja materialmente bem guarnecido, estabelecendo também a presença de recursos humanos encarregados de zelar pela tranquilidade do ambiente e pelo estado de saúde dos presentes. Assim sendo, agentes públicos de segurança, médicos e enfermeiros, em quantidade compatível com o público assistente, deverão estar no evento, para que os infortúnios sejam prevenidos ou debelados.

8. **Jurisprudência:**

> "Agravo de instrumento. Ação de indenização por danos materiais e morais. Jogo de futebol. Queda da arquibancada. Denunciação da lide por parte do clube de futebol da empresa proprietária das estruturas metálicas e do engenheiro responsável pela vistoria. Impossibilidade. Responsabilidade objetiva. Aplicação do Código de Defesa do Consumidor e **Estatuto do Torcedor**. Deferimento da denunciação que tumultuaria o processo e a celeridade da prestação jurisdicional ao agravado. Cerceamento de defesa afastado. Inquérito policial que pode ser juntado pela própria parte, sem a necessidade de intervenção do poder judiciário. Documento público e de livre acesso. Recurso não provido." (TJPR, Acórdão 18532, Agravo de Instrumento 0558733 – 1, Relator Des. Arquelau Araujo Ribas , j. 08/09/2009, DJ 246)

9. **Prevenção da violência nos esportes:** As atividades desportivas, mormente o futebol, têm sido estigmatizadas por atos de violência perpetrados por torcedores contra os demais espectadores das partidas, os atletas e figurantes que atuam no ramo. O panorama atual dos jogos futebolísticos demonstra que, cada vez mais, parte daqueles que assistem aos campeonatos, independentemente da dimensão destes, utilizam-se do espaço para liberar energias agressivas e prejudiciais para todos, não objetivando apenas entretenimento pacífico.[10] Entretanto, para que se possa minimizar

---

10. A Lei n. 12.299, de 27 de julho de 2010, que alterou o Estatuto do Torcedor, no seu art. 1º, dispõe que "É **dever** de toda **pessoa física** ou **jurídica** colaborar na **prevenção aos atos ilícitos** e de **violência** praticados por ocasião de competições esportivas, especialmente os atos de violência entre torcedores e torcidas."

o estarrecedor quadro atual, marcado pelas constantes lutas entre torcidas – que se enxergam como gangues criminosas-, não basta a simples previsão legal da responsabilidade dos envolvidos e do poder público. A conscientização do público torcedor e o engajamento de todos os órgãos incumbidos da proteção e da defesa dos interesses desta categoria, das entidades esportivas e das demais figuras que atuam no cenário do desporto, são condições *sine qua non* para que transformações salutares ocorram no plano fático.

10. Aplicação em Concurso:

- *A questão infra transcrita foi elaborada no bojo das aulas ministradas na Faculdade Baiana de Direito (FBD).*

  Analise as proposições abaixo registradas e assinale a que se encontra em consonância com o Estatuto do Torcedor.

A) A Lei n. 10.671/03 regula as relações estabelecidas entre as entidades esportivas que integram o Sistema Nacional de Desporto;

B) A Lei n. 10.671/03 versa sobre a organização do desporto com base nos ditames constitucionais vigentes;

C) Destina-se a Lei n. 10.671/03 a arregimentar os direitos e interesses daqueles qualificados como torcedores de eventos esportivos;

D) O objetivo da Lei n.10.671/09 é a manutenção da harmonia entre árbitros, entidades desportivas e ouvidores das competições;

E) A principal meta da Lei n. 10.671/03 é a proteção dos atletas em face das arbitrariedades cometidas pelas entidades desportivas.

Gabarito: C

11. Lei 12.663/12 (Lei Geral da Copa): O Brasil, como é cediço, em 2013, fora sede da Copa das Federações FIFA e da Jornada Mundial da Juventude e, em 2014, albergou a Copa do Mundo FIFA, sendo a Lei n. 12.663, de 5 de junho de 2012, editada em decorrência desses futuros acontecimentos[11]. Desde o ano de 2010, o País já vem discutindo e votando diplomas legais específicos estruturados para atender às exigências das entidades organizadoras daqueles eventos. A Lei n. 12.350/10 concedeu isenções tributárias com o escopo de atraí-las e de beneficiá-las; e a Lei n. 12.462/11 estabeleceu um regime diferenciado de contratações no campo administrativo, modificando regras salutares para atender às singularidades arregimentadas[12].

---

11. Determina o art. 71 que "Esta Lei entra em vigor na data de sua publicação", mas o seu parágrafo único estabelece que "As disposições constantes dos arts. 37 a 47 desta Lei somente produzirão efeitos a partir de 1º de janeiro de 2013".
12. Os arts. 54 e 63 da Lei n. 12.663/12 tratam, respectivamente, da colaboração dos entes federados para que, durante os períodos de competição, os locais oficiais estejam disponíveis,

11.1. Exigências abusivas: Não pairam dúvidas de que a execução daquelas competições no Brasil coaduna-se com os objetivos constitucionais de fomento às práticas desportivas e de promoção do lazer como essencial atividade social. Por outro lado, o desenvolvimento econômico do País é outra meta que se alega pretender atingir com a realização dos certames em análise. Contudo, as exigências impostas pela *Fédération Internationale de Football Association* (FIFA), na condição de associação suíça de direito privado que regula o futebol, geram resultados negativos e a violação de ditames constitucionais e legais vigentes.

11.2. Alterações no campo legislativo: A mencionada Lei 12.663/12, popularmente, intitulada "Lei Geral da Copa", através do fenômeno do *transconstitucionalismo*, implementou alterações no campo legislativo que não se harmonizam com a soberania estatal e muito menos com a dignidade do torcedor consumidor[13]. Houve uma flagrante preocupação com a proteção dos interesses econômicos e financeiros da FIFA, reservando-lhe privilégios quanto aos direitos de propriedade industrial e estabelecendo-se restrições comerciais em prejuízo dos demais fornecedores – situação que afronta o equilíbrio concorrencial e a transparência nas relações de consumo.

11.3. Tipificação de novas infrações penais: A preocupação em atender aos reclamos da FIFA foi tão intensa que o legislador infraconstitucional adentrou até mesmo no campo penal para tipificar determinadas condutas rechaçadas por aquele ente. A esfera penal, concebida como última *ratio*, somente deverá ser manejada quando extremamente necessária e não for possível a resolução da problemática através de outros instrumentos jurídicos existentes. De modo despropositado, contudo, foram classificadas como infrações penais determinadas situações que poderiam ser punidas por meio de normas já existentes.

11.4. Isenção de responsabilidade da FIFA: Demonstrando a força e o domínio da Federação sobre o Brasil, a Lei Geral da Copa (LGC) contemplou a isenção da responsabilidade da entidade diante dos vícios que podem acometer os produtos e serviços ofertados, confrontando-se, literalmente, com a regra da solidariedade prevista pela Lei n. 8.078/90 e desrespeitando o direito dos torcedores consumidores. Transgrediu-se, também, o

---

ficando autorizado uso dos aeródromos militares para embarque e desembarque de passageiros e cargas, trânsito e estacionamento de aeronaves civis.

13. A Lei n. 12.663/12 também dispõe sobre visto de entrada dos integrantes, funcionários e demais vinculados à FIFA, serviço voluntário, campanhas sociais, e concessão de prêmios para os jogadores, titulares ou reservas das seleções brasileiras campeãs das copas mundiais masculinas da FIFA nos anos de 1958, 1962 e 1970. Tais aspectos não constituem objeto do presente artigo.

quanto disposto pela Lei n. 10.671/03, que instituiu o Estatuto de Defesa do Torcedor, segundo o qual os organizadores dos eventos esportivos e as agremiações detentoras do mando de campo serão responsáveis em caráter solidário em face dos acidentes de consumo e demais problemas detectados que venham a causar prejuízos para o público.

11.5. Desrespeito aos ditames constitucionais e legais vigentes: A criação de um microssistema direcionado para a proteção dos interesses e dos direitos dos consumidores resultou de previsão constitucional nesse sentido. Ademais, o direito do consumidor apresenta natureza fundamental, encontrando-se elencado no art. 5º, inciso XXXII, da Constituição Federal de 1988, e constitui um dos pilares da Ordem Econômica Brasileira, conforme dispõe o seu art. 170, V. Nessa senda, todas as normas contidas na Lei Geral da Copa que desrespeitem o direito do torcedor consumidor devem ser interpretadas com esteio nas emanações constitucionais.

Art. 2º Torcedor é toda pessoa que **aprecie, apóie ou se associe** a qualquer **entidade de prática desportiva** do País e acompanhe a prática de determinada modalidade esportiva.

Parágrafo único. Salvo prova em contrário, **presumem-se a apreciação, o apoio ou o acompanhamento** de que trata o caput deste artigo.

Art. 2º-A. Considera-se **torcida organizada**, para os efeitos desta Lei, a pessoa **jurídica de direito privado** ou **existente de fato**, que se organize para o **fim de torcer e apoiar entidade de prática esportiva** de qualquer natureza ou modalidade.

Parágrafo único. A torcida organizada deverá manter **cadastro atualizado de seus associados ou membros**, o qual deverá conter, pelo menos, as seguintes informações:

I – **nome** completo;

II – **fotografia**;

III – **filiação**;

IV – número do **registro civil**;

V – número do **CPF**;

VI – data de **nascimento**;

VII – **estado civil**;

VIII – **profissão**;

IX – **endereço completo**; e

X – **escolaridade**.

1. **A identificação do sujeito-torcedor:** A Lei n. 10.671/03 (EDT) tem como meta proteger os interesses de todos os indivíduos qualificados como torcedores. A identificação de certo sujeito como torcedor deverá obedecer ao quanto disposto pelo art. 2º daquele Estatuto, ou seja, poderá ser enquadrada nesta definição toda pessoa que "aprecie, apoie ou se associe a qualquer entidade de prática desportiva do País e acompanhe a prática de determinada modalidade esportiva"[14]. Considerar-se-á torcedor os que estejam vinculados a certa agremiação esportiva, mantendo, portanto, um liame formal, bem como todos os demais que admirem as atividades esportivas, ou, de qualquer forma, colaborem para a sua implementação. A *mens legis* é no sentido de que sejam assegurados direitos não somente para os indivíduos que integrem a estrutura associativa de certa entidade esportiva, havendo, assim, um vínculo jurídico direto e expresso, mas, também daqueles que, de algum modo, estejam seguindo a trilha das práticas esportivas, quer admirando-as ou apoiando-as, desde que ativamente[15].

2. **O acompanhamento das atividades esportivas:** Para a concepção de alguém como torcedor, exige o EDT, através do citado dispositivo, que esteja presente um elemento específico, qual seja o "acompanhamento da prática de determinada modalidade esportiva". Isto significa afirmar que a caracterização de alguém como torcedor suscita uma atuação ativa por parte deste, não sendo admissível que mantenha uma postura inerte e omissa quanto aos eventos das práticas esportivas que tenha preferência. No que concerne aos indivíduos associados a certa entidade esportiva, cumprindo os mesmos as suas obrigações estatutárias, entende-se que não estão adotando uma postura passiva e, por via de consequência, encontram-se seguindo os passos das atividades desenvolvidas, participando também dos lucros e das perdas. Aqueles que alegam apoiarem

---

14. Segundo o Dicionário Houassis "Uma claque ou torcida é o nome dado ao colectivo de público que assiste a competições esportivas de um clube seu favorito. Torcedor é o nome dado ao membro que faz parte desta torcida. A ele cabe a função de assistir o evento e apoiar os atletas e a equipe pelos quais tem predileção. Dentre as manifestações realizadas pela torcida estão as vaias, em uma atitude de protesto, os aplausos, reverenciando algum ocorrido, os cânticos, músicas destinadas a apoiar o time e/ou provocar os adversários, a ola, além xingamentos e gritos, entre outros."

15. Judivan aduz que "3. (...) Assim, quem simplesmente aprecia, atua pelo 'lado de fora'. Quem apóia já oferece contribuição 'por dentro', por estar suportando ou patrocinando as atividades. Ora, quem se associa se submete às regras contidas nos estatutos ou regimentos da entidade. Deve se comportar como dono de uma partícula do 'todo' que o somatório dos bens corpóreos e incorpóreos da 'coisa' representam. Afinal, um clube de futebol, além dos bens materiais que possui, agrega ao seu patrimônio o nome do clube e a fidelidade dos torcedores". VIEIRA, Judivan. *Estatuto do Torcedor Comentado.* Porto Alegre: Síntese, 2003.p. 12.

ou admirarem determinada modalidade esportiva, para serem tratados como torcedores, deverão demonstrar uma conduta ativa em relação aos eventos e demais práticas encetadas[16], já que não há vínculo formal com as entidades esportivas de feição similar ao que ocorre com os associados.

3. **A presunção prevista neste dispositivo:** A percepção de que certo indivíduo é torcedor de determinada modalidade esportiva não constitui tarefa de difícil consecução e ilação, já que o EDT, no parágrafo único, do art. 2º, prevê que "Salvo prova em contrário, presumem-se a apreciação, o apoio ou o acompanhamento de que trata o *caput* deste artigo".[17] A Lei n. 10.671/03 não exige que os indivíduos, para serem qualificados como torcedores, apresentem um conjunto probatório composto por múltiplos elementos, admitindo-se a análise das circunstâncias em que estes se encontrem, a fim de que possam ser considerados como tal[18]. A apresentação dos ingressos ou bilhetes adquiridos para que assistam a um espetáculo esportivo corresponde a uma situação que demonstra ser o sujeito portador verdadeiro interessado pelo ramo e, desta maneira, torcedor. A ausência destes documentos em decorrência dos indivíduos os terem danificado ou mesmo perdido, não impede que sejam tratados como torcedores, pois outros aspectos podem ser servir de instrumentos caracterizadores. Objetos e indumentárias produzidos pelas agremiações e adquiridos pelos indivíduos denotam que estes apreciam certa modalidade esportiva. Chaveiros, adesivos, canecas, toalhas, dentro outros objetos, são costumeiramente adquiridos pelos fãs do desporto. Dentre as vestimentas e acessórios, destacam-se as camisas e os bonés[19].

---

16. Importante transcrever o seguinte trecho extraído da Wikipéia "Ressalta-se também a existência dos chamados *simpatizantes*. Este é o nome dado ao torcedor que não acompanha o time, não vai aos estádios, não segue as notícias, a escalação, etc. Seu conhecimento ao clube resume-se apenas a saber o nome e as cores do clube, ora conhecer os atletas mais famosos da história ou do momento. Sua simpatia deve-se à popularidade de determinado esporte em dado país, sem que haja por sua própria parte interesse nos acontecimentos desse."
17. Verifica-se que para a caracterização do conceito de torcedor será suficiente a simples eventualidade, não se exigindo nenhuma associação anterior a uma entidade esportiva. LEIS DO ESPORTE E ESTATUTO DO TORCEDOR ANOTADOS. São Paulo: Manole, 2003, p. 96.
18. Segundo Judivan Vieira"4. Presumir quer dizer tirar conclusão baseada em indícios. Desse modo, o acompanhamento das atividades da entidade desportiva por parte do torcedor é presumido, salvo nos casos em que o apoio for do patrocínio. Neste caso, haverá uma prova documental que é o contrato. 5. carinho do torcedor, demonstração de afeto vestir a camisa, possuir o chaveiro, usar o adesivo do clube ou pelo testemunho. VIEIRA, Judivan. *Estatuto do Torcedor Comentado*. Porto Alegre: Síntese, 2003.p. 12.
19. Na Wikipéia, constam informações de que "Os mais fanáticos chegam a criar um grupo de torcedores para apoiar massivamente a equipe e chamar mais atenção dos outros torcedores. Estes grupos são denominados Torcida organizada no Brasil, Barra Brava na América Latina, e Ultras na Europa. Este último possui torcedores com alto grau

4. **O apoio ao esporte:** Significa desenvolver ações em prol de determinada entidade do setor, para que as atividades previstas sejam executadas no plano fático, configurando-se um verdadeiro favorecimento ou patrocínio. O apoio pode ocorrer através da destinação de recursos materiais e/ou humanos ou através de quaisquer outras medidas que colaborem com a prática esportiva. Os interessados podem fornecer dinheiro ou qualquer espécie de ajuda financeira para a agremiação, assim como destinar bens materiais que possam auxiliá-la. Os torcedores podem disponibilizar também pessoas para ajudarem a entidade esportiva ou mesmo, diretamente, desenvolver atividades que contribuam para a consecução das finalidades previstas. Para a caracterização do apoio, não há necessidade de que o torcedor disponha de instrumentos que o comprovem expressamente, uma vez que a presunção pode advir do exame das circunstâncias fáticas. Testemunhos de pessoas que tenham presenciado os esforços dos torcedores no sentido de ajudarem as entidades esportivas, ou quaisquer outros indícios, podem ser utilizados na identificação de suas reais investidas em favor da entidade beneficiada.

5. **Torcidas Organizadas:** Será concebida torcida organizada tanto a associação, fundação ou sociedade civil constituída de acordo com as normas cíveis vigentes, como também o ente fático que não tenha registro nos órgãos públicos competentes. Para a criação daquelas pessoas jurídicas, devem ser cumpridas as formalidades legais estatuídas pelo Código Civil Pátrio.[20] Os aglomerados de pessoas, que habitualmente encontrem-se presentes nos eventos esportivos e assumam uma postura de apoiar certa agremiação, mesmo que não tenham sido legalmente constituídos, qualificam-se como torcida organizada. Na Europa, a torcida é um grupo organizado de adeptos, usualmente denominado "claques", os quais se constituem como associação nos termos gerais de direito, tendo como objeto o apoio a clubes, associações ou sociedades desportivas nas competições em que os mesmos participarem.

5.1. Entidades fáticas: O enquadramento de grupos fáticos como torcidas organizadas deu-se em razão da existência de múltiplos grupos, que frequentemente atuam em conjunto e de forma ordenada, mas sem o atendimento dos requisitos legais. Ora, caso o legislador ordinário não tivesse dado uma ampla definição para torcida organizada, englobando as

---

de violência e perigosidade, chamados Hooligans. Todavia, os atos de violência não se restringem somente às Ultras, os outros tipos de associação, principalmente as dos grandes clubes, envolvem-se em casos de agressão mútua entre rivais".

20. Consultar os artigos do Código Civil Brasileiro que tratam das exigências para a constituição de associações, fundações e sociedades civis.

pessoas jurídicas regularmente formadas e os entes irregulares, não teria como responsabilizar estes últimos. Isto dificultaria a punição de inúmeros grupos desordeiros que prejudicam diversos torcedores inocentes. No Brasil, a quantidade de torcidas informais ainda é muito comum e os órgãos encarregados da defesa dos interesses e dos direitos dos torcedores devem diligenciar para que se organizem dentro dos padrões legais vigentes.

5.2. Cadastro atualizado: O mencionado cadastro constitui um instrumento destinado à identificação de todos os integrantes dos grupos organizados para que as autoridades tenham conhecimento das pessoas que realmente os integram. Quando são praticadas balbúrdias e infrações penais, ficará muito mas fácil a aplicação das penalidades cabíveis com o prévio registro dos membros que fazem parte da torcida organizada. O nome integral do torcedor possibilitará a sua identificação como cidadão e dados dos seus genitores indicam a sua estirpe, facilitando saber quem é o seu clã familiar. O número da cédula de identidade do indivíduo e o seu registro junto ao Cadastro Nacional de Pessoa Física (CPF) viabilizarão a sua análise perante os órgãos públicos destinados à identificação de todos os brasileiros natos ou naturalizados. O estado civil do torcedor será um instrumento importante para a demonstração do seu status material, ou seja, se já mantém vínculo jurídico com parceiro ou não. A profissão do torcedor é um dado de grande importância, pois revela os seus afazeres na campo socioeconômico e cultural; do mesmo modo a sua escolaridade permite demonstrar o grau de educacional do integrante da torcida. O local em que o torcedor encontra-se domiciliado é um dado de essencial utilidade para a comunicação com o mesmo e, se necessário for, a sua convocação para prestar esclarecimentos, ou mesmo depoimento em procedimentos investigatórios ou judiciais.[21]

5.2.1. Outras informações: Desde que considerados pertinentes pelas entidades desportivas ou pelos órgãos públicos incumbidos da fiscalização dos campeonatos, outros dados podem ser exigidos das torcidas organizadas. Os Ministérios Públicos, através das Promotorias Criminais incumbidas do acompanhamento dos certames esportivos com o desiderato de prevenir e de combater as práticas infracionais, podem sugerir, ou mesmo exigir através de ajustamento de condutas ou de ações civis públicas, que os agrupamentos organizados apresentem dados complementares dos seus integrantes. A Polícia Militar, no cumprimento da sua missão de zelar pela ordem pública e pela paz no meio social, tem também o condão de requerer informações em caráter suplementar. As

21. Sobre a proteção do torcedor em eventos esportivos, consultar as seguintes obras: KARAQUILO, Jean-Pierre. Le Droit du Sport. 2. ed. Paris: Dalloz, 1997; LOUP, Jean. *Les sports et le Droit*. Paris: Dalloz, 1930, p. 67.

próprias Federações Estaduais, Brasileiras e Confederações, dentro desta mesma sistemática de evitar a prática de irregularidades e crimes, bem como de punir os responsáveis, caso entendam salutar, podem cobrar que outros dados sejam indicados.

5.2.2. Recepção dos dados: O Estatuto do Torcedor não indica quem será o responsável pela recepção dos dados acima mencionados, devendo a matéria ser devidamente regulamentada. Acredita-se que competirá às Federações Estaduais receber os dados, mantê-los e atualizá-los para fins das pesquisas necessárias. A Lei de Portugal, no item 3, estatui que o registo dos membros da torcida deve ser depositado junto ao respectivo promotor do espetáculo desportivo e do Conselho Nacional contra a Violência no Desporto (CNVD), atualizado anualmente e será suspenso ou anulado no caso de descumprimento das normas vigentes.

6. **Aplicação em Concurso:**

- *2008. UnB/CESPE – Ministério do Esporte. Cargo 13: Técnico de Nível Superior*

  Final do Campeonato Brasileiro de Futebol, seu time ganhando, 45 minutos do segundo tempo. Pouco antes do apito final, briga nas arquibancadas, invasão de campo: centenas de torcedores entram no gramado, o juiz interrompe a partida, e a decisão do título vai para o Tribunal de Justiça Desportiva. Para tentar conter fatos semelhantes, decorrentes de problemas de organização do futebol brasileiro e da falta de segurança nos estádios, foi aprovado, em 2003, o Estatuto de Defesa do Torcedor, que estabelece uma série de normas para garantir que os espetáculos esportivos possam ser desfrutados com tranquilidade. O torcedor em 1.º lugar: conheça o Estatuto do Torcedor. Brasília: Câmara dos Deputados, Coordenação de Publicações, 2004, p.13 (com adaptações). Com base no que preconiza a Lei n.º 10.671/2003, que dispõe sobre o Estatuto de Defesa do Torcedor, julgue os itens de 107 a 117.

  107. Para ser considerado torcedor, o cidadão brasileiro deve estar associado a uma entidade de prática desportiva.

  Gabarito: a afirmativa está errada.

7. **Torcida organizada de acordo com a Lei Geral da Copa**: apenas foram qualificadas como torcidas organizadas as pessoas jurídicas de direito privado ou existentes de fato constituídas ou sediadas no Brasil. Isto significa afirmar que os grupos formais ou informais criados em outros países foram tratados com maiores regalias do que as torcidas locais.[22]

---

22. SILVA, Joseane Suzart Lopes da. Lei Geral da Copa e o direito do torcedor consumidor: violação aos ditames constitucionais. Revista de Direito do Consumidor, São Paulo, Revista dos Tribunais, vol. 85, janeiro-fevereiro, 2013, p. 115-176.

8. Jurisprudência:

Informativo 0314. Período: 19 a março de 2007. 6ª Turma. HOMICÍDIO. TORCIDA ORGANIZADA. CLUBE DE FUTEBOL. Antes da realização da partida de futebol, houve um desentendimento entre os torcedores dos dois times. Sucede que o fato chegou ao conhecimento do presidente de uma das torcidas organizadas, o qual convocou seus filiados a ir ao encalço dos integrantes da torcida rival. Armados de paus, enxadas, pás de pedreiro e pedras, o ora paciente, os outros réus e várias pessoas não identificadas encurralaram três torcedores e um não conseguiu fugir ao cerco, sofrendo violentas agressões que o levaram à morte, depois de internação hospitalar. Após, foram denunciados os três réus, ao se considerar o motivo torpe, a forma que dificultou a reação da vítima e a idealização do crime pelo presidente. A preventiva foi imposta pela necessidade da ordem e clamor públicos, anotado que os impetrantes foram reconhecidos por testemunhas como os agressores da vítima. A pronúncia vedou o recurso em liberdade e indeferiu o pedido de revogação da preventiva, não só pela gravidade do crime, mas também pela notícia de que, às vésperas das audiências, as testemunhas foram ameaçadas e uma delas necessitou de proteção do juízo. Diante disso, a Turma negou a ordem, por entender suficientemente motivada a custódia do paciente pela necessidade da preservação da ordem pública, afastando-lhe a pecha de ilegal. Firmou que as circunstâncias do crime estão a revelar a periculosidade do paciente e a necessidade de retirá-lo cautelarmente do convívio social. Outrossim, anotou que o ora paciente já está condenado pelo Tribunal do Júri a 14 anos e meses de reclusão. Precedentes citados: HC 45.250-PI, DJ 3/4/2006, e HC 42.643-SP, DJ 27/3/2006. HC 52.745-SP, **Rel. Min. Paulo Gallotti, julgado em 20/3/2007.**

Art. 3º Para todos os efeitos legais, **equiparam-se a fornecedor,** nos termos da Lei nº 8.078, de 11 de setembro de 1990, a **entidade responsável pela organização da competição,** bem como a **entidade de prática desportiva detentora do mando de jogo.**

1. **O torcedor/consumidor**: Sendo as entidades envolvidas com as atividades esportivas equiparadas a fornecedores, os torcedores também serão considerados consumidores. O Código de Proteção e Defesa do Consumidor (Lei n. 8.078/90), no art 2º, estabelece que "Consumidor é toda pessoa física ou jurídica que adquire ou utiliza produto ou serviço como destinatário final". Os torcedores, para que possam ser considerados consumidores do setor do desporto, devem se portar de forma a se enquadrarem nos ditames deste dispositivo normativo. Não pairam

divergências sobre a possibilidade dos torcedores, na condição de pessoas físicas, serem qualificados como consumidores[23].

1.1. A configuração do consumidor: Caracteriza-se o consumidor como aquele que faz uso dos produtos e/ou serviços sem um cunho profissional, como bem acentua Leonardo Medeiros Garcia[24]. Os torcedores, ao assistirem os espetáculos esportivos, o fazem sem o intento de consumem algo com base em uma finalidade profissional, apenas regozijando-se do bem jurídico presenciado. Thiery Bourgoignie[25] assevera que "uma pessoa exercendo uma atividade em caráter profissional, comercial, financeiro ou industrial não pode ser considerada como um consumidor, salvo se ficar estabelecido por que ela está agindo fora de sua especialidade e que ela realiza uma cifra global de negócios inferior a ... milhões de francos por ano".

1.2. A Lei n. 9.615/98: A aquisição de ingressos pelos torcedores para assistem os espetáculos esportivos nos estádios, ou em outras edificações abertas ao público, gera também uma relação jurídico-consumerista. O mesmo pode-se afirmar quando alguém lhe fornece o ingresso comprado para este mister. O art. 42, parágrafo 3º, da Lei n. 9.615/98 reza que "O espectador pagante, por qualquer meio, de espetáculo ou evento desportivo equipara-se, para todos os efeitos legais, ao consumidor, nos termos do artigo 2º da Lei n. 8.078, de 11 de setembro de 1990". Ao comentar sobre os indivíduos que se predispõem a comparecer nos locais das competições, para assisti-las, Carlos Miguel Castex Aidar[26] elucubra que "(...) Lembrem-se de que torcedor partícipe é o cidadão que vai ao estádio e é a ele que devem ser dirigidas as atenções maiores, pois é ele a razão do espetáculo, a motivação dos atletas. Por isso, a segurança nas praças esportivas é fator que preocupa a todos, a ponto de o Ministério do Esporte haver criado uma Comissão Especial com o intuito de zelar pela paz, principalmente nos estádios de futebol. (...)".

---

23. CALAIS-AULOY, Jean; STEINMETZ, Frank. *Droit de la Consommation*. 7a. ed. Paris: Dalloz, 2006, p. 7.
24. GARCIA, Leonardo Medeiros. *Direito do Consumidor: Código Comentado e Jurisprudência*. São Paulo: Ímpetus, 2007, p. 45.
25. BOURGOIGNIE, Thiery. O conceito de abusividade em relação aos consumidorese a necessidade de seu controle através de uma cláusula geral, *in Revista de Direito do Consumidor*, número 06, São Paulo, Revista dos Tribunais, 1993, p. 07.
26. Carlos Miguel Castex Aidar. Aspectos Normativos e Retrospectiva Histórica da Legislação Esportiva Infraconstitucional. In *Curso de Direito Desportivo Sistêmico*. MACHADO, Rubens Approbato; LANFREDI, Luís Geraldo Sant'Ana *et al*. (coords.) São Paulo: Quartier Latin, 2007, p. 86.

1.3. Torcedores usuários dos meios de comunicação: No entanto, com a elaboração do Estatuto do Torcedor, aqueles torcedores que assistem as competições esportivas através dos meios de comunicação de massa, assumindo as despesas necessárias para o acesso ao instrumento comunicativo, também passaram a ser protegidos como consumidores. O Instituto Brasileiro de Defesa do Consumidor (IDEC), no período em que se discutia o projeto de lei que dera origem ao Estatuto do Torcedor, preconizava que "o torcedor protegido não é apenas o indivíduo que compra o ingresso, também é aquele que adquire o direito de assistir ao espetáculo desportivo por qualquer meio ou processo."[27] Em reportagem extraída do *site* FOLHA ONLINE, consta afirmação de que o Ministério da Justiça entendia "que tal diploma legal, seguindo a esteira sistêmica criada pelo Código de Defesa do Consumidor, visa a proteger o ente vulnerável, qual seja, o torcedor"[28].

1.4. Jurisprudência:

1.4.1. Mesmo antes da vigência da Lei n. 10.671/03, os tribunais já equiparavam os torcedores a consumidores. Observe-se a decisão proferida pelo **Tribunal de Justiça do Rio Grande do Sul**, no bojo da apelação cível nº 70002711240, examinada pela 9ª Câmara Cível, atuando como relatora a Desembargadora Dra. Rejane Maria Dias de Castro Bins, datando o julgado de 03/08/2001:

> "Processual civil. Preliminar de nulidade do processo. sendo dispensável a prova oral, é lícito ao juiz proceder ao julgamento independentemente de sua produção. Matéria de fato provada documentalmente, restando apenas a aplicação do direito. Inocorrência de cerceamento de defesa. Preliminar de nulidade da sentença. O juiz de primeiro grau não é obrigado a enfrentar todas as teses da defesa, bastando encontrar um fundamento suficiente para acolhimento do pedido. Jurisdição prestada adequadamente. Preliminar de ilegitimidade passiva da CBF. Tendo sido co-promotora do evento, conforme prova documental, situa-se como parte passiva legítima. Responsabilidade civil. Confederação Brasileira de Futebol e Federação Gaúcha de Futebol. Impedimento de ingresso ao estádio Beira-Rio. Pedido de danos patrimoniais e extra-patrimoniais. Configura-se o dano patrimonial dos autores na aquisição de ingresso para jogo em que tiveram entrada impedida. Relação de direito consumerista. Inteligência da lei nº 9.615/98, art. 42, § 3°. Equiparação do espectador pagante a consumidor. Condenação

27. IDEC, São Paulo: Idec, 30 jul. 2002. Disponível em: http://www.idec.org.br/paginas/noticias.asp?id=978. Acesso em: 30 jul. 2002.

28. FOLHA ONLINE, São Paulo: Disponível em:http://www1.folha.uol.com.br/folha/esporte/ult92u60128.shtml. Acesso em: 23 de maio de 2003.

das rés na devolução do valor pago. ausência de dano moral. Mero desconforto defluente de incumprimento contratual. Alea presente a toda contratação. Contribuição ao fortalecimento da personalidade dos menores envolvidos. sucumbência. Em sendo opcional o ingresso de ação no juizado especial, viável o ajuizamento no juízo comum, não se podem aplicar neste as regras daquele a respeito da sucumbência, mas a legislação processual, o que não fere os princípios do contraditório, ampla defesa, devido processo legal e juiz natural. Preliminares rejeitadas. Apelação parcialmente provida."

1.4.2. STJ:

"Processo civil e Consumidor. Rescisão contratual cumulada com indenização. Fabricante. Adquirente. Freteiro. Hipossuficiência. Relação de consumo. Vulnerabilidade. Inversão do ônus probatório. – Consumidor é a pessoa física ou jurídica que adquire produto como destinatário final econômico, usufruindo do produto ou do serviço em beneficio próprio.(...) – Nesta hipótese esta justificada a aplicação das regras de proteção ao consumidor, notadamente a concessão do benefício processual da inversão do ônus da prova. Recurso especial provido" (STJ, REsp 1080719/MG/2008/0179393-5, 3 Turma, Relatora Ministra Nancy Andrighi, j. 10/02/2009, Dj. 10/02/2009).

1.4.3. TJPR:

"Agravo de instrumento – Jogo de futebol – Queda da arquibancada – Denunciação da lide por parte do clube de futebol – Inclusão no pólo passivo do engenheiro e da empresa responsável pela construção da arquibancada – Impossibilidade – Responsabilidade objetiva – Aplicação do CDC e do **Estatuto de Defesa do Torcedor** – Negado provimento ao recurso." (TJPR, Acórdão 14991, Agravo de Instrumento n. 0558736-2, Relator Des. Marco Antônio Massaneiro, j. 21/05/2009, DJ 168)

2. **O produto denominado desporto**: O desporto constitui bem jurídico imaterial que pode ser apreendido pelos torcedores que remuneram o ingresso nos estádios para assistirem os espetáculos que veiculam as diversas modalidades esportivas praticadas. Não se pode questionar que não existe relação de consumo entre torcedor e entidades envolvidas os certames esportivos em decorrência de não ser tangível o objeto jurídico perseguido. Ricardo Lorenzetti[29] argumenta que a noção de bem de consumo não está arraigada ao entendimento de que somente coisas materiais podem fruídas. Considera-se que quando os torcedores

29. LORENZETTI, Ricardo Luis. La Relación de Consumo. *In Defensa del Consumidor.* LORENZETTI, Ricardo Luis; SCHÖTZ, Gustavo Juan (coords.). Buenos Aires: Depalma, 2003, p. 90.

presenciam os eventos esportivos pessoalmente, comparecendo *in locu*, mediante pagamento para a recepção de ingresso, ou se inteiram pelos meios de comunicação de massa, não estão contratando um serviço, mas, sim adquirindo um produto. Consoante previsto no art. 3º, parágrafo 2º, do CDC "Serviço é qualquer atividade fornecida no mercado de consumo, mediante remuneração, inclusive as de natureza bancária, financeira, de crédito e securitária, salvo as decorrentes das relações de caráter trabalhista." Ora, as entidades organizadoras dos eventos esportivos realizam os campeonatos ou competições com o objetivo de selecionarem os melhores profissionais, equipes ou times, servindo o espetáculo de entretenimento para os torcedores, não havendo a prestação de um serviço em benefício destes, mas a demonstração de um certame que se traduz em produto sócio-cultural[30].

2.1. O conceito de produto: Segundo o art. 3º, parágrafo 1º, do Código de Defesa do Consumidor, "Produto é qualquer bem, móvel ou imóvel, material ou imaterial". No âmbito desportivo, os torcedores podem adquirir produtos diversos, tanto materiais quanto incorpóreos. Quando compram objetos, indumentárias e/ou acessórios disponibilizados pelas entidades e agremiações esportivas, como, *verbi gratia*, chaveiros, canetas, adesivos, camisas, bonés, etc, adquirem bens materiais que, caso não sejam confeccionados dentro dos padrões normais e legais, apresentando defeitos, ou quaisquer outros vícios, podem ensejar reclamações dos consumidores nos órgãos administrativos competentes, ou mesmo, medidas judiciais para a resolução dos problemas advindos, inclusive reparação dos danos morais e/ou materiais sofridos. Ainda que o torcedor não tenha adquirido diretamente estes produtos e venha a utilizá-los mediante o repasse de terceiros será considerado consumidor para os efeitos legais.

3. **As entidades desportivas/fornecedoras**: No que concerne às competições, as entidades que as planejam, organizam e executam são consideradas fornecedoras e, por via de consequência, são as responsáveis pela normalidade e a qualidade do produto que exponham ao público consumidor. No Brasil, os campeonatos nacionais são organizados pelas pessoas jurídicas que tenham raio de atuação em todo o país e que

---

30. Os autores que já escreveram sobre o tema no Brasil consideram que os eventos esportivos assistidos pelos torcedores tanto apresentam nuances de produto quanto de serviço de acordo com as definições constantes no Código de Proteção e Defesa do Consumidor. Judivan, contudo, afirma que "Tenha em mente que você é consumidor de um produto que rende muito, mas muito dinheiro mesmo e que uma parte desse dinheiro sai do seu bolso, mesmo que seja uma pequena parcela. Com essa preocupação o Estado editou o Código do Torcedor". *Op. cit.* p. 13.

estejam devidamente registradas conforme a legislação vigente, denominando-se, em geral, de confederações. Os eventos estaduais são estruturados pelas entidades intituladas de federações, cujas atribuições estendem-se por toda a unidade federativa (estados e Distrito Federal) onde funcionem[31], enquanto os certames locais limitam-se a determinado município. Independentemente da natureza do evento e da modalidade esportiva, as entidades que os organizam e os executam, permitindo o acesso dos torcedores aos locais destinados, mediante remuneração, são fornecedoras e respondem pelas práticas abusivas impostas, assim como pelos danos causados aos consumidores[32].

3.1. Campeonatos ou eventos esportivos não oficiais: Tais eventos, organizados e realizados até mesmo por pessoas físicas, podem dar origem a problemas que deverão ser debelados sob a ótica do Direito do Consumidor. Os torcedores devem ser protegidos não apenas com relação aos certames estruturados por confederações ou federações, atendendo às previsões nos seus estatutos e regulamentos, ou seja, nos eventos de natureza oficial. As atividades esportivas promovidas por entidades mesmo informais,

---

31. Martinho Neves Miranda argumenta que "Tal se afirma pelo fato de que atuam nesse ramo as federações desportivas, grandes organizações privadas, que por diversos fatores históricos tornaram-se pioneiras na regulação da atividade desportiva, passando a exercer consideráveis poderes de controle e normatização de boa parte das questões ligadas ao mundo dos espetáculos desportivos. A presença das federações desportivas nesse cenário abre a oportunidade para discutir-se a relativização do dogma monopolista do Direito, pois essas organizações se investiram de tamanho poder a ponto de se permitir afirmar que elas representam um exemplo de desestabilização potencial do Direito emanado da autoridade pública. Em contrapartida, malgrado o desporto tenha sido concebido originariamente como assunto essencialmente privado, nota-se uma mudança desse pensamento, vez que a repercussão social da atividade clamou pela presença dos poderes públicos, que se viram compelidos não apenas a estimular e apoiar a sua prática, mas também a disciplinar o seu exercício." MIRANDA, Martinho Neves. *O Direito no Desporto*. Rio de Janeiro: Lumen Juris, 2007, p. 3.

32. A Confederação Brasileira de Futebol (CBF), na condição de organizadora do Campeonato Brasileiro de Futebol, bem como de outros que tenham acontecido ou que venham a ser organizados, equipara-se à figura jurídica do fornecedor, conforme previsto no art. 3º da Lei n. 10.671/03 (Estatuto do Torcedor). Os torcedores que adquirem ingressos e comparecem nos estádios para assistirem aos eventos desportivos são considerados consumidores e, *ipso facto*, são protegidos pelas normas presentes naquela *lex* e na Lei n. 8078/90 (Código de Proteção e Defesa do Consumidor). Sobre a questão, assevera Décio Luiz José Rodrigues: "Corroborando nosso entendimento, o artigo 42, do parágrafo terceiro, da Lei 9.615/98 (Lei Pelé) afirma que o espectador pagante, por qualquer meio, de espetáculo ou evento desportivo, equipara-se, para todos os efeitos legais ,ao consumidor ,nos termos do artigo segundo da Lei 8.078/90 do código do consumidor". RODRIGUES, Décio Luiz José. *Direitos do Torcedor e temas polêmicos do futebol*. São Paulo: Rideel, 2003, p. 21.

ainda que não registradas nos órgãos competentes, estão englobadas como produtos e os torcedores, que pagam para assisti-las têm direito à proteção dos seus interesses. Acrescente-se que quando os torcedores comparecem em locais para presenciarem eventos esportivos promovidos por pessoas físicas, através da aquisição de ingressos, são consumidores e os conflitos resultantes da situação exigem providências jurídicas com esteio na Lei n. 8.078/90. O art. 43 do Estatuto do Torcedor restringe a sua aplicação apenas ao desporto profissional, mas todas as normas previstas no Código de Defesa do Consumidor servirão de manto protetor para os torcedores que admirem os eventos amadores não oficiais, ou qualquer outro espetáculo esportivo remunerado.

3.2. A entidade detentora do mando do jogo: O Estatuto do Torcedor equipara a entidade detentora do mando de jogo com a figura do fornecedor. O planejamento e a execução do evento são diligências que competem aos entes encarregados da organização da competição, havendo grande responsabilidade sobre a qualidade do produto que ofertarão para a comunidade torcedora. Entretanto, a agremiação que detenha a titularidade da partida a ser realizada tem o dever de adotar as providências necessárias para zelar pela segurança e bem-estar dos torcedores[33]. Assim sendo, os clubes e times, ao atuarem como "capitães da arena", na condição de donos do mando da atividade esportiva, não podem quedar-se inertes, pois o EDT exige que sejam diligentes e empreendam providências no sentido de protegerem os torcedores, evitando-se que tumultos, aglomerações ou qualquer outra espécie de convulsão ocorram, causando danos para os presentes. Ademais, o evento deverá ser comunicado aos agentes públicos de segurança, para que se façam presentes no local, e a entidade detentora do mando de campo, a depender da natureza do espetáculo, que pode ser de maior porte dos que os normalmente realizados, tem a obrigação legal de, juntamente, com a organizadora, elaborar planos especiais de ação. Em capítulo oportuno, serão abordadas as obrigações legais dos titulares do mando.

4. Jurisprudência:

> "AÇÃO CIVIL PÚBLICA. NORMAS DE SEGURANÇA PARA TORCEDOR EM ESTÁDIO DE FUTEBOL. LEGITIMIDADE PASSIVA. É parte passiva

---

33. O Esporte Clube Bahia S/A, ocupando o posto de agremiação que detinha o mando do jogo integrante do Campeonato Brasileiro de Futebol (Série C), realizado, em 25 de novembro de 2007, no Estádio Octávio Mangabeira, com a participação do Vila Nova Futebol Clube de Goiás – quando ocorreu a morte de sete torcedores e ferimentos em diversos outros – também equipara-se a verdadeiro fornecedor de acordo com o quanto determinado pelo art. 3º do Estatuto do Torcedor.

legítima para ação civil pública que visa fixar normas de segurança para torcedor em estádio de futebol, a confederação organizadora de campeonato que autoriza jogos em estádio cujo acesso, capacidade e uso de bebida alcoólica devem ser controlados." (TJ/Minas Gerais/ Processo n 1.0024.07.466891-4/008, Relator Saldanha da Fonseca, j. 20/05/2009, DJ 18/06/2009)

5. **Aplicação em Concurso**:

- *A questão infra transcrita foi elaborada no bojo das aulas ministradas na Faculdade Baiana de Direito (FBD).*

  Analise as proposições abaixo registradas e indique a correta:

A) A entidade responsável pela organização da competição, bem como a que detenha o mando de jogo são equiparadas a fornecedor, nos termos da Lei n. 8.078/90, respondendo objetivamente pelos danos causados aos torcedores;

B) Equipara-se a fornecedor, com base na Lei n. 8.078/90 apenas a entidade responsável pela organização da competição, pois a detentora do mando de jogo não participa da estruturação do evento;

C) Tanto a entidade detentora do mando de jogo quanto a que o organiza são fornecedoras, nos moldes do Código de Proteção e Defesa do Consumidor, mas somente a segunda responde de forma objetiva pelos danos causados aos torcedores;

D) Equiparam-se a fornecedor nos termos do Código de Defesa do Consumidor as entidades que organizam os eventos esportivos e as que sejam titulares do mando de jogo, mas ambas respondem subjetivamente pelos danos causados aos torcedores;

E) As entidades que participam dos eventos esportivos, quer seja na organização destes ou no mando, são fornecedoras de acordo com o CDC e respondem solidariamente pelos danos causados aos consumidores, desde que comprovado a intenção dolosa.

Gabarito: A.

Art. 4º (VETADO)

1. **O conceito de estádio:** A Lei n. 10.671/03 (EDT) não define em que consiste uma edificação utilizada para a prática de atividades esportivas, tendo sido vetado o art. 4º, que dispunha sobre o conceito de estádio. Este dispositivo considerava que estádio, para os fins daquela Lei, seria o local com instalações destinadas à acomodação dos torcedores de forma a garantir a proteção de sua saúde e bem-estar, sendo apropriado para a respectiva prática da modalidade esportiva. Sob o argumento de

que esta definição de estádio contemplava expressões que fragilizavam o conceito, tornando-o "impreciso, ambíguo e de difícil aplicação",[34] o mencionado artigo foi vetado. Entendeu-se que a definição não deveria conter elementos que dificultassem a identificação do que possa ser considerado estádio. Nas razões do veto, constam observações de que "A especificidade inserida permite questionar a condição de estádio de quaisquer instalações esportivas", ou seja, caso fosse o artigo impugnado mantido, locais inadequados ou desestruturados são seriam enquadrados, criando óbices para a aplicação do Estatuto do Torcedor.

2. **A amplitude da aplicação do Estatuto do Torcedor**: Sendo os eventos esportivos realizados em estádios ou quaisquer outros locais, caso sejam detectadas falhas e/ou irregularidades que atinjam os interesses e os direitos dos torcedores, devem incidir os ditames da Lei n. 10.671/03. Não se exige, portanto, que o espetáculo esportivo tenha sido realizado em um local que seja estritamente definido como um estádio, para que o EDT possa ser evocado em defesa dos direitos dos torcedores, pois qualquer equipamento que sirva de palco para o certame poderá ensejar a responsabilização das entidades envolvidas, desde que identificadas irregularidades que comprometam a acomodação segura de todos os que ali compareçam, quer na condição de consumidores, quer como profissionais contratados ou voluntários. O art. 13, *caput*, daquele diploma legal assegura os torcedores têm direito a segurança nos locais onde são realizados os eventos esportivos antes, durante e após a realização das partidas. O art. 28 assegura ao torcedor partícipe direito à qualidade das instalações físicas dos estádios.

3. **Edificações de propriedade de terceiros:** As edificações utilizadas como locais para a realização das atividades esportivas nem sempre são de propriedade das entidades organizadoras ou dos detentores do mando de jogo. É o que acontece, v.g., com o Estádio Octávio Mangabeira (Fonte Nova), situado na capital do Estado da Bahia, que constitui um imóvel de propriedade do poder público estadual, cuja administração compete à Superintendência dos Desportos do Estado da Bahia (SUDESB), autarquia estadual. Em caso do prédio ser particular, a pessoa física ou jurídica que seja proprietária deverá efetivar a manutenção permanente da estrutura física, realizando-se os reparos e reformas necessárias para o aperfeiçoamento, melhoria e modernização do equipamento. Com relação às edificações públicas, aquelas tarefas competirão aos entes públicos gestores, no mesmo grau de responsabilidade atribuído aos proprietários

34. Ver o posicionamento do Poder Executivo Federal sobre o Projeto de Lei que dera origem ao Estatuto do Torcedor.

particulares[35]. As deficiências existentes nas instalações físicas destes locais devem ser sanadas por seus proprietários ou gestores e caso não zelem pela regularidade destas, serão responsabilizados pelos danos causados aos usuários. Contudo, não serão consideradas fornecedores nos moldes do EDT e nem do CDC, razão pela qual a responsabilidade que emerge advém do Código Civil Pátrio.

4. Aplicação em Concurso:

- *A questão infra transcrita foi elaborada no bojo das aulas ministradas na Faculdade Baiana de Direito (FBD).*

  Com base no Estatuto do Torcedor, analise as seguintes proposições e assinale a que se apresenta correta:

A) Para a aplicação da Lei n. 10.671/03 aos eventos esportivos profissionais, estes devem ser realizados em estádios, conforme previsto no art. 4º deste diploma legal;

B) Todo e qualquer evento esportivo deverá ser concretizado em estádios que apresentem estrutura compatível com as exigências do Estatuto do Torcedor;

C) Não se aplica o Estatuto do Torcedor aos eventos esportivos que sejam realizados em locais não denominados de estádios;

D) A realização de eventos esportivos profissionais em qualquer edificação deverá atender ao quanto disposto pela Lei n. 10.671/03;

E) Os eventos esportivos, profissionais ou amadores, concretizados em quaisquer edificações, devem respeitar ao quanto previsto pela Lei n. 10.671/03.

Gabarito: D

CAPÍTULO II
DA TRANSPARÊNCIA NA ORGANIZAÇÃO

Art. 5º São asseguradas ao torcedor a publicidade e transparência na organização das competições administradas pelas entidades de administração do desporto, bem como pelas ligas de que trata o art. 20 da Lei nº 9.615, de 24 de março de 1998.

---

35. Afirma Martinho Neves Miranda "Por conseguinte, cabe ao Estado propiciar condições para que todos os indivíduos tenham possibilidade de aceder à prática desportiva, o que pressupõe a construção de instalações físicas adequadas, implantação das atividades físico-desportivas nos estabelecimentos de ensino e respectiva regulação do seu exercício, implementação de mecanismos de distribuição de recursos públicos visando ao desenvolvimento das atividades em geral, dentre outras que se enquadrem no seu dever constitucional de fomento do desporto, à luz do art. 217, *caput*, da Constituição" (grifos nossos). MIRANDA, Martinho Neves. *Op. cit.* p. 10.

§ 1º As entidades de que trata o caput farão publicar na internet, em sítio da entidade responsável pela organização do evento: (Incluído pela Lei nº 12.299, de 2010).

I - a íntegra do regulamento da competição;

II - as tabelas da competição, contendo as partidas que serão realizadas, com especificação de sua data, local e horário;

III - o nome e as formas de contato do Ouvidor da Competição de que trata o art. 6º;

IV - os borderôs completos das partidas;

V - a escalação dos árbitros imediatamente após sua definição; e

VI - a relação dos nomes dos torcedores impedidos de comparecer ao local do evento desportivo.

§ 2º Os dados contidos nos itens V e VI também deverão ser afixados ostensivamente em local visível, em caracteres facilmente legíveis, do lado externo de todas as entradas do local onde se realiza o evento esportivo. (Incluído pela Lei nº 12.299, de 2010).

§ 3º O juiz deve comunicar às entidades de que trata o caput decisão judicial ou aceitação de proposta de transação penal ou suspensão do processo que implique o impedimento do torcedor de frequentar estádios desportivos. (Incluído pela Lei nº 12.299, de 2010).

1. **Direito do torcedor à informação**: Ser informado sobre as reais condições dos produtos e dos serviços constitui um dos direitos básicos dos consumidores previsto no inciso do art. 6º do Código de Proteção e Defesa do Consumidor[36]. Exige este dispositivo a informação adequada e clara sobre os diferentes produtos e serviços, com a especificação correta de quantidade, características, composição, qualidade e preço, bem como sobre os riscos que apresentem[37].

1.1. A importância da informação no Direito do Consumidor: O dever de informar estabelecido respectivamente nos artigos 4º, *caput*, e 6º,

36. ALMEIDA, Carlos Ferreira de. Negócio jurídico de consumo, caracterização, fundamentação e regime jurídico. *Boletim do Ministério da Justiça*. Lisboa, nº 347, p. 11, 23-24, jun.85.

37. A. Aníbal Alterini afirma que "Los proveedores 'deben suministrar a los consumidores o usuarios, em forma cierta y objetiva, información veraz, detallada, eficaz y suficiente sobre las características esenciaes' de las cosas o servicios (art. 4)". (ALTERINI, Atilio Aníbal. *Contratos civiles – comerciales – de consumo*. Buenos Aires: Abeledo-Perrot, 2005, p. 334). Traduzimos: "Os fornecedores 'devem fornecer aos consumidores ou usuários , de forma segura e objetiva, informação verídica, detalhada, eficaz e suficiente sobre as características essenciais'das coisas ou serviços (art. 4)".

inciso III, do CDC, não se aplica apenas no que se refere ao contrato escrito, mas também ao conteúdo das ofertas. A informação devida aos consumidores corresponde uma das vigas mestras em que se assenta o CDC, posto que nenhum dado essencial sobre o produto ou serviço deve ser omitido dos contratantes. A exigência de que os fornecedores, desde a etapa de oferta dos produtos e serviços, prestem informações seguras e verídicas sobre decorre do direito dos consumidores de obterem dados corretos sobre os bens que tenham o escopo de adquirir. Importante frisar que os fornecedores devem informá-los, de forma precisa, sobre os principais aspectos que regem a relação. Os fornecedores devem inclusive, nos contratos de adesão que redigirem, destacar as cláusulas que sejam de grande interesse dos consumidores.

1.2. A amplitude do dever de informar: O Código de Defesa do Consumidor Brasileiro prevê deveres de informar amplos e detalhados para a oferta, conforme pode-se constatar pela análise do art. 31, bem como para a formalização dos instrumentos contratuais (arts. 46, primeira parte, *in fine*, 52, 54, parágrafos 3º e 4º, do CDC). Há uma intensa e saudável preocupação no sentido de que os fornecedores, aproveitando-se da condição vulnerável e, muitas vezes, hipossuficiente dos consumidores, ofusquem elementos informativos sobre os produtos e/ou serviços que possam gerar incontestáveis prejuízos para os mesmos[38].

1.3. A importância do dever de informar: Nesta senda, dada a importância de ser o consumidor esclarecido sobre todos os dados inerentes ao objeto da contratação, o princípio da transparência, na condição de um dos corolários em que deverá está assentada a promoção e a defesa dos consumidores, não poderá ser desrespeitado pelas entidades desportivas. A transparência é um princípio que resulta da necessária clareza sobre o conteúdo da relação de consumo, exigindo que a informação sobre o produto ou serviço seja clara e inequívoca. Conforme já dito alhures, a análise dos arts. 31, 46 e 53 do Código de Proteção e Defesa do Consumidor demonstra a presença constante da exigência da transparência nas relações estabelecidas entre os consumidores e os fornecedores.

38. Antônio Carlos Efing, na obra *Fundamentos do Direito das Relações de Consumo,* 2a. ed. rev. e atual. Curitiba: Juruá Editora, 2004, p. 106, afirma que "Quanto ao *princípio da informação*, pode ser considerado a mais importante baliza norteadora das regras inerentes à Política Nacional de Relações de Consumo, devido à sua importância e grande abrangência no sistema de defesa do consumidor. (...) Como extensão deste princípio exalta-se a *veracidade*, pleonasticamente invocada com o condão de enfatizar a importância da prestação de informações verídicas, em consonância com os princípios consumeristas da informação, da boa-fé e da *transparência*. (...)"

1.4. O modo de prestar informações: Ao dispor sobre a oferta de produtos e serviços, aquele *Codex*, no art. 31, exige que ela assegure informações corretas, claras, precisas, ostensivas, e em língua portuguesa. Já o art. 46 do CDC reza que os contratos reguladores das relações de consumo somente obrigarão os consumidores quando forem por estes previamente conhecidos, devendo ser redigidos de modo a não dificultar a compreensão do seu sentido e alcance[39]. Por tal razão, Nelson Nery Júnior[40] argumenta que "Não satisfaz a regra do artigo sob análise a mera cognoscibilidade das bases do contrato, pois o sentido teológico e finalístico da norma indica dever o fornecedor dar efetivo conhecimento ao consumidor de todos os direitos e deveres que decorrerão do contrato, especialmente sobre as cláusulas restritivas de direitos do consumidor, que, aliás, deverão vir em destaque nos formulários de contrato de adesão (art. 54, § 4º, CDC)."

2. **Dados sobre a competição**: As devidas informações sobre a competição deverão ser amplamente divulgadas, conforme previsto no Diploma Legal multicitado. Visando o cumprimento da *mens legis*, exigia-se que as entidades organizadoras afixassem ostensivamente, em local visível, o regulamento e as tabelas da competição, contendo as partidas que seriam realizadas, com especificação de sua data, local e horário, além dos demais dados constantes no parágrafo primeiro, incisos I a VI, do artigo em análise. Contudo, com as alterações impostas pela Lei n. 12.299/10, apenas os dados referentes aos árbitros e aos torcedores impedidos devem ser afixados em local visível da edificação, pois os demais serão divulgados por meio eletrônico. Ricardo Cabezón[41] defende a ideia de que deverá ser elaborada uma "página do evento na *Internet* com um conteúdo mínimo", salientando-se que as entidades organizadoras dos campeonatos esportivos podem fazer uso da rede mundial de computadores e meios de comunicação de massa (rádios, jornais e emissoras de televisão), para divulgarem, com amplitude, as regras dos certames[42].

---

39. "A informação não coincide necessariamente com a publicidade. Elas têm objetivos distintos. A informação mira a dar detalhes sobre o bem ou o serviço que se oferece, tipo, qualidade, composição, intervenientes, etcetera; a publicidade, ao invés, se volta a captar, atrair adquirentes ou consumidores, mostrando os aspectos positivos." (ITURRASPE, Jorge Mosset. *Defensa del Consumidor*. 2.ed. Santa Fé: Rubinzal-Culzoni Editores, 2003, p. 28).
40. NERY JÚNIOR, Nelson. Código de Defesa do Consumidor comentado pelos autores. Rio de Janeiro, 2013, p. 542.
41. CABEZÓN, Ricardo. *Op. cit.*, p. 30.
42. Décio L. Rodrigues afirma que "o torcedor-consumidor tem direito a obter a informação adequada e clara sobre os produtos e serviços, e detalhadamente, sendo protegido contra a publicidade mentirosa, a qual é crime. (...) Como consequência desse direito, entendemos que o torcedor deve ser informado de toda a organização do campeonato,

2.1. A figura do Ouvidor: Antes da vigência da Lei n. 12.299/10, as entidades desportivas eram obrigadas a disponibilizar os dados sobre a qualificação do Ouvidor da Competição nas entradas do local do evento, de modo visível e acessível ao público, além de informá-los no *site* competente. Atualmente, exige-se que estas informações sejam apenas divulgadas na Internet para que tomando conhecimento dessas informações, os torcedores possam apresentar qualquer reclamação ou queixa sobre o evento, e exercitar o direito de questionar irregularidades como cidadãos, e, sobretudo, consumidores. A entidade não poderá criar obstáculos para que o Ouvidor receba as sugestões, propostas e reclamações dos torcedores, possibilitando-lhes amplo acesso a este profissional. O Ouvidor deverá examiná-las e propor à respectiva entidade medidas necessárias ao aperfeiçoamento da competição e ao benefício do torcedor, conforme artigo 6º, parágrafo 1º, do Estatuto de Defesa do Torcedor[43].

2.2. Competições não profissionais remuneradas: Ainda que o evento desportista não seja profissional e, consequentemente, o Estatuto do Torcedor deixe de ser aplicado, o Código de Defesa do Consumidor protege os interesses daqueles que remunerem o ingresso nos estádios para presenciá-lo. Décio L. J. Rodrigues afirma que a Lei n. 10.671 aplica-se ao "desporto profissional", segundo seu artigo 43, restrição esta que o Código do Consumidor "não adotou". Para Rizzatto Nunes[44] "O dever de informar é princípio fundamental na Lei n. 8.078, aparecendo inicialmente no inciso II do art. 6º, e, junto ao princípio da transparência estampado no *caput* do art. 4º, traz uma nova formatação aos produtos e serviços oferecidos no mercado".

3. **A Lei n. 12.299/10:** Com base no Projeto de Lei n. 451-B de 1995, acrescentou os parágrafos segundo e terceiro ao dispositivo em análise e passou a exigir que a entidade organizadora do evento esportivo afixe os dados referentes à escalação dos árbitros e à relação dos torcedores impedidos em local visível, em caracteres facilmente legíveis, do lado externo de todas as entradas do local onde se realiza o evento esportivo. A Lei também determina que o juiz, após prolatar decisão judicial em face de torcedor que tenha praticado crime em eventos esportivos, a comunique às entidades organizadoras, bem como se houver aceitação de

---

com ciência da tabela, dos dias, locais e horários dos jogos e do regulamento do campeonato, inclusive com referência a seus direitos básicos como torcedor-consumidor. RODRIGUES, Décio L. *Op. cit.*, p. 57.

43. FARIA, Octavio de *et al. O Olho na Bola*. Rio de Janeiro: Gol, 1968, p. 43.

44. RIZZATTO NUNES, Luiz Antônio. Curso de Direito do Consumidor. São Paulo: Saraiva, 2013, p. 129.

proposta de transação penal ou de suspensão do processo que implique o impedimento do mesmo de frequentar estádios desportivos.

4. Jurisprudência:

> "Pedido de tutela antecipada para o fim de suspender exigibilidade de multa, imposta em razão do descumprimento de obrigações determinadas pelo estatuto do torcedor 2. Alegação de que as atribuições da recorrente – Confederação Brasileira de Futebol, CBF, restringem-se tão só à coordenação dos fogos de futebol, deforma que as obrigações concernentes à fixação em local visível de nome e formas de contato com o ouvidor e divulgação da renda apurada, que motivaram a imposição de multa, são de responsabilidade das Federações Estaduais 3. Ausência de verossimilhança. Estatuto da associação que atribui prerrogativas relativas à fiscalização dos eventos. Recurso desprovido." (TJSP, Agravo de Instrumento 7015145500, 7ª Câmara de Direito Público, Relator Nogueira Diefenthaler, j. 01/10/2009, DJ 10/10/2009)

> "DIREITO DO CONSUMIDOR. ADMINISTRATIVO. NORMAS DE PROTEÇÃO E DEFESA DO CONSUMIDOR. ORDEM PÚBLICA E INTERESSE SOCIAL. PRINCÍPIO DA VULNERABILIDADE DO CONSUMIDOR. PRINCÍPIO DA TRANSPARÊNCIA. PRINCÍPIO DA BOA-FÉ OBJETIVA. PRINCÍPIO DA CONFIANÇA. OBRIGAÇÃO DE SEGURANÇA. DIREITO À INFORMAÇÃO. DEVER POSITIVO DO FORNECEDOR DE INFORMAR, ADEQUADA E CLARAMENTE, SOBRE RISCOS DE PRODUTOS E SERVIÇOS. DISTINÇÃO ENTRE INFORMAÇÃO-CONTEÚDO E INFORMAÇÃO-ADVERTÊNCIA. ROTULAGEM. PROTEÇÃO DE CONSUMIDORES HIPERVULNERÁVEIS. CAMPO DE APLICAÇÃO DA LEI DO GLÚTEN (LEI 8.543/92 AB-ROGADA PELA LEI 10.674/2003) E EVENTUAL ANTINOMIA COM O ART. 31 DO CÓDIGO DE DEFESA DO CONSUMIDOR. MANDADO DE SEGURANÇA PREVENTIVO. JUSTO RECEIO DA IMPETRANTE DE OFENSA À SUA LIVRE INICIATIVA E À COMERCIALIZAÇÃO DE SEUS PRODUTOS. SANÇÕES ADMINISTRATIVAS POR DEIXAR DE ADVERTIR SOBRE OS RISCOS DO GLÚTEN AOS DOENTES CELÍACOS. INEXISTÊNCIA DE DIREITO LÍQUIDO E CERTO. DENEGAÇÃO DA SEGURANÇA. (...) 22. Recurso Especial parcialmente conhecido e, nessa parte, provido." (REsp 586316/MG/2003/0161208-5, 2a Turma, Ministro Herman Benjamin, j. 17/04/2007, DJe 19/03/2009).

5. Aplicação em Concurso:

- *2008. UnB/CESPE – Ministério do Esporte. Cargo 13: Técnico de Nível Superior*

  Com base no que preconiza a Lei n.º 10.671/2003, que dispõe sobre o Estatuto de Defesa do Torcedor, julgue o item de 114.

  114. As entidades de administração do desporto devem publicar na Internet, em sítio dedicado exclusivamente à competição, bem como afixar

ostensivamente em local visível, em caracteres facilmente legíveis, do lado externo de todas as entradas do local onde se realiza o evento esportivo: a íntegra do regulamento da competição; as tabelas da competição, com especificação de data, local e horário das partidas que serão realizadas; o nome do ouvidor da competição e as formas de contato com ele; os borderôs completos das partidas; a escalação dos árbitros imediatamente após sua definição; a relação dos nomes dos torcedores impedidos de comparecer ao local do evento desportivo.

Gabarito: a afirmativa está correta.

6. **Lei Geral da Copa e as disposições que afetam o equilíbrio concorrencial e a transparência:** Objetivando atender aos interesses exclusivos da FIFA, a Lei n. 12.663/12 previu um conjunto de dispositivos legais que proporcionam o desequilíbrio concorrencial e atingem a transparência nas competições internacionais que serão realizadas no País[45]. Instituíram-se regras sobre a propriedade industrial, o comércio e a publicidade nas áreas dos eventos esportivos, a captação de imagens e sons e a venda de ingressos que trazem benefícios expressos para aquela Federação em detrimento dos direitos dos consumidores e da liberdade comercial, conforme será examinado nos próximos tópicos.

6.1. Proteção à propriedade industrial: As pressões exercidas pela FIFA acarretaram o estabelecimento de um regime especial de direitos de propriedade industrial relacionados aos eventos que integrarão os certames esportivos internacionais que ocorrerão nos anos 2013 e 2014 no Brasil[46]. Nos arts. 3º a 10 da Lei Geral da Copa, consta uma série de atividades atribuídas ao Instituto Nacional da Propriedade Industrial (INPI) para resguardar as pretensões daquela Federação, revelando uma verdadeira alteração das regras vigentes tão-somente para atender às solicitações impostas.

---

45. Sobre a transparência nas relações de consumo, consultar: MARQUES, Cláudia Lima. Contratos no Código de Defesa do Consumidor. São Paulo: Revista dos Tribunais, 2013.
46. De acordo com o inciso VI do art. 2º da Lei Geral da Copa, são considerados eventos as competições e as seguintes atividades relacionadas, oficialmente organizadas, chanceladas, patrocinadas ou apoiadas pela FIFA, Subsidiárias FIFA no Brasil, COL ou CBF: a) os congressos da FIFA, cerimônias de abertura, encerramento, premiação e outras cerimônias, sorteio preliminar, final e quaisquer outros sorteios, lançamentos de mascote e outras atividades de lançamento; b) seminários, reuniões, conferências, workshops e coletivas de imprensa; c) atividades culturais, concertos, exibições, apresentações, espetáculos ou outras expressões culturais, bem como os projetos Futebol pela Esperança (Football for Hope) ou projetos beneficentes similares; d) partidas de futebol e sessões de treino; e e) outras atividades consideradas relevantes para a realização, organização, preparação, marketing, divulgação, promoção ou encerramento das Competições.

6.2. Restrições comerciais e publicitárias nas áreas do evento: As restrições comerciais e publicitárias impostas pela Lei n. 12.663/12 malferiram o princípio da livre concorrência e a defesa do consumidor, respectivamente, albergados nos incisos IV e V da Constituição Federal de 1988[47]. A concessão de benesses exclusivas para a FIFA inviabilizou a atuação de demais fornecedores que tinham interesse de desenvolver atividades comerciais, propiciando o monopólio da oferta de produtos e serviços e, *ipso facto*, aquiescendo-se com a fixação abusiva de preços e gerando inevitáveis prejuízos para a coletividade de consumidores. Houve um verdadeiro confronto entre as normas contidas nos arts. 11 e 16 da Lei Geral da Copa e o quanto disciplinado pela Lei n.12.529/11, que estruturou o Sistema Brasileiro de Defesa da Concorrência e dispõe sobre a prevenção e a repressão às infrações contra a ordem econômica[48].

6.2.1. Exclusividade absoluta para a FIFA: Nos locais oficiais das competições, nas suas imediações e principais vias de acesso somente a FIFA pode, com absoluta exclusividade, divulgar suas marcas, distribuir, vender, dar publicidade ou realizar propaganda de produtos e serviços, bem como outras atividades promocionais ou de comércio de rua, consoante disposto pelo art. 11 da LGC[49]. A União teve que colaborar com os Estados, o Distrito Federal e os Municípios que sediaram os eventos e com as demais autoridades competentes para assegurar à Federação o cumprimento daquele direito, nos termos do *caput* do mencionado artigo.

6.2.1.1. Houve um total domínio econômico da FIFA no âmbito interno das edificações onde foram realizados os eventos esportivos, alastrando-se o seu poderio para as áreas adjacentes, não sendo admissível que os comerciantes brasileiros possam desenvolver normalmente as suas atividades. Os limites das áreas de exclusividade relacionadas aos locais oficiais das competições foram, de acordo com o parágrafo 1º do art. 11, tempestivamente estabelecidos pela autoridade competente, considerados os requerimentos da FIFA ou de terceiros por ela indicados,

---

47. Acerca da proteção do consumidor em face de um comércio saudável e equilibrado, examinar o casos descritos em: WHALEY, Douglas. *Problems and Materials on Consumer Law*. New York: Aspen Law&Business, 2002.
48. Este diploma legal revogou vários dispositivos da Lei n. 8.884/94.
49. Os incisos X e XI do art. 2º da Lei Geral da Copa definem, respectivamente, os prestadores de serviços e parceiros comerciais da FIFA. Os primeiros são pessoas jurídicas licenciadas ou autorizadas, com base em relação contratual, para prestar serviços relacionados à organização e à produção dos Eventos; os segundos devem obter também licenciamento ou autorização.

observando-se o perímetro máximo de 2 km (dois quilômetros) ao redor daqueles espaços físicos[50].

6.2.2. Afastamento das normas do Estatuto do Torcedor que tratam da transparência: Aspecto estarrecedor acolhido pela Lei Geral da Copa foi a não aplicação das normas contidas nos capítulos II e III do Estatuto do Torcedor, que versam, respectivamente, sobre a transparência na organização das competições e o regulamento dos eventos esportivos. O art. 68 da Lei n. 12.663/12 excetuou a incidência daquelas normas, assim como afasta as presentes nos capítulos VIII, IX e X que disciplinam os aspectos concernentes à relação com a arbitragem esportiva, com a entidade de prática desportiva organizadora do evento e com a justiça desportiva. Não se compreende os motivos pelos quais a FIFA tem receio que as suas ações sejam devidamente conhecidas pelo público e que as competições sejam lastreadas em regulamentos cujo conteúdo seja divulgado.

6.2.3.Captação de imagens ou sons, radiodifusão e acesso aos locais oficiais das competições: A titularidade de todos os direitos relacionados às imagens, aos sons e às outras formas de expressão dos eventos foi reservada exclusivamente para a FIFA, de acordo com o art. 12 da Lei n. 12.663/12. Desse modo, a exploração desses bens somente competiu unilateralmente à Federação, sendo-lhe assegurada a negociação com terceiros, a autorização para permitir ou não que outrem tome conhecimento do seu conteúdo e a proibição das suas transmissões ou retransmissões. Há de ser salientado que se trata de um evento de natureza privada organizado e gerido por entidade particular, razão pela qual, *a priori*, os direitos acima mencionados decorreriam regularmente deste panorama.

Além de não objetivar transparecer todas as atividades empreendidas, a Entidade não se compromete a zelar pelo bom relacionamento com o torcedor através de um canal de comunicação legítimo e pela seleção da arbitragem mediante regras acolhidas pelo Brasil através da Lei n. 10.671/03. As exceções instituídas pela Lei Geral da Copa obstaculizam o direito do consumidor à informação, colocando em risco a lisura e a moralidade dos eventos esportivos.

---

50. O art. 2º, inciso XIV, da Lei n. 12.633/12 considera locais oficiais de competição aqueles oficialmente relacionados às Competições, tais como estádios, centros de treinamento, centros de mídia, centros de credenciamento, áreas de estacionamento, áreas para a transmissão de Partidas, áreas oficialmente designadas para atividades de lazer destinadas aos fãs, localizados ou não nas cidades que irão sediar as Competições, bem como qualquer local no qual o acesso seja restrito aos portadores de credenciais emitidas pela FIFA ou de Ingressos.

Art. 6º A entidade responsável pela organização da competição, previamente ao seu início, **designará o Ouvidor da Competição**, fornecendo-lhe os **meios de comunicação necessários** ao amplo acesso dos torcedores.

§ 1º São **deveres do Ouvidor da Competição recolher as sugestões, propostas** e **reclamações** que receber dos torcedores, **examiná-las** e **propor** à respectiva entidade **medidas necessárias** ao aperfeiçoamento da competição e ao benefício do torcedor.

§ 2º É **assegurado ao torcedor**:

I – o **amplo acesso ao Ouvidor** da Competição, mediante comunicação postal ou mensagem eletrônica; e

II – o **direito de receber** do Ouvidor da Competição as **respostas** às sugestões, propostas e reclamações, que encaminhou, no **prazo de trinta dias**.

§ 3º Na hipótese de que trata o inciso II do § 2º, o Ouvidor da Competição utilizará, prioritariamente, o mesmo **meio de comunicação utilizado pelo torcedor** para o **encaminhamento de sua mensagem**.

§ 4º O **sítio da internet** em que forem publicadas as informações de que trata o § 1º do art. 5º conterá, também, as **manifestações e propostas do Ouvidor da Competição**. (alteração imposta pela Lei n. 12.299/10)

§ 5º A **função de Ouvidor** da Competição **poderá ser remunerada** pelas entidades de prática desportiva participantes da competição.

1. **A figura do Ouvidor**: Desempenhará um papel de extrema importância nos eventos esportivos, pois atuará como um canal de comunicação entre os torcedores e as entidades envolvidas no certame. Comunicar aos consumidores sobre a existência de um profissional incumbido do mister de ouvi-los e registrar as reclamações necessárias integra uma das múltiplas facetas caracterizadoras do direito à informação. Caso a entidade encarregada de divulgar o nome do Ouvidor não o faça, descumprirá a legislação e ensejará o desequilíbrio da relação contratual. Quando não existam informações completas sobre certo produto ou serviço, não há que se falar sobre igualdade entre as partes e respeito aos direitos dos consumidor.[51]

2. **Qualificação e deveres do Ouvidor**: Não existem regras sobre a qualificação que o profissional deverá apresentar para ser indicado como ouvidor, mas, acredita-se que deverá ter experiência no ramo desportivo e conhecer as normas que regulamentam a modalidade praticada, assim como a legislação

51. CALAIS-AULOY, Jean; STEINMETZ, Frank. *Droit de la Consommation*. 7a. ed. Paris: Dalloz, 2006, p. 53.

que se aplica ao desporto. A função primordial do Ouvidor da Competição é o recolhimento e o exame de todas as sugestões, propostas e reclamações apresentadas pelos torcedores. As suas atividades não se encerram apenas com a recepção e a avaliação do que for encaminhado pelos interessados, pois exige-se do Ouvidor uma postura ativa no sentido de que, após o exame do quanto informado pelos torcedores, não poderá quedar-se inerte, mas sim indicar para a entidade organizadora as medidas necessárias ao aperfeiçoamento da competição e ao benefício do torcedor (art. 6º, § 1º). A figura do Ouvidor da Competição não é apenas ilustrativa, competindo-lhe verificar de fato o porquê da insatisfação dos torcedores e, sendo constatada a real necessidade de providências, deverá diligenciar na busca de soluções.

3. **Amplo acesso ao Ouvidor**: Assegura-se ao torcedor o amplo acesso ao Ouvidor da Competição mediante comunicação postal ou mensagem eletrônica. Preocupou-se o EDT em garantir o direito dos torcedores de receberem as respostas referentes às sugestões, propostas e reclamações encaminhadas, no prazo máximo de 30 (trinta) dias. Estabelece o Estatuto do Torcedor que o Ouvidor da Competição utilizará, prioritariamente, o mesmo meio de comunicação manejado pelo torcedor para o encaminhamento de sua mensagem. O sítio da *Internet* em que forem publicadas as informações de que trata o parágrafo único do art. 5º conterá, também, as manifestações e propostas do Ouvidor da Competição[52]. É importante que os torcedores tenham conhecimento das indagações e queixas apresentadas por seus pares, inteirando-se da insatisfação dos demais, para que desenvolvam o espírito crítico sobre os questionamentos levantados[53]. Por outro lado, a publicidade quanto ao posicionamento adotado pela entidade organizadora permitirá que os torcedores avaliem se esta encontra-se imbuída ou não de cumprir devidamente o EDT[54].

---

52. Verificar o parágrafos 2º , incisos I e II, 3º e 4º do art. 6º do Estatuto do Torcedor.
53. Décio L. Rodrigues afirma "Criou-se o ouvidor da competição, cargo remunerado ou não pelas entidades de prática desportiva participantes da competição, para recolher as sugestões, propostas e reclamações dos torcedores, examiná-las e propor à respectiva entidade medidas necessárias ao aperfeiçoamento da competição e ao benefício do torcedor, conforme artigo 6º, parágrafo 1º, do Estatuto de Defesa do Torcedor.
A designação do Ouvidor da competição deverá preceder o início de qualquer evento desportivo, sendo imprescindível o fornecimento dos meios de comunicação necessários ao amplo acesso dos torcedores (art. 6º, do ETO). Aspecto de grande importância – vinculado ao cumprimento do dever de transparência na organização das competições – será a prestação das informações sobre o nome do Ouvidor e as formas através das quais poderão os consumidores manter contato com o mesmo. As entidades desportivas são obrigadas a disponibilizarem estes dados nas entradas do local do evento, de modo visível e acessível ao público". RODRIGUES, Décio L. Op. cit., p. 37-38.
54. *Leis do Esporte e Estatuto do Torcedor.* São Paulo: Editora Manole, 2006, p. 28.

4. **Meios de acesso ao Ouvidor**: Para que a comunicação entre os torcedores e o ouvidor possa ocorrer no plano fático, torna-se imprescindível que a entidade organizadora do evento forneça os meios de comunicação necessários ao amplo acesso dos interessados. O Estatuto do Torcedor faz menção aos meios informatizados, qual seja a *Internet*, e às correspondências remetidas via Correios e Telégrafos. No entanto, além destes instrumentos, os consumidores podem valer-se do contato telefônico, do *fac-símile* ou de outros meios que considerar mais cômodos ou pertinentes para encaminharem ao ouvidor as suas manifestações. Não se deve entender que o torcedor poderá apenas utilizar dos meios previstos expressamente no Estatuto do Torcedor, já que esta ilação equivaleria a uma interpretação restrita da lei.

5. **Remuneração do Ouvidor**: O Estatuto do Torcedor faculta a remuneração ou não da função de Ouvidor da Competição. Entende-se que para o desempenho efetivo e produtivo desta atividade, será importante que a função seja paga, eis que o profissional não ficará limitado apenas a receber as sugestões e reclamações dos torcedores, devendo estudá-las, cientificar as entidades organizadoras e adotar as providências cabíveis. Para solucionar as indagações dos torcedores, o ouvidor necessitará de tempo e terá que se dedicar ao exame do problema e à busca de soluções – o que provavelmente exigir-lhe-á razoável dedicação, caso, é claro, atue de forma responsável.

6. **Aplicação em Concurso:**

- *2008. UnB/CESPE – Ministério do Esporte. Cargo 13: Técnico de Nível Superior*

  Com base no que preconiza a Lei n.º 10.671/2003, que dispõe sobre o Estatuto de Defesa do Torcedor, julgue o item de 108.

  108. A função de ouvidor é desempenhada pelo representante do clube que possui o mando de jogo e que deverá recolher sugestões, propostas e reclamações dos torcedores acerca da competição.

  Gabarito: a afirmativa está errada.

Art. 7º É **direito do torcedor** a **divulgação**, durante a realização da partida, da **renda obtida** pelo pagamento de ingressos e do **número de espectadores** pagantes e não-pagantes, por intermédio dos **serviços de som e imagem** instalados no estádio em que se realiza a partida, pela entidade responsável pela organização da competição.

1. **Divulgação da renda obtida**: Observe-se que as informações sobre os recursos financeiros angariados pelas entidades organizadoras deverão ser prestadas no decorrer do evento esportivo e não após a seu encerramento. Os borderôs constituem a relação discriminativa dos diversos valores angariados e dos gastos que compõem o evento esportivo e devem ser redigidos de forma bastante clara e completa. Todos as despesas realizadas devem ser registradas, bem como os montantes obtidos com o certame esportivo, não sendo admissível a exclusão de nenhum item que componha o quadro econômico-financeiro da atividade.[55]

2. **Serviços de som e imagem**: Determina o EDT que tais dados sejam prestados por intermédio dos serviços de som e imagem instalados no estádio em que se realiza a partida. Não se contentou o legislador com a divulgação apenas via aparelhos sonoros, obrigando a entidade organizadora a dispor de equipamento que transmita imagens contendo o registro da renda obtida. Isto facilita para o torcedor melhor inteirar-se sobre estes dados, podendo anotá-los para posterior averiguação[56].

3. **Importância da medida**: A obrigatoriedade das entidades desportivas exporem todos os dados concernentes às rendas obtidas nas competições esportivas é uma das vigas mestras em que se assenta o Estatuto do Torcedor. A malversação dos recursos financeiros angariados, o desvio e/ou a utilização indevida destes recursos gerarão consequências negativas que refletirão no desenvolvimento do desporto, pois os atletas e outros profissionais ligados ao ramo não serão bem remunerados e os torcedores não serão recebidos nos estádios de forma compatível com sua dignidade. Judivan Vieira[57] enaltece a importância de que todas as informações sobre os aspectos financeiros sejam divulgadas para o público torcedor.

4. **Obrigação de informação**: Informar sobre a renda obtida através de determinado evento desportivo não é uma benesse concedida pelas entidades responsáveis em prol dos consumidores. É um dever imposto legalmente com vistas à proteção dos interesses de todos aqueles afeitos

---

55. Sobre a proteção do torcedor em eventos esportivos, consultar as seguintes obras: KARAQUILO, Jean-Pierre. Le Droit du Sport. 2. ed. Paris: Dalloz, 1997; LOUP, Jean. Les sports et le Droit. Paris: Dalloz, 1930, p. 67.

56. Judivan Vieira, sobre a obrigatória divulgação das rendas das partidas, afirma que "1. Observe que a divulgação deve ser feita ainda durante a realização da partida. É isso mesmo, os alto falantes devem anunciar a quantidade de pessoas e de dinheiro arrecadado. Até mesmo porque a quantidade de testemunhas existentes nos estádios, poderá servir de prova contra fraudadores do INSS, lavadores de dinheiro e outros bandidos de plantão que procuram se utilizar de pessoas de bem para suas atividades ilícitas". VIEIRA, Judivan. *Estatuto do Torcedor Comentado*. São Paulo: Síntese, 2003 p. 57.

57. VIEIRA, Judivan J. *Op. cit.*, p. 7 e 8.

às atividades esportivas. Para que haja a equilibrada distribuição da renda entre os participantes dos certames esportivos, urge que sejam divulgados dados verídicos, a fim de que torcedores e demais interessados possam aquilatar se realmente a repartição dar-se-á de modo justo.

5. Jurisprudência:

A divulgação da renda obtida em determinado evento esportivo apresenta-se de extrema importância para o torcedor e para os órgãos públicos incumbidos de exigir o pagamento da contribuição previdenciária devida. Observe-se a ementa do seguinte acórdão:

> "Tributário. Contribuição Previdenciária. Associação Desportiva. Renda Líquida dos Espetáculos. Lei 3.807/60 (art. 69). Lei 5.939/73 (art. 2º e § 1º). Lei 6251/75 (art. 2º). Decreto 77.210/76 (art. 3º). 1. A substituição da contribuição estabelecida no art. 69, III, Lei 3.807/60, pelo percentual de 5% previsto no art. 2º, Lei 5.939/73, pressupõe que a associação desportiva participe de espetáculos oficiais promovidos pela Federação respectiva e que produzam renda, a fim de que, sobre esta última (renda líquida) incida a aludida percentagem, a ser recolhida "pela federação promotora da partida" (art. 2º, Lei 5.939/73). 2. Conquanto a Federação promotora da partida seja diretamente responsável pelo recolhimento e a Confederação subsidiariamente por essa obrigação, a dívida é dos clubes ou associações. A Federação só é responsável se, existindo renda, deixar de proceder o desconto ou, se procedendo, deixar de efetivar o recolhimento. 3. A associação desportiva não profissional, para que fique sob o abrigo do art. 2º, Lei 5939/73, deve demonstrar ser "entidade integrante obrigatória do Sistema Desportivo Nacional, organizada sob a forma comunitária (Lei 6251/75, art. 2º – Dec. 77.210/76) e, anualmente, comprove "manter a prática de esportes olímpicos e ter participado de competição oficial em cada uma dessas modalidades" (Dec. ref., art. 3º – caput – e parágrafo único). 4. A Recorrente não faz jus à substituição prevista no art. 2º, Lei 5939/73, sujeitando-se ao pagamento da contribuição objeto da demanda, no caso, exceptuado o período coberto por favorável decisão administrativa. 5. Recurso parcialmente provido." (STJ, REsp 76494/CE , 1a Turma, Relator Ministro Humberto Gomes e Barros, j. 13/04/2000, DJ 26/06/2000).

6. Aplicação em Concurso:

- *2009. UnB/CESPE – MP/RN. Cargo: Promotor de Justiça Substituto*

  A respeito do Estatuto do Torcedor (Lei n.º 10.671/2003), assinale a opção correta.

A) A entidade responsável por organizar competição não é obrigada a disponibilizar médico e ambulância para os torcedores presentes a partidas.

B) Os ingressos para partida integrante de competição profissional devem estar à venda para o torcedor partícipe até 48 horas antes do início da respectiva partida.

C) O torcedor tem direito à divulgação, durante a realização da partida, da renda obtida pelo pagamento de ingresso e do número de espectadores pagantes e não-pagantes.

D) Os estádios com capacidade superior a cinco mil pessoas devem manter central técnica de informações, com infraestrutura suficiente para viabilizar o monitoramento do público presente por imagem.

E) Não é direito do torcedor ter os árbitros de cada partida escolhidos mediante sorteio.

Gabarito: Letra C

- *2008. UnB/CESPE – Ministério do Esporte. Cargo 13: Técnico de Nível Superior*

  Com base no que preconiza a Lei n.º 10.671/2003, que dispõe sobre o Estatuto de Defesa do Torcedor, julgue o item de 109.

  109. É direito do torcedor ter conhecimento, durante a realização de um jogo, através do serviço de som e imagem existente no estádio, acerca do público pagante e não-pagante e da renda obtida em decorrência da venda de ingressos.

  Gabarito: a afirmativa está correta.

Art. 8º As **competições de atletas profissionais** de que participem entidades integrantes da organização desportiva do País deverão ser **promovidas** de acordo com **calendário anual** de eventos oficiais que:

I – garanta às entidades de prática desportiva **participação em competições** durante **pelo menos dez meses do ano**;

II – adote, em **pelo menos uma competição de âmbito nacional**, **sistema de disputa** em que as equipes participantes conheçam, previamente ao seu início, a quantidade de partidas que disputarão, bem como seus adversários.

1. **O calendário anual**: O respeito ao calendário anual dos eventos oficiais é exigido pelo art. 8º do Estatuto do Torcedor. Nestes calendários, deve haver a garantia de que as entidades de prática desportiva participem das competições durante pelo menos dez meses do ano[58]. Antes desta exigência, as entidades organizadoras excluíam quem desejassem sem cumprirem regras técnicas, atendendo apenas os interesses corporativos.

---

58. Verificar o inciso I do art.10 do EDT.

2. **Importância da previsão normativa**: Agora, as entidades não podem ser eliminadas de modo desrespeitoso, prevalecendo regras límpidas. O inciso II do aludido artigo exige que se "adote, em pelo menos uma competição de âmbito nacional, sistema de disputa em que as equipes participantes conheçam, previamente ao seu início, a quantidade de partidas que disputarão, bem como seus adversários". O ideal será que em todas as competições, quer de âmbito nacional, estadual ou local, as entidades tenham conhecimento prévio, ou seja, antes do começo do evento, do número de jogos e de quem terão que enfrentar no pódio.

3. **Aplicação em concurso**:

- *A questão infra transcrita foi elaborada no bojo das aulas ministradas na Faculdade Baiana de Direito (FBD).*

A) As competições esportivas serão promovidas em conformidade com o calendário semestral dos eventos regionais;

B) É garantido à entidade de prática desportiva a participação em competições pelo menos doze meses do ano;

C) O calendário de eventos oficiais deverá adotar, em pelo menos duas competições de âmbito nacional, sistema de disputa mediante prévia comunicação sobre a quantidade de partidas a serem realizadas;

D) As competições esportivas devem ser organizadas e realizadas de acordo com o calendário bienal de eventos nacionais oficiais;

E) A Lei n. 10.671/03 garante às entidades de prárica desportiva a participação em competições profissionais pelo menos dez meses do ano.

Gabarito: Letra E.

CAPÍTULO III
DO REGULAMENTO DA COMPETIÇÃO

Art. 9º É direito do torcedor que o **regulamento**, as **tabelas da competição** e o **nome do Ouvidor da Competição** sejam divulgados até **60 (sessenta) dias antes de seu início**, na forma do § 1º do art. 5º. (alterado pela Lei n. 12.299/10)

§ 1º Nos **dez dias subseqüentes** à divulgação de que trata o *caput*, **qualquer interessado** poderá **manifestar-se** sobre o regulamento diretamente ao Ouvidor da Competição.

§ 2º O **Ouvidor da Competição** elaborará, em **setenta e duas horas, relatório** contendo as principais propostas e sugestões encaminhadas.

§ 3º Após o exame do relatório, a **entidade responsável pela organização da competição decidirá, em quarenta e oito horas**, motivadamente, sobre a conveniência da aceitação das propostas e sugestões relatadas.

§ 4º O **regulamento definitivo** da competição será **divulgado**, na forma do § 1º do art. 5º, **45 (quarenta e cinco) dias antes de seu início**. (alterado pela Lei n. 12.299/10)

§ 5º É **vedado proceder alterações no regulamento** da competição desde sua divulgação definitiva, **salvo** nas hipóteses de:

I - apresentação de **novo calendário anual de eventos oficiais para o ano subseqüente**, desde que aprovado pelo Conselho Nacional do Esporte - CNE;

II - após **dois anos de vigência do mesmo regulamento**, observado o procedimento de que trata este artigo.

§ 6º A competição que vier a substituir outra, segundo o novo calendário anual de eventos oficiais apresentado para o ano subseqüente, deverá ter âmbito territorial diverso da competição a ser substituída.

1. **Conceito de regulamento**: O regulamento da competição esportiva é o conjunto de regras instituídas pelas entidades responsáveis para disciplinar a atividade esportiva variando de acordo com a modalidade praticada. É um documento que contém regras aplicáveis aos atletas e à forma como o certame será desenvolvido, havendo a previsão de normas para a resolução das contingências e conflitos que poderão advir. Apesar de os regulamentos das competições serem elaborados pelas entidades encarregadas da organização dos eventos esportivos, de acordo com as particularidades de cada uma das espécies desportivas existentes, não podem instituir regras arbitrárias que violem o arcabouço normativo vigente.

2. **Razões da norma**: A obrigatória divulgação prévia do regulamento da competição foi prevista no Estatuto do Torcedor em decorrência de, em várias oportunidades, as entidades organizadoras dos eventos esportivos não agirem de modo lídimo e escorreito. Regras obscuras eram impostas e os torcedores não as conheciam com antecedência, sendo surpreendidos no momento do certame com arbitrariedades que comprometiam os resultados das partidas. Em outras oportunidades, regras eram inicialmente previstas pelos organizadores e, a qualquer momento, ao seu bel e escuso prazer, eram modificadas à revelia dos torcedores e até mesmo dos atletas. Neste emaranhado de alterações inesperadas dos regulamentos, configurando-se irregularidades patentes em benefício dos interesses privados dos entes desportivos, o legislador infraconstitucional não teve outra opção a não ser exigir a prévia divulgação dos regulamentos.

3. **Vedação de modificação do regulamento**: Impôs o legislador a proibição de alteração dos regulamentos das competições esportivas pelo prazo de dois anos, como já externado, devido ao grande número de modificações

arbitrárias praticadas. Existindo razões factíveis e devidamente elucidadas, podem as entidades organizadoras dos certames pleitear a modificação de algum item do regulamento desde que esta situação não cause impactos negativos para os consumidores e agremiações esportivas participantes.[59]

4. **Hipóteses que autorizam a modificação**: Elaborado e divulgado o regulamento de forma definitiva, não podem as entidades organizadoras alterá-lo aleatoriamente. É o que dispõe o parágrafo 5º do art. 9º do Estatuto do Torcedor. Existem duas situações que admitem a modificação do regulamento, mesmo após apresentada ao público a seu versão final (art. 9º, parágrafo 5º, incisos I e II). Quando houver a apresentação de novo calendário anual de eventos oficiais para o ano subsequente, desde que aprovado pelo Conselho Nacional do Esporte (CNE), o regulamento irá adequar-se às novas normas estabelecidas. Ressalte-se que o art. 6º do EDT prevê que "a competição que vier a substituir outra, segundo o novo calendário anual de eventos oficiais apresentado para o ano subseqüente, deverá ter âmbito territorial diverso da competição a ser substituída". Outra hipótese em que será permitida a modificação do teor do regulamento, é quando já decorreram dois anos da sua vigência do instrumento.

5. **A constitucionalidade da exigência:** Alguns doutrinadores questionam que seria inconstitucional exigir que o regulamento do certame esportivo seja mantido inalterado pelo prazo de dois anos, havendo um verdadeiro "engessamento"[60] das regras inicialmente previstas. No entanto, foram os desatinos e atos arbitrários das entidades esportivas, ao modificarem rotineiramente os regulamentos, sem qualquer respeito aos direitos do torcedores, que suscitaram do legislador a previsão da sua manutenção por um período mínimo. Decorrido o prazo estipulado, as entidades podem modificar o regulamento, desde que atuem de modo escorreito, sendo as alterações passíveis de questionamento, observando-se o procedimento de que trata o art. 9º.

6. **Prazo para a divulgação**: Dispõe o art. 9º , *caput*, do Estatuto do Torcedor que o regulamento e as tabelas da competição, assim como o nome do Ouvidor do certame, devem ser divulgados até sessenta dias antes de seu início, respeitando-se o quanto previsto no art. 5º. De acordo com este dispositivo, as entidades devem, no prazo de sessenta dias antes da realização do evento, divulgar o regulamento da competição.

---

59. Consultar sobre o assunto: KARAQUILO, Jean-Pierre. Le Droit du Sport. 2. ed. Paris: Dalloz, 1997.
60. MELO FILHO, Álvaro Melo. *Direito Desportivo. Novos Rumos*. Belo Horizonte: Del Rey, 2003, p. 34.

Afirma Judivan J. Vieira[61] que "o prazo para divulgação do regulamento, as tabelas da competição e o nome do Ouvidor é de 60 dias. Não pode ultrapassar disso. Pode ser em menos tempo, mais que 60 dias, não". Interpretando-se perfunctoriamente o citado dispositivo, poder-se-ia imaginar que as entidades esportivas poderiam divulgar o regulamento em uma data muito próxima da realização da competição, pois não se estabelece um prazo mínimo, mas, sim apenas o máximo. Contudo, a análise dos parágrafos primeiro a quarto, onde estão previstos os prazos para os torcedores formalizarem as reclamações e as respostas serem apresentadas, observa-se que as entidades esportivas não podem divulgar o regulamento "em cima da hora" do certame.

7. Jurisprudência:

> "Processual civil. Antecipação dos efeitos da tutela. Pretensão visando impedir a renovação dos jogos anulados do Campeonato Brasileiro de Futebol de 2005. Pretensão apoiada no art. 9º, § 5º, da Lei Federal n° 10.671 /03 – Estatuto de Defesa do Torcedor. Ausência, todavia, de demonstração do direito em que se apoia a pretensão. Indeferimento da antecipação. Recurso desprovido." (TJ/São Paulo/Agravo de Instrumento n. 4219764800, 2ª Câmara de Direito Privado, Relator Boris Kauffmann, j. 14/12/2009, DJ 18/12/2009)

8. Aplicação em Concurso:

- *2008. UnB/CESPE – Ministério do Esporte. Cargo 13: Técnico de Nível Superior*

  Com base no que preconiza a Lei n.º 10.671/2003, que dispõe sobre o Estatuto de Defesa do Torcedor, julgue o item de 110.

  110. Atendidas as exigências legais, o regulamento definitivo de uma competição deverá ser divulgado quarenta e cinco dias antes do início do evento esportivo.

  Gabarito: a afirmativa está correta.

Art. 10. É **direito do torcedor** que a **participação das entidades** de prática desportiva em competições organizadas pelas entidades de que trata o art. 5º seja exclusivamente em virtude de **critério técnico** previamente definido.

§ 1º Para os fins do disposto neste artigo, considera-se critério técnico a habilitação de entidade de prática desportiva em razão de: (Redação dada pela Lei nº 13.155, de 2015)

---

61. VIEIRA, Judivan J. Vieira. *Estatuto do Torcedor Comentado*. São Paulo: Síntese, 2003, p. 29.

I - colocação obtida em competição anterior; e (Incluído pela Lei nº 13.155, de 2015)

II - cumprimento dos seguintes requisitos: (Incluído pela Lei nº 13.155, de 2015)

a) regularidade fiscal, atestada por meio de apresentação de Certidão Negativa de Débitos relativos a Créditos Tributários Federais e à Dívida Ativa da União - CND; (Incluído pela Lei nº 13.155, de 2015)

b) apresentação de certificado de regularidade do Fundo de Garantia do Tempo de Serviço - FGTS; e (Incluído pela Lei nº 13.155, de 2015)

c) comprovação de pagamento dos vencimentos acertados em contratos de trabalho e dos contratos de imagem dos atletas. (Incluído pela Lei nº 13.155, de 2015)

§ 2º Fica **vedada a adoção de qualquer outro critério**, especialmente o convite, observado o disposto no art. 89 da Lei nº 9.615, de 24 de março de 1998.

§ 3º Em campeonatos ou torneios regulares com mais de uma divisão, serão observados o princípio do acesso e do descenso e as seguintes determinações, sem prejuízo da perda de pontos, na forma do regulamento: (Redação dada pela Lei nº 13.155, de 2015)

I - a entidade de prática desportiva que não cumprir todos os requisitos estabelecidos no inciso II do § 1º deste artigo participará da divisão imediatamente inferior à que se encontra classificada; (Incluído pela Lei nº 13.155, de 2015)

II - a vaga desocupada pela entidade de prática desportiva rebaixada nos termos do inciso I deste parágrafo será ocupada por entidade de prática desportiva participante da divisão que receberá a entidade rebaixada nos termos do inciso I deste parágrafo, obedecida a ordem de classificação do campeonato do ano anterior e desde que cumpridos os requisitos exigidos no inciso II do § 1º deste artigo. (Incluído pela Lei nº 13.155, de 2015)

§ 4º Serão **desconsideradas as partidas** disputadas pela **entidade de prática desportiva que não tenham atendido ao critério técnico** previamente definido, inclusive para efeito de pontuação na competição.

§ 5º A comprovação da regularidade fiscal de que trata a alínea *a* do inciso II do § 1º deste artigo poderá ser feita mediante a apresentação de Certidão Positiva com Efeitos de Negativa de Débitos relativos a Créditos Tributários Federais e à Dívida Ativa da União - CPEND. (Incluído pela Lei nº 13.155, de 2015)

1. **O necessário respeito ao critério técnico**: A prévia divulgação do regulamento do campeonato permitirá averiguar-se o quanto disposto pelo art. 10 da Lei n. 10.671/03, segundo o qual "É direito do torcedor que a participação das entidades de prática desportiva em competições

organizadas pelas entidades de que trata o art. 5º seja exclusivamente em virtude de critério técnico previamente definido". A *mens legis* deste dispositivo é vedar que as entidades organizadoras dessem continuidade à postura arbitrária de incluírem agremiações e/ou atletas nas competições de forma escusa, atendendo tão-somente aos interesses corporativos e não as normas regulamentares da modalidade esportiva. A fim de não deixar à margem de controle a definição do que consiste o critério técnico, o parágrafo 1º do art. 10 do EDT o define como sendo "a habilitação de entidade de prática desportiva em razão de colocação obtida em competição anterior". Desta forma, a posição a ser ocupada por certa entidade na competição dependerá do seu desempenho anterior e não da mera vontade dos "cartolas". O parágrafo 2º do mesmo artigo citado veda a adoção de qualquer outro critério, especialmente o convite, observado o disposto no art. 89 da Lei nº 9.615, de 24 de março de 1998.

2. **Campeonatos com mais de uma divisão**: Existem campeonatos mais simplificados e outros compostos por uma série de jogos que fazem parte de diferentes divisões. Objetivando abarcar todas as espécies de campeonatos e torneios, o parágrafo 3º do art. 10 versa sobre aqueles eventos mais complexos que apresentem mais de uma divisão, estipulando que nestes "será observado o princípio do acesso e do descenso". Isto significa que a ascensão de uma agremiação para uma divisão superior somente ocorrerá com a melhoria do seu desempenho e não mediante regras obscuras e indevidas. Havendo o declínio na atuação da entidade, esta deverá ser rebaixada, ocorrendo o que se denomina de "descenso", sem que critérios arbitrários possam prevalecer. Caso a entidade organizadora desrespeite o critério técnico que deverá ser adotado, as partidas em que participem agremiações que não deveriam estar presentes serão desconsideradas, de acordo com o quanto disposto pelo § 4º do multicitado art. 10.[62]

3. **Aplicação em Concurso:**

- *A questão infra transcrita foi elaborada no bojo das aulas ministradas na Faculdade Baiana de Direito (FBD).*

  Examine os itens abaixo registrados e indique o que se encontra em desconformidade com o Estatuto do Torcedor:

  A) É direito do torcedor que a participação das entidades de prática desportiva em competições seja exclusivamente em virtude de critério técnico previamente definido;

62. O tema também é tratado na seguinte obra: GOMES, Luiz Flávio; CUNHA, Rogério Sanches; PINTO, Ronaldo B.; OLIVEIRA, Gustavo Vieira de. Estatuto do Torcedor Comentado. Atualizado de acordo com a Lei n. 12.299/10. São Paulo: RT, 2011, 272 p.

B) Considera-se critério técnico a habilitação de entidade de prática desportiva em razão de colocação obtida em competição anterior;

C) É vedada a adoção de qualquer outro critério, especialmente o convite, observado o disposto no art. 89 da Lei nº 9.615, de 24 de março de 1998;

D) Em campeonatos ou torneios regulares com mais de uma divisão, será observado o princípio do acesso e do descenso;

E) Serão consideradas as partidas disputadas pela entidade de prática desportiva que não tenham atendido ao critério técnico previamente definido, inclusive para efeito de pontuação na competição.

Gabarito: E.

4. **Alterações implementadas pela Lei Federal n. 13.155, de 4 de agosto de 2015:** tal conjunto normativo estabelece princípios e práticas de responsabilidade fiscal e financeira, bem como a gestão transparente e democrática para as entidades desportivas profissionais. Nessa senda, as exigências inseridas no art. 10 do Estatuto do Torcedor coadunam-se com tais propósitos.

Art. 11. É **direito do torcedor** que o **árbitro e seus auxiliares** entreguem, em **até quatro horas** contadas do término da partida, a **súmula e os relatórios** da partida ao representante da entidade responsável pela organização da competição.

§ 1º Em **casos excepcionais**, de **grave tumulto** ou **necessidade de laudo médico**, os **relatórios** da partida poderão ser **complementados em até vinte e quatro horas** após o seu término.

§ 2º A súmula e os relatórios da partida serão elaborados em **três vias**, de igual teor e forma, devidamente **assinadas pelo árbitro, auxiliares e pelo representante da entidade responsável** pela organização da competição.

§ 3º A **primeira via** será **acondicionada em envelope lacrado** e ficará na **posse de representante da entidade responsável pela organização da competição**, que a encaminhará ao setor competente da respectiva entidade até as treze horas do primeiro dia útil subseqüente.

§ 4º O **lacre** de que trata o § 3º será **assinado pelo árbitro e seus auxiliares**.

§ 5º A **segunda via** ficará na posse do **árbitro da partida**, servindo-lhe como recibo.

§ 6º A **terceira via ficará na posse do representante da entidade responsável pela organização da competição**, que a encaminhará ao Ouvidor da Competição até as treze horas do primeiro dia útil subseqüente, para imediata divulgação.

1. **A atuação do árbitro**: Ao final do evento, o árbitro elaborará um extrato resumido sobre a forma como o evento transcorreu, que se denomina súmula, onde são registrados os aspectos essenciais e mais importantes daquele certame específico. Como na súmula o árbitro não tem como anotar todas as ocorrências notáveis da partida, será da sua competência a redação de relatórios sobre as etapas da realização do jogo. Os relatórios são documentos mais completos em que constam observações sobre as contingências verificadas. Tanto a súmula quanto os relatórios devem ser escritos em linguagem clara, objetiva e inteligível, possibilitando o leitor inteirar-se, com facilidade, dos eventos e particularidades da partida fiscalizada pelo árbitro.
2. **Formalidades a serem obedecidas:** A elaboração e a entrega da súmula e dos relatórios da partida deverão obedecer a certas formalidades previstas no EDT. A confecção destes documentos deverá ocorrer em 03 (três) vias, todas com o mesmo conteúdo e serão assinadas pelo árbitro, seu auxiliar e o representante da entidade organizadora. A primeira via será guardada em um envelope lacrado e será entregue ao representante da entidade organizadora que, no prazo de 13 (treze) horas, a remeterá para o setor competente desta pessoa jurídica. A segunda via ficará com o árbitro para que possa comprovar que cumpriu com os seus deveres e a derradeira será entregue para o Ouvidor da Competição, para que a divulgue imediatamente após a sua recepção.
3. **Prazo para a elaboração da súmula e dos relatórios**: Os árbitros dispõem do prazo de 4 (quatro) horas para apresentarem a súmula e os relatórios da partida ao representante da entidade organizadora. Observem que estes profissionais dispõem de tempo razoável para transcreverem, de modo organizado, todas as observações registradas sobre a partida. Os árbitros devem acompanhar todos os passos da partida ou jogo integrante da competição, a fim de averiguar se todas as exigências regulamentares da modalidade esportiva estão sendo cumpridas. Em circunstâncias excepcionais, os árbitros poderão finalizar os ditos documentos e entregá-los no prazo de 24 (vinte e quatro) horas. Contudo, esta é uma exceção e somente será admissível quando houver tumulto no local do evento e/ou a necessidade de ser aguardada a emissão de laudo médico. Não é qualquer pequena confusão que facultará o descumprimento do menor prazo por parte do árbitro, pois o EDT prevê a possibilidade de alongamento destes apenas quando o tumulto apresentar proporções de grande porte, exigindo a atuação da equipe particular de segurança e dos agentes públicos de segurança. [63]

63. O tema também é tratado na seguinte obra: GOMES, Luiz Flávio; CUNHA, Rogério Sanches; PINTO, Ronaldo B.; OLIVEIRA, Gustavo Vieira de. Estatuto do Torcedor Comentado.

4. Jurisprudência:

"Ação civil pública – Campeonatos Brasileiro e Paulista de Futebol de 2005 – Manipulação de resultados por árbitros selecionados e sorteados pela Federação Paulista de Futebol (FPF) e pela Confederação Brasileira de Futebol (CBF) – Ofensa ao direito do torcedor à arbitragem independente, imparcial e isenta de pressões –Legitimidade ativa do MPE para tutelar direitos e interesses individuais homogêneos dos torcedores – CF, art. 129, III; Lei n°. 7.347/85, art. 5º; Lei n°. 10.671/03, art. 40; Lei n°. 8.098/90; art. 81, parágrafo único, III, c.c. art. 82,1 – Legitimidade passiva da FPF para responder por danos decorrentes de ofensa ao art. 40 da Lei n°. 10.671/03, nos termos do art. 3° desse diploma legal – Recurso não provido." (TJ/São Paulo/Embargos de Declaração 6205634601, 9ª Câmara de Direito Privado, Relator João Carlos Garcia, j. 23/06/2009 , DJ 27/07/2009)

"APELAÇÃO CÍVEL. RESPONSABILIDADE CÍVIL. JOGO DE FUTEBOL. DEVER DE SEGURANÇA. **ESTATUTO DO TORCEDOR**. PROCESSO CIVIL. ILEGITIMIDADE PASSIVA AD CAUSAE. NÃO CONFIGURADA. A causa de pedir esta embasada na falha de segurança da agremiação esportiva responsável pela organização do jogo de futebol. Aplica-se, in casu, a Teoria da Asserção, segundo a qual as condições da ação devem ser aferidas in status assertionis, ou seja, em abstrato, a partir do alegado pelo autor na petição inicial, sem adentrar na análise do caso, sob pena de apreciação meritória. Ilegitimidade passiva rejeitada. ESTÁDIO DE FUTEBOL. SEGURANÇA DO TORCEDOR. RESPONSABILIDADE OBJETIVA. AGRESSÃO. BRIGADA MILITAR. EXCLUDENTE DE RESPONSABILIDADE. Hipótese dos autos em que o **torcedor** sofreu lesão corporal decorrente da atuação repressiva realizada pelos policiais militares que trabalhavam no evento esportivo. Na espécie, o conjunto probatório demonstrou que o Clube futebolístico adotou todas as medidas legais impostas pelo Estatuto do **Torcedor** a efeito de garantir a segurança dos torcedores durante a realização da partida de futebol. No caso concreto, o Clube de Futebol não pode ser responsabilizado pelos atos praticados pelos policiais da Brigada Militar, os quais tinham o dever legal de garantir a segurança e manutenção da ordem no evento esportivo. Assim, restou caracterizada a excludente de responsabilidade do Clube de Futebol organizador da partida, especialmente porque a lesão ocorreu em razão da ação desencadeado pelos agentes públicos para controlar o tumulto ocorrido nas arquibancadas do Estádio. Precedente deste Órgão Fracionário. REJEITARAM A PRELIMINAR E NEGARAM PROVIMENTO AO APELO. UNÂNIME." (Apelação Cível Nº

Atualizado de acordo com a Lei n. 12.299/10. São Paulo: RT, 2011, 272 p.

70029376076, Nona Câmara Cível, Tribunal de Justiça do RS, Relator: Tasso Caubi Soares Delabary, Julgado em 26/08/2009)

5. **Aplicação em Concurso**:

- *A questão infra transcrita foi elaborada no bojo das aulas ministradas na Faculdade Baiana de Direito (FBD).*

  Examine os itens abaixo registrados e indique o que se encontra em desconformidade com o Estatuto do Torcedor:

A) É direito do torcedor que o árbitro e seus auxiliares entreguem, em até vinte e quatro horas contadas do término da partida, a súmula e os relatórios da partida ao representante da entidade responsável pela organização da competição;

B) Em casos excepcionais, de grave tumulto ou necessidade de laudo médico, os relatórios da partida poderão ser complementados em até vinte e quatro horas após o seu término;

C) A súmula e os relatórios da partida serão elaborados em três vias, de igual teor e forma, devidamente assinadas pelo árbitro, auxiliares e pelo representante da entidade responsável pela organização da competição;

D) A primeira via será acondicionada em envelope lacrado e ficará na posse de representante da entidade responsável pela organização da competição, que a encaminhará ao setor competente da respectiva entidade até as treze horas do primeiro dia útil subsequente.

E) A terceira via ficará na posse do representante da entidade responsável pela organização da competição, que a encaminhará ao Ouvidor da Competição até as treze horas do primeiro dia útil subsequente, para imediata divulgação.

Gabarito: A.

Art. 12. A entidade responsável pela organização da competição dará **publicidade à súmula e aos relatórios da partida** no sítio de que trata o § 1º do art. 5º até as **14 (quatorze) horas do 3º (terceiro) dia útil subsequente ao da realização da partida**. (alterações impostas pela Lei n. 12.299/10).

1. **A imprescindível publicidade da súmula e do relatório**: Estabelece o art. 12 do EDT que a entidade responsável pela organização da competição dará publicidade à súmula e aos relatórios da partida no sítio de que trata o parágrafo único do art. 5º, até as quatorze horas do primeiro dia útil subsequente ao da realização da partida. O Estatuto do Torcedor, neste dispositivo, reitera o quanto previsto na parte final do parágrafo 6º do art. 11, demonstrando a importância de que os documentos que retratem a forma como as partidas ocorreram cheguem ao conhecimento do público

torcedor. Caso a entidade organizadora não divulgue a súmula e os relatórios, os torcedores podem e devem procurar o Ouvidor da Competição, para relatar a problemática. Não obtendo êxito, ou seja, não havendo a solução administrativa do impasse, os torcedores devem dirigir-se para um dos órgãos de proteção e defesa do consumidor para formalizarem queixa. O mesmo pode-se afirmar caso os referidos documentos sejam divulgados, mas contenham irregularidades e/ou não descrevam como a partida efetivou-se no plano fático.

2. **O Projeto de Lei n. 451-B de 1995**: Estabelece que a entidade responsável pela organização da competição dará publicidade à súmula e aos relatórios da partida no sítio até as 14 (quatorze) horas do 3º (terceiro) dia útil subsequente ao da realização da partida.

3. **Aplicação em Concurso**:

- *A questão infra transcrita foi elaborada no bojo das aulas ministradas na Faculdade Baiana de Direito (FBD).*

  Examine os itens abaixo registrados e indique o que se encontra em conformidade com o Estatuto do Torcedor:

A) A entidade responsável pela organização da competição dará publicidade à súmula e aos relatórios da partida no sítio correspondente até as doze horas do primeiro dia útil subseqüente ao da realização da partida;

B) A entidade responsável pela organização da competição dará publicidade à súmula e aos relatórios da partida no sítio correspondente até as quatorze horas do primeiro dia útil subsequente ao da realização da partida;

C) A entidade responsável pela organização da competição dará publicidade apenas à súmula da partida no sítio correspondente até as quatorze horas do primeiro dia útil subsequente ao da realização da partida;

D) A entidade responsável pela organização da competição dará publicidade apenas aos relatórios da partida no sítio correspondente até as doze horas do primeiro dia útil subsequente ao da realização da partida;

E) A entidade responsável pela organização da competição dará publicidade à súmula e aos relatórios da partida no sítio correspondente até as quatorze horas do segundo dia útil subsequente ao da realização da partida.

Gabarito: B.

CAPÍTULO IV
DA SEGURANÇA DO TORCEDOR PARTÍCIPE DO EVENTO ESPORTIVO

Art. 13. O torcedor tem **direito a segurança** nos locais onde são realizados os eventos esportivos **antes, durante e após a realização das partidas.**

Parágrafo único. Será assegurado **acessibilidade ao torcedor portador de deficiência** ou com **mobilidade reduzida.**

Art. 13-A. São **condições de acesso e permanência do torcedor** no recinto esportivo, sem prejuízo de outras condições previstas em lei: (inserido pela Lei n. 12.299/10)

I – estar na posse de **ingresso válido**;

II – **não portar objetos, bebidas ou substâncias proibidas** ou suscetíveis de gerar ou possibilitar a prática de atos de violência;

III – consentir com a **revista pessoal** de prevenção e segurança;

IV – **não portar** ou **ostentar cartazes, bandeiras, símbolos** ou outros sinais com **mensagens ofensivas**, inclusive de **caráter racista ou xenófobo**;

V – **não entoar cânticos** discriminatórios, racistas ou xenófobos;

VI – **não arremessar objetos**, de qualquer natureza, no interior do recinto esportivo;

VII – **não portar ou utilizar fogos de artifício** ou quaisquer outros engenhos pirotécnicos ou produtores de efeitos análogos;

VIII – **não incitar e não praticar atos de violência** no estádio, qualquer que seja a sua natureza; e

IX – **não invadir e não incitar a invasão**, de qualquer forma, da área restrita aos competidores.

Parágrafo único. O não cumprimento das condições estabelecidas neste artigo implicará a **impossibilidade de ingresso do torcedor ao recinto esportivo**, ou, se for o caso, o seu **afastamento imediato do recinto**, sem prejuízo de outras sanções administrativas, civis ou penais eventualmente cabíveis.

1. **Dever de segurança**: Disponibilizar produtos e serviços no mercado de consumo implica o cumprimento prévio das normas concernentes à segurança do bem ofertado, evitando-se que os contratantes sejam expostos a condições de risco. Antes da realização de competições esportivas, compete às entidades organizadoras inteirarem-se das reais condições do equipamento que será utilizado para a recepção do público. Jean Calais-Auloy e Frank Steinmetz[64], ao tratarem da regulamentação dos produtos e serviços, assinalam o caráter preventivo que as regras impostas apresentam, visando a proteção da saúde e da segurança dos torcedores.

---

64. CALAIS-AULOY, Jean; STEINMETZ, Frank. *Droit de la Consommation.* 7a. ed. Paris: Dalloz, 2006, p. 243.

2. **A segurança nos eventos esportivos**: É garantida no período que o antecede, no decorrer da sua realização e após a finalização do evento com o desiderato de que o torcedor não venha a sofrer danos materiais e morais. A segurança preconizada pelo Estatuto do Torcedor engloba a existência de um espaço físico devido e a presença de recursos materiais e humanos indispensáveis para o regular desenvolvimento das atividades.

   2.1. As condições físicas dos estádios: Os estádios devem conter instalações físicas compatíveis com as normas técnicas específicas de construção. Caso estas edificações apresentem defeitos que coloquem em risco a saúde e a segurança dos torcedores, haverá impropriedade para o consumo das atividades esportivas. Antônio Herman de Vasconcellos e Benjamin afirma que os produtos em desacordo com as normas regulamentares de fabricação, distribuição ou apresentação violam o quanto previsto pelo Sistema Nacional de Proteção ao Consumidor (artigo 18, § 6º, II, do CDC). O produto será impróprio quando desrespeitar a regulamentação existente, não se exigindo que seja expressamente nocivo à saúde e segurança dos interessados.[65] Analisando as normas mencionadas no inciso II (regulamentares de fabricação, distribuição e apresentação) esclarece Herman Benjamin que "são aquelas expedidas pelo Poder Legislativo, as baixadas pelo Poder Público, assim como aquelas formuladas por organismos privados (Associação Brasileira de Normas Técnicas, por exemplo) ou até de auto-regulamentação".[66]

3. **A tragédia na Fonte Nova**: No final de 2007, a Bahia assistiu a um trágico acontecimento no Estádio Octávio Mangabeira (Fonte Nova), situado na capital do Estado, quando estava sendo realizada uma das partidas da Série C do Campeonato Brasileiro de Futebol, ocorrendo a morte de sete pessoas em razão da queda de parte de uma das arquibancadas do anel superior da edificação que se apresentava em situação precária. Aproximadamente sessenta torcedores, segundo a imprensa local, sofreram lesões em decorrência do tumulto gerado pelo acidente, assim como em virtude da ausência do policiamento adequado. As aberrantes condições físicas do citado equipamento já haviam sido comunicadas ao Poder Judiciário do Estado da Bahia pelo Ministério Público desde 2006, quando, então, pugnou pela interdição do local, até que a sua reestruturação fosse efetivada. Contudo, o aparato jurisdicional não examinou a ação civil pública a contento e a tragédia não pôde ser evitada. A Superintendência dos Desportos do Estado da Bahia (SUDESB), autarquia gestora

---

65. BENJAMIN, Antônio Herman Vasconcellos e; et al. Código de Defesa do Consumidor comentado pelos autores. Rio de Janeiro, 2013, p. 742.
66. Idem, ibidem.

do dito estádio, nenhuma providência adotou a fim de que o mesmo fosse fechado ao público, para a realização das reformas necessárias. A Confederação Brasileira de Futebol (CBF), a Federação Baiana de Futebol (FBF) e o Esporte Clube Bahia, agremiação esportiva que, naquele evento detinha o mando do jogo, mantiveram-se inertes e a edificação, mesmo em estado calamitoso, foi utilizada e serviu de palco para que vidas fossem ceifadas[67].

4. **A situação dos portadores de deficiência**: Os estádios, ou quaisquer outras edificações onde sejam realizados os eventos esportivos, devem apresentar acesso que facilite o ingresso das pessoas portadoras de deficiência ou com mobilidade reduzida. É o que determina o parágrafo único do art. 13 da Lei n. 10.671/03. Tais locais devem ser estruturados de modo a permitir que os deficientes e outros indivíduos que estejam, temporariamente, com a capacidade de locomoção diminuída, possam ter acesso às suas dependências, sem sofrerem constrangimentos de qualquer espécie. As peculiares condições físicas destes torcedores devem ser consideradas como fatores que exigem um tratamento específico, mormente quando se trate de adentrar nas instalações do imóvel em que o espetáculo ocorrerá.

4.1. A obrigatória acessibilidade: O Estatuto do Torcedor, ao disciplinar a questão do acesso dos portadores de deficiência, atende ao quanto previsto pelos artigos 227, parágrafo 2º, e 244, da Constituição Federal de 1988. Estes dispositivos determinam a criação de lei específica para a disciplinar a construção de logradouros públicos e de edifícios de uso público de modo a garantir o acesso adequado às pessoas portadoras de deficiência. A União, cumprindo o seu dever constitucional de zelar pelos direitos desta coletividade, elaborou a Lei nº 7.853, de 24 de outubro de 1989, dispondo sobre a Política Nacional para a Integração da Pessoa Portadora de Deficiência, consolidando as normas de proteção[68]. O Decreto nº 3.298, de 20 de dezembro de 1999, regulamentou o aludido diploma legal, prevendo um conjunto de orientações normativas que objetivam

---

67. A Ação Civil Pública foi proposta em 16 de janeiro de 2006, dando origem ao Processo n. 944861-7/2006, que atualmente tramita na 8ª Vara da Fazenda Pública da Comarca de Salvador-BA.

68. O art. 24, inciso XIV, da Constituição Federal de 1988 reza que "Compete à União, aos Estados e ao Distrito Federal legislar concorrentemente sobre: (...) XIV – proteção e integração social das pessoas portadoras de deficiência O art. 23, inciso II, da nossa Carta Magna dispõe que "É competência comum da União, dos Estados, do Distrito Federal e dos Municípios: (...) II – cuidar da saúde e assistência pública, da proteção e garantia das pessoas portadoras de deficiência".

assegurar o pleno exercício dos direitos individuais e sociais das pessoas portadoras de deficiência.

4.2. Jurisprudência:

> "PROCESSUAL CIVIL. ADMINISTRATIVO. AÇÃO CIVIL PÚBLICA. OBRAS DE ADEQUAÇÃO DO PRÉDIO DO FÓRUM DE SANTA FÉ DO SUL. ELIMINAÇÃO DE BARREIRAS DE ARQUITETÔNICAS. ACESSIBILIDADE DE DEFICIENTES FÍSICOS. ANTECIPAÇÃO DE TUTELA COMINAÇÃO DE MULTA DIÁRIA. ASTREINTES. OBRIGAÇÃO DE FAZER. INCIDÊNCIA DO MEIO DE COERÇÃO. AUSÊNCIA DE VIOLAÇÃO DO ART. 461, § 4, DO CPC. PREQUESTIONAMENTO. SÚMULAS 282 E 356/STF. 1. É cabível a cominação de multa diária (astreintes) em face da Fazenda Pública, como meio de vencer a obstinação quanto ao cumprimento da obrigação de fazer (fungível ou infungível) ou entregar coisa, incidindo a partir da ciência do obrigado e da sua recalcitrância. Precedentes do STJ: AgRg no Ag 1025234/SP, DJ de 11/09/2008; AgRg no Ag 1040411/RS, DJ de 19/12/2008; REsp 1067211/RS, DJ de 23/10/2008; REsp 973.647/RS, DJ de 29.10.2007; REsp 689.038/RJ, DJ de 03.08.2007: REsp 719.344/PE, DJ de 05.12.2006; e REsp 869.106/RS, DJ de 30.11.2006. 2. Ação Civil Pública promovida pelo Ministério Público Estadual, objetivando a adequação do Prédio do Fórum de Santa Fé do Sul, para garantir acessibilidade aos portadores de deficiência física, no qual foi deferida a antecipação dos efeitos da tutela, para determinar que o demandado iniciasse as obras de adequação do prédio, no prazo de três meses, sob pena de pagamento de multa diária no valor de R$ 400,00, na hipótese de descumprimento. 3. A simples indicação dos dispositivos legais tidos por violados (art. 12, § 2º, da Lei 7.347/84; art. 84, § 3º, da Lei nº 8.078/90; arts. 461, § 4º; 273, § 3º e 644, do CPC), sem referência com o disposto no acórdão confrontado, obsta o conhecimento do recurso especial. Incidência dos verbetes das Súmula 282 e 356 do STF. 4. Recurso especial parcialmente conhecido e, nesta parte, provido. (REsp 987280/SP, 1ª Turma, Relator Ministro Luiz Fux, j. 16/04/2009, DJe 20/05/2009)
>
> ADMINISTRATIVO. RECURSO ORDINÁRIO EM MANDADO DE SEGURANÇA. PROIBIÇÃO DE VENDA DE BEBIDA ALCÓOLICA EM ESTÁDIO DE FUTEBOL. MINISTÉRIO PÚBLICO. ATUAÇÃO. DEFESA DA ORDEM JURÍDICA, REGIME DEMOCRÁTICO E DIREITOS SOCIAIS E INDIVIDUAIS INDISPONÍVEIS. TERMO DE AJUSTAMENTO DE CONDUTA (TAC). ADEQUAÇÃO DAS CONDUTAS ÀS EXIGÊNCIAS LEGAIS. ESTATUTO DO TORCEDOR (LEI 10.671/03) E POLÍTICA NACIONAL SOBRE O CONSUMO DE BEBIDAS ALCOÓLICAS. INEXISTÊNCIA DE ATO ABUSIVO OU ILEGAL. DIREITO LÍQUIDO E CERTO NÃO VIOLADO. RECURSO NÃO PROVIDO (RMS 31064 / GO/2009/0238384-2, Relator: Ministro Arnaldo Esteves Lima, 1ª Turma, julgamento em 21/09/2010, DJe 01/10/2010, RMDCPC vol. 38 p. 134). No que concerne ao comportamento agressivo de

torcedor, examinar: AREsp 898.328-SP, tendo como Relator o Ministro Felix Fischer, publicação em 03/10/2016. No Habeas Corpus 336.396-SP, atuando como Relator o Ministro Nefi Cordeiro, publicado em 07/03/2016, foi reconhecida a atuação de torcida organizada para o cometimento de crimes.

"RESPONSABILIDADE CIVIL – AÇÃO DE REPARAÇÃO DE DANOS MATERIAIS E MORAIS – ACIDENTE COM RESULTADO MORTE, OCORRIDO EM ESTÁDIO DE FUTEBOL – TORCEDOR QUE CAI DA ARQUIBANCADA, DE UMA ALTURA APROXIMADA DE 5 METROS – SENTENÇA QUE JULGA ANTECIPADAMENTE A LIDE SEM, NO ENTANTO, PROPICIAR AOS AUTORES A PRODUÇÃO DE PROVA ACERCA DA DEPENDÊNCIA ECONÔMICA EM RELAÇÃO À VÍTIMA E, AINDA, IMPEDE UM DOS RÉUS DE PRODUZIR PROVA REFERENTE À CULPA EXCLUSIVA DESSA – CERCEAMENTO DE DEFESA CONFIGURADO – NULIDADE RECONHECIDA. RECURSO 2 PROVIDO. RECURSOS 1 e 3 PREJUDICADOS. Existindo a necessidade de dilação probatória para aferição de aspectos relevantes da causa, o julgamento antecipado da lide importa em cerceamento de defesa, mormente quando as partes expressamente se manifestaram em sentido contrário." (TJPR, Acórdão 9598, Agravo de Instrumento n. 0449335-4, Relator Des. Luiz Lopes, j. 03/04/2008, DJ 7605)

5. **Condições de acesso e permanência nos recintos esportivos**: A presença de inúmeras pessoas em certo espaço físico, independentemente da natureza do evento que esteja sendo realizado, exige sempre a tomada de providências para que a segurança de todos seja preservada. Nas competições esportivas, os ânimos acirrados, as emoções extravasadas e os ímpetos, muitas vezes desmedidos, fazem com que os organizadores tenham um maior cuidado com os presentes.[69] Com o intento de que somente o torcedor desprovido de objetivos maléficos adentre e permaneça nos estádios, o legislador ordinário, no art. 13-A da Lei n. 12.299/10, cobrou que estes atendam a certas condições voltadas para a manutenção da tranquilidade no recinto.

5.1. Tipos ou espécies de condições: Podem ser tais condições agrupadas em três distintas categorias, quais sejam as *procedimentais prioritárias*, as vinculadas aos *recursos materiais* e as de *natureza comportamental*. Referem-se as primeiras aos requisitos iniciais e essenciais para que o torcedor seja admitido a contemplar a competição e referem-se à posse do ingresso válido e ao consentimento para que seja realizada a prévia revista pessoal. As segundas atrelam-se aos instrumentos que não podem ser portados e nem utilizados pelos torcedores no decorrer

69. TOLEDO, L.H. de. "Transgressão e violência entre torcedores de futebol". *Dossiê futebol*. São Paulo, Universidade de São Paulo, n. 22, jun./jul./ago. 1994, p. 92-101.

dos eventos esportivos. Já as últimas constituem exigências relativas ao bom comportamento dos torcedores antes, durante e após a finalização das competições.

5.1.1. Ingresso válido: A apresentação regular do ingresso válido constitui exigência de fundamental importância sob dois aspectos fundamentais: primeiro, mediante a cobrança da exibição deste documento, viabiliza-se a entrada somente daquelas pessoas que realmente firmaram contrato neste sentido; segundo, evita-se que outras, não enquadradas nesta situação, adentrem no espaço, gerando uma superlotação desnecessária e maléfica.

5.1.2. Revista pessoal: passou a ser exigida em virtude da grande incidência de conflitos entre torcedores e da utilização de objetos para a prática de atos de vandalismo e de violência. Assim, visando a prevenção e a segurança do público torcedor, hodiernamente, com a alteração do Estatuto, somente admite-se o ingresso daqueles que admitam, por sua livre e espontânea vontade, uma averiguação prévia em sua estrutura corporal.

5.1.3. Recursos materiais vedados: Os recursos materiais que não podem ser usados pelos torcedores estão inseridos no segundo grupo de condições e podem ser examinados mediante um tríplice ângulo. Existem aqueles de natureza *ofensiva*, inclusive de caráter racista ou xenófobo; os *pirotécnicos* e as *substâncias* ou líquidos, dentre os quais os de cunho alcóolico. Todos estão atrelados a instrumentos materiais e mesmo que o torcedor apresente um comportamento tranquilo não será admitido no evento esportivo. Objetos, cuja estrutura ou forma viabilize a prática de atos de violência, não serão admitidos em mãos de torcedores. Desta forma, armas ou outros objetos que sirvam para o cometimento de agressões contra terceiros, como por exemplo ferramentas, tesouras, madeiras, etc., serão rejeitados na revista dos torcedores. Deve-se avaliar a natureza do instrumento, sua normal finalidade e o uso desviado feito em incidentes criminosos ou acidentais. Torcedores que estejam portando bebidas ou substâncias vedadas, como estupefacientes e psicotrópicos, não podem ser admitidos nos recintos esportivos.

5.1.3.1. Bebidas: Quanto ao porte de bebidas, observa-se que o Estatuto do Torcedor não indica a espécie e nem o grau do teor alcoólico. Outro ponto crítico de suma importância é que vedou-se apenas o transporte de bebidas, mas não houve iniciativa no sentido de estabelecer a obrigatória pesquisa do uso de álcool antes de o torcedor apresentar-se para ingressar no recinto esportivo. No que tange ao primeiro aspecto, defende-se que tendo a Lei n. 12.299/10 coibido o porte de "bebidas" significa que toda e qualquer substância alcóolica, mesmo aquelas cujo conteúdo esteja abaixo do índice legal não podem ser levadas pelos torcedores. Lembre-se que a Lei n. 9.494 conceituou bebidas alcóolicas tão-somente aqueles cujo teor seja superior a 13º Gay Lussac, não englobando, por exemplo, as *ice* e as *ready-to-drink*. Ora, não especificando o Estatuto do Torcedor quais bebidas estão vedadas, entende-se que todas estão incluídas, ainda que o teor alcóolico seja inferior ao citado grau.

- **Uso de bebidas alcóolicas durante os eventos internacionais de 2013 e 2014**: De acordo com o parágrafo 1º do art. 68 da Lei Geral da Copa, a venda e o uso de bebidas desta natureza foram liberados – o que colocou em risco a saúde e a segurança dos torcedores, atletas e dos demais presentes nos eventos esportivos.

5.1.4. A conduta do torcedor: No período em que a competição esteja decorrendo, o bom comportamento do torcedor é de extremo valor para a paz e a tranquilidade de todos os presentes, por isso proíbe o Estatuto atos que incentivam a desordem e a balbúrdia. Exige-se que o torcedor não entoe cânticos discriminatórios, racistas ou xenófobos e nem arremesse objetos, de qualquer natureza, no interior do recinto esportivo. No Estádio, o torcedor não poderá praticar atos de violência, qualquer que seja a sua natureza, e nem incitar terceiros a fazê-lo. A não invasão de área restrita aos competidores e o não incitamento de outrem são condições estipuladas pelo Estatuto para que o torcedor possa ser admiti-lo a adentrá-lo.

6. Aplicação em Concurso:

- *2008. UnB/CESPE – Ministério do Esporte. Cargo 13: Técnico de Nível Superior*

  Com base no que preconiza a Lei n.º 10.671/2003, que dispõe sobre o Estatuto de Defesa do Torcedor, julgue o item de 111.

  111. A segurança do torcedor nos locais onde são realizados eventos esportivos será garantida, apenas, durante a realização das partidas.

  Gabarito: a afirmativa está errada.

- *2008. UnB/CESPE – Ministério do Esporte. Cargo 13: Técnico de Nível Superior*

  Com base no que preconiza a Lei n.º 10.671/2003, que dispõe sobre o Estatuto de Defesa do Torcedor, julgue o item de 112.

  112. A entidade detentora do mando de jogo bem como seus dirigentes são responsáveis pela segurança do torcedor em evento esportivo.

  Gabarito: a afirmativa está correta.

Art. 14. Sem prejuízo do disposto nos arts. 12 a 14 da Lei nº 8.078, de 11 de setembro de 1990, a **responsabilidade pela segurança do torcedor** em evento esportivo é da **entidade de prática desportiva detentora do mando de jogo** e de seus dirigentes, que deverão:

I – **solicitar ao Poder Público** competente a **presença de agentes públicos de segurança**, devidamente identificados, responsáveis pela segurança dos torcedores dentro e fora dos estádios e demais locais de realização de eventos esportivos;

II – **informar** imediatamente após a decisão acerca da realização da partida, dentre outros, aos **órgãos públicos de segurança, transporte e higiene**, os **dados necessários à segurança** da partida, especialmente:

a) o **local**;

b) o **horário** de abertura do estádio;

c) a **capacidade de público** do estádio; e

d) a **expectativa de público**;

III – colocar à disposição do torcedor **orientadores e serviço de atendimento** para que aquele encaminhe suas reclamações no momento da partida, em local:

a) **amplamente divulgado** e de **fácil acesso**; e

b) **situado no estádio.**

§ 1º É **dever da entidade de prática desportiva detentora do mando de jogo solucionar** imediatamente, sempre que possível, as **reclamações** dirigidas ao serviço de atendimento referido no inciso III, bem como **reportá-las ao Ouvidor** da Competição e, nos casos relacionados à violação de direitos e interesses de consumidores, aos **órgãos de defesa e proteção do consumidor.**

§ 2º **Perderá o mando de campo** por, no mínimo, dois meses, sem prejuízo das sanções cabíveis, a **entidade de prática desportiva detentora do mando de jogo** que **não observar o disposto no *caput* deste artigo.**

1. **Agentes públicos de segurança**: A presença de recursos humanos para a realização da segurança nos eventos constitui providência de caráter extremamente importante para que os consumidores não sejam colocados em risco, evitando-se que conflitos ocorram e possibilitando o combate aos que ocorram. O art. 14, inciso I, da Lei n. 10.671/03, estabelece que a entidade de prática desportiva detentora do mando de jogo é a responsável pela segurança dos torcedores, devendo solicitar do Poder Público competente a presença de agentes públicos de segurança, devidamente identificados. Tais entidades têm interpretado este dispositivo de forma restrita, defendendo a ideia de que a segurança dos

torcedores compete exclusivamente aos agentes públicos, não tendo as mesmas o dever de adotar medidas para complementar a atuação destes. No entanto, os eventos esportivos são atividades organizadas e concretizadas por entidades particulares que objetivam a aquisição de lucros, conseguindo-os com intensidade e frequência, e, desta forma, têm a obrigação de zelarem pela segurança dos consumidores que ingressam nos estádios.

1.1. Jurisprudência: No decorrer das competições esportivas, havendo atuação indevida dos agentes públicos presentes, resultando em prejuízos para os torcedores, o poder público será responsabilizado. Neste sentido, já decidiu o **Supremo Tribunal Federal**:

> "Recurso Extraordinário. Policial Civil. Responsabilidade Objetiva da Administração Pública por Ato Ilícito Praticado pelo Agente Público no Exercício das Suas Funções. Indenização Devida. 1 – A Constituição Federal responsabiliza as pessoas jurídicas de direito público pelos danos que seus agentes, nessa qualidade, causarem a terceiros, não sendo exigível que o servidor tenha agido no exercício das suas funções. (....)[70]" (RE – 135310/SP, Segunda Turma, Relator Min. Maurício Correa, j. 10/11/1997, DJ 27-02-98).

Verifique-se a seguinte decisão do **Superior Tribunal de Justiça:**

> "RESPONSABILIDADE CIVIL DO ESTADO. DANOS MATERIAIS SOFRIDOS POR TORCEDOR DE FUTEBOL, EM MEIO A MULTIDÃO EM PANICO, POR EFEITO DE TIROS DE POLICIAIS EM SUA DIREÇÃO. PRETENDIDA DESCARACTERIZAÇÃO DA RESPONSABILIDADE OBJETIVA DO ESTADO, INSUSCETIVEL DE SER OBTIDA SEM REEXAME DE PROVA, PROVIDENCIA DESCABIDA NA INSTANCIA ESPECIAL. RECURSO NÃO CONHECIDO. ACÓRDÃO: POR UNANIMIDADE, NÃO CONHECER DO RECURSO"[71] (STJ, REsp 4564/MA, Relator Ministro Ilmar Galvão, j. 10/10/1990, DJ 29/10/1990).

3. **A necessária participação da entidade detentora do mando**: No citado dispositivo, consta que os agentes públicos são os "responsáveis pela segurança dos torcedores dentro e fora dos estádios e demais locais de realização de eventos desportivos". As entidades titulares do mando de campo têm defendido que esta assertiva deverá ser interpretada

---

70. Verificar os seguintes acórdãos no mesmo sentido: PROC-RE Num-0192688, Ano-97 UF-RS Turma-01 MIN-158 N.PP-007, DJ Data 27-02-98 PP-00019, Ementa vol-01900-04 PP-00815.
71. No que concerne à ofensa aos arts. 13, 14 e 19 do Estatuto do Torcedor, consultar: AREsp 476.145-PR, atuando como Relator o Ministro João Otávio de Noronha, publicação em 19/08/2016.

literalmente de modo a eximi-la de qualquer responsabilidade relativa à segurança dos presentes nos estádios. Argumentam estas entidades que não têm a obrigação de contratar seguranças particulares para desenvolverem atividades em prol da manutenção da ordem e da disciplina nos estádios, pois esta tarefa compete exclusivamente aos policiais militares. Apegam-se as agremiações desportivas ao quanto previsto no art. 114, inciso V, da Constituição Federal, segundo o qual a segurança pública é um dever do Estado e será exercida, dentre outros órgãos, pelas polícias militares e corpo de bombeiros.

3.1. Informação aos órgãos públicos competentes: As agremiações desportivas, atendendo ao quanto previsto no inciso II, do art. 14 do Estatuto do Torcedor, devem imediatamente após a decisão acerca da realização da partida, informar aos órgãos públicos de segurança a sua ocorrência. São considerados dados necessários para a segurança da partida: a) o local; b) o horário de abertura do estádio; c) a capacidade de público do estádio; e d) a expectativa de público. De acordo com estes dados, os aludidos órgãos, mais, especificamente, a Polícia Militar deverá dimensionar a quantidade de agentes que devem ser encaminhados para o local do evento. A Segurança Pública, prevista no art. 144 da Constituição Federal como dever do Estado, será exercida, dentre outros órgãos, pela Polícia Militar, conforme determina o inciso III deste dispositivo[72]. Tratando-se de policiamento ostensivo, compete às polícias militares o seu exercício com vistas à preservação da ordem pública. Os eventos desportivos exigem a presença de agentes da Polícia Militar, uma vez que se torna imprescindível a adoção de medidas para a segurança dos presentes, evitando-se invasões, tumultos e balbúrdias que gerem prejuízos para os torcedores.

3.2. A necessária participação da entidade: Como a segurança dos torcedores constitui responsabilidade das entidades que sejam titulares do mando das partidas, estas não podem ficar de "mãos atadas", jogando unicamente para os órgãos públicos a missão. O ideal seria que o Estatuto do Torcedor fosse alterado no sentido de conter, no art. 14, inciso II, a exigência de que as agremiações, ao comunicarem aos órgãos públicos de segurança, a realização do evento esportivo, informassem a quantidade de seguranças particulares contratados, para os mesmos dimensionassem

72. A Constituição do Estado da Bahia, no art. 148, incisos I a V, estabelece que à Polícia Militar compete a realização das atividades destinadas à garantia da segurança dos cidadãos, especialmente, nas edificações que possibilitem a reunião de muitos indivíduos, como ocorre com os estádios. Os agentes da Polícia Militar devem estar presentes em todos eventos desportivos, eis que a pluralidade de participantes assim o exige.

qual o número de agentes deveriam ser designados para atuarem no certame. A despeito da Lei n. 10.671/03 não trazer registrada esta exigência, a análise do *caput* do art. 14 em conjunto com o art. 13 deste mesmo diploma legal, bem como do art. 6º, inciso I, do Código de Proteção e Defesa do Consumidor, assegura a conclusão de que as agremiações titulares do mando têm o dever de dispor de um corpo de profissionais para exercerem funções de organização do evento, primando-se pela paz e pela segurança de todos os que estejam nos estádios antes, durante e depois dos eventos.

4. **A capacidade de público do estádio**: É um dos fatores mais importantes a serem avaliados pelos órgãos públicos de segurança, já que o número de agentes deverá ser compatível com a quantidade máxima de pessoas que poderão comparecer ao evento. As agremiações não podem exigir destes órgãos uma quantidade específica de agentes, pois a estes compete a responsabilidade de verificar o número de profissionais suficiente para realizarem a segurança dos torcedores, preservando a ordem pública e a incolumidade das pessoas presentes. O Estatuto do Torcedor não exige que a entidade organizadora dos eventos desportivos, assim como as agremiações que detenham o mando de jogo indiquem para a Polícia Militar a quantidade precisa de agentes que deverá disponibilizar para se fazerem presentes nos eventos desportivos. Desta maneira, as ditas agremiações deverão informar aos órgãos públicos de segurança a quantidade de participantes do público expectador e estes deverão dimensionar o contingente necessário de agentes policiais militares que deverão ser direcionados para o estádio.

5. **Serviço de atendimento e de recepção de reclamações**: Dentro do conjunto de recursos humanos exigidos para que a segurança dos torcedores seja efetivamente garantida, encontra-se inserido o denominado serviço de atendimento e de recepção das reclamações. Exige o inciso III da já colacionado art. 14 do Estatuto do Torcedor que a entidade mandante do jogo deverá colocar orientadores e serviço de atendimento à disposição dos torcedores, para que estes possam encaminhar suas queixas no momento da partida. Tais recursos devem ser estruturados em local de fácil acesso situado no estádio e amplamente divulgado para os consumidores.[73]

   5.1. Três observações sobre o citado serviço: A primeira delas é que o Estatuto do Torcedor impõe que seja organizado um verdadeiro "serviço"

---

73. Trata do tema: SOUZA, Gustavo Lopes Pires de. Estatuto do Torcedor – A Evolução dos Direitos do Consumidor no Esporte. Belo Horizonte: Alfstudio, 2009.

de atendimento ao consumidor, ou seja, a lei não se satisfaz apenas com a destinação de simples indivíduo, contratado pela agremiação, sem a preparação devida para a solução dos problemas. Segundo, o serviço deverá estar à disposição do público consumidor não somente no decorrer da partida, mas também antes do seu início e imediatamente após a finalização. O terceiro ponto a ser observado constitui o fato de que o dito serviço deverá situar-se no interior do estádio, para facilitar o acesso e a utilização pelos torcedores. A localização deste serviço deve ser selecionada de modo a possibilitar o acesso facilitado dos torcedores, sendo visível pelos presentes. Além do mais, a existência do serviço de atendimento deverá ser divulgada de modo a permitir que todos os torcedores tenham conhecimento de que podem valer-se deste instrumento de comunicação e de resolução de contendas ou de outras contingências que ocorram.

5.2 Solução das reclamações: O serviço de atendimento ao torcedor deverá funcionar de modo efetivo, eis que determina o parágrafo 1º do art. 14 do dispositivo em análise que todas as reclamações, dentro do possível, serão solucionadas de forma rápida e eficiente. Ademais, o assunto deverá ser comunicado ao Ouvidor da competição e aos órgãos públicos encarregados da proteção e da defesa dos interesses dos consumidores.

6. **Sanção em razão do descumprimento do previsto**: Diante da importância das medidas necessárias para o resguardo da saúde e da segurança dos torcedores, o descumprimento do quanto exigido pelo art. 14 implicará a perda do mando de campo pela entidade incumbida do mister.

7. **Aplicação em Concurso**:

- *A questão infra transcrita foi elaborada no bojo das aulas ministradas na Faculdade Baiana de Direito (FBD).*

  Examine os itens abaixo registrados e indique o que se encontra em conformidade com o Estatuto do Torcedor:

A) Sem prejuízo do disposto nos arts. 12 a 14 da Lei nº 8.078, de 11 de setembro de 1990, a responsabilidade pela segurança do torcedor em evento esportivo é da entidade de prática desportiva detentora do mando de jogo e de seus dirigentes;

B) Compete à entidade organizadora do evento esportivo solicitar ao Poder Público competente a presença de agentes públicos de segurança, devidamente identificados, a fim de que zelem pela segurança dos torcedores dentro e fora dos estádios;

C) Os órgãos públicos de segurança, transporte e higiene devem ser oficiados pela entidade organizadora do evento esportivo, comunicando-os sobre o local, o horário de abertura do estádio, a capacidade de público do estádio; e a expectativa de público;

D) A entidade organizadora do evento esportivo deverá colocar à disposição do torcedor orientadores e serviço de atendimento para que aquele encaminhe suas reclamações no momento da partida;

E) É dever da entidade organizadora do evento solucionar imediatamente, sempre que possível, as reclamações dirigidas ao serviço de atendimento, bem como reportá-las ao Ouvidor da Competição.

Gabarito: Letra A.

8. **Lei Geral da Copa e a atuação das entidades detentoras do mando do jogo:** Com esteio no parágrafo 1º do art. 68 da Lei Geral da Copa, o art. 14 não foi aplicado aos eventos esportivos internacionais realizados no Brasil em 2013 e 2014.

Art. 15. O **detentor do mando de jogo** será uma das **entidades de prática desportiva** envolvidas na partida, de acordo com os **critérios definidos** no regulamento da competição.

1. **O mando do jogo:** Constitui critério definido de acordo com as regras atinentes às diversas modalidades esportivas existentes. No regulamento de cada competição, a entidade organizadora deverá estabelecer normas claras sobre a identificação da agremiação que deterá o mando na partida. A depender da espécie de prática esportiva, o grupo mandante exercitará determinadas funções em face do adversário, bem como terá certos benefícios, mas em conformidade com a modalidade. Não podem ser estabelecidas regras obscuras e arbitrárias para a definição do ente que será o titular do mando de campo.

Art. 16. **É dever da entidade responsável pela organização da competição:**

I – **confirmar, com até quarenta e oito horas de antecedência, o horário e o local da realização das partidas** em que a definição das equipes dependa de resultado anterior;

II – **contratar seguro de acidentes pessoais**, tendo como beneficiário o torcedor portador de ingresso, válido a partir do momento em que ingressar no estádio;

III – **disponibilizar um médico e dois enfermeiros-padrão para cada dez mil torcedores** presentes à partida;

IV – **disponibilizar uma ambulância para cada dez mil torcedores** presentes à partida;

V – **comunicar previamente à autoridade de saúde** a realização do evento.

1. **Contratação de seguro**: As entidades responsáveis pela organização das competições devem obrigatoriamente contratar seguro de acidentes pessoais, tendo como beneficiário o torcedor portador de ingresso, válido a partir do momento em que ingressar no estádio. É o que dispõe o art. 16, inciso II, da Lei n. 10.671/03. Os eventos danosos ocorridos com os torcedores devem estar cobertos pela apólice do seguro contratado. Havendo vítimas fatais, os familiares destas, de acordo com as normas legais, terão o direito de receber o valor a ser pago. Os torcedores lesionados de forma grave também receberão o montante segurado.

   1.1. Medidas de segurança: A contratação de seguro de acidentes pessoais é uma obrigação das entidades que planejam e executam as competições esportivas devido ao fato de acontecimentos nefastos poderem eventualmente ocorrer. Entretanto, o fato destas entidades contratarem um seguro não significa afirmar que podem descuidar das medidas destinadas a garantir a segurança e o bem-estar dos torcedores. Havendo negligência da entidade quanto à adoção de todas as providências cabíveis para que o espetáculo transcorra sem que a incolumidade física dos torcedores seja resguardada, devem ser responsabilizados pela indenização destes. O mesmo pode-se afirmar com relação à ocorrências que gerem constrangimento moral para os consumidores que presenciem os eventos esportivos. Hélder Gonçalves Dias Rodrigues[74] elucubra que em se tratando de dano oriundo de prática esportiva, "havendo infringência de alguma norma desportiva, parece ser perfeitamente legítima e eficaz a cláusula que institui seguro de acidentes pessoais e materiais, desde que frutos da boa-fé e da equidade". Nessa senda, a cláusula de seguro não "pode elidir o dever de eficiência dos serviços prestados. O valor (eficácia) da cláusula de seguro vai depender de uma análise do caso concreto".

2. **Profissionais da área de saúde**: A presença destes nos eventos esportivos é uma providência de caráter extremamente importante para que seja assegurado atendimento preliminar aos torcedores que necessitam. O art. 16, inciso III, da Lei n. 10.671/03 estabelece que constitui "dever da entidade responsável pela organização da competição" disponibilizar um médico e dois enfermeiros-padrão para cada dez mil torcedores presentes à partida. Exige ainda o inciso IV do mencionado artigo que aquela entidade deverá disponibilizar uma ambulância para cada dez mil torcedores presentes à partida. Observe-se que o Estatuto do Torcedor impõe que as entidades organizadoras dos eventos esportivos providenciem não somente profissionais competentes para zelarem e cuidarem

---

74. RODRIGUES, Hélder Gonçalves Dias. *A Responsabilidade Civil e Criminal nas Atividades Desportivas*. Campinas: São Paulo, 2004, p. 252.

dos problemas de saúde apresentados pelos torcedores, mas, também veículos apropriados para transportarem os que necessitam serem conduzidos para outros locais.

2.1. Quantidade de profissionais e de ambulâncias: O Estatuto do Torcedor determina a quantidade de profissionais de saúde em conformidade com o número de espectadores. Numa partida, por exemplo, em que estejam presentes em torno de 60 mil torcedores, a entidade organizadora terá que disponibilizar 6 (seis) médicos e 12 (doze) enfermeiros-padrão. Nesta hipótese, exigir-se-ão 6 (seis) ambulâncias no local. O que se observa, na prática, é que as entidades organizadoras das competições delegam esta atribuição para as que detenham o mando de jogo e não há o real cumprimento do quanto determinado em lei. Esta postura abusiva dos fornecedores das atividades esportivas deverá ser combatida pelos órgãos públicos encarregados da defesa dos interesses dos consumidores.

3. **Comunicação à autoridade da área de saúde**: O art. 16, inciso V, do EDT, exige também que as entidades organizadoras das competições comuniquem a realização do evento, de forma prévia, à autoridade de saúde. Em geral, esta tem sido a única providência realizada por muitas entidades, entendendo que não constitui sua responsabilidade a contratação de profissionais da área de saúde para atenderem aos torcedores. Estas entidades, visando pouparem recursos financeiros e angariarem mais lucros, ficam aguardando apenas o encaminhamento de profissionais do setor público.

4. **Jurisprudência:**

> "ADMINISTRATIVO. AÇÃO CIVIL PÚBLICA. CONSELHO REGIONAL DE ENFERMAGEM. OBRIGAÇÃO ELENCADA NO INCISO III, DO ART. 16, DA LEI Nº 10.671/03 **(OBRIGATORIEDADE DA PRESENÇA DE UM MÉDICO E DOIS ENFERMEIROS NAS PARTIDAS DE FUTEBOL A CADA DEZ MIL TORCEDORES).** INTERESSE DO CONSUMIDOR TORCEDOR. DIREITO DIFUSO. FEDERAÇÃO DE FUTEBOL DO ESTADO DO RIO DE JANEIRO. ESTATUTO DO TORCEDOR. DESCUMPRIMENTO. MULTA. I – São os Conselhos Profissionais Entidades de Direito Público, com destinação específica e encargo de interesse social, na medida em que, a estes, incumbe a fiscalização do exercício profissional das categorias que lhes são vinculadas e o zelo pela qualidade dos serviços prestados à coletividade. II – Nesse sentido, não se restringem a associações de classe ou sindicatos, visto que situação se desenvolve mais amplamente, no sentido da valorização do profissional, garantindo seus direitos e fazendo cumprir seus deveres ético-profissionais, contudo, projetados no âmbito de proteção da comunidade e no resguardo da legalidade. III – Note-se, portanto, que os valores velados vão muito além de critérios puramente subjetivos, cingidos aos limites

do interesse essencial de determinada classe profissional defendida. Representam os Conselhos de Classe, e isso é uma obrigação legal, o poder público na defesa do interesse da população, inerente aos serviços fiscalizados. Frise-se, assim, que, abarcada a imanente singularidade dos objetivos de classe, sobrepujam os reflexos direitos e interesses social-difusos. IV – Consistem, destarte, os Conselhos de Enfermagem, como outros congêneres, Entidades Administrativas Autônomas, criadas por lei e de personalidade jurídica de direito público, com patrimônio próprio e atribuições específicas, delineadas na Lei nº 5.905/73, inserindo-se, desta forma, dentre as legitimadas a propositura da ação civil pública que visa resguardar eventual direito difuso, mais especificamente, o direito do consumidor (torcedor) à presença de enfermeiros profissionais em eventos esportivos. V – O inciso III, do art. 16, da Lei nº 10.671/03 –Estatuto de Defesa do Torcedor –prescreve que é dever da Entidade responsável pela organização da competição, disponibilizar um médico e dois enfermeiros para cada dez mil torcedores presentes à partida. VI – Com efeito, no que tange ao mérito propriamente dito, não há o que se discutir, vez que emana de comando legal, de meridiana clareza, a obrigatoriedade de um médico e dois enfermeiros para cada dez mil torcedores presentes à partida. VII –"Deve ser mantida a multa diária arbitrada em sentença para o caso de seu descumprimento, vez que se revela razoável e adequado o valor, tendo em conta a importância e a relevância da tutela pretendida – direito humano fundamental. (TRF2. AC 412458 RJ 2004.51.01.001831-4, 7ª Turma Especializada, Relator Desembargador Sergio Schwaitzer, j. 07/05/2008, DJU 16/05/2008)

"DIREITO ADMINISTRATIVO. **ESTATUTO DE DEFESA DO TORCEDOR. ART. 16, INC. III DA LEI Nº 10.671/03.** DISPONIBILIZAÇÃO, EM TODOS OS EVENTOS DESPORTIVOS, DE 02 ENFERMEIROS-PADRÃO PARA CADA 10.000 TORCEDORES PRESENTES À PARTIDA. I. A teor do disposto no Estatuto do Torcedor, art. 16, III, devem ser contratados para atuar em cada partida de futebol 2 (dois) enfermeiros por cada 10.000 torcedores presentes no evento." (TRF4 , AC 1862 SC 2004.72.08.001862-2, 3ª Turma, Relator Vânia Hack de Almeida, j. 22/08/2006, DJ 13/09/2006)

5. Aplicação em Concurso:

- *2008. UnB/CESPE – Ministério do Esporte. Cargo 13: Técnico de Nível Superior*

Com base no que preconiza a Lei n.º 10.671/2003, que dispõe sobre o Estatuto de Defesa do Torcedor, julgue o item de 113.

113. O torcedor portador de ingresso tem direito, como beneficiário, a seguro de acidentes pessoais, válido a partir do momento em que o torcedor ingressar no estádio.

Gabarito: a afirmativa está correta.

6. **Afastamento da incidência do dispositivo com base na Lei Geral da Copa:** Com base no parágrafo 1º do art. 68 da Lei Geral da Copa, o art. 16 não foi aplicado aos eventos esportivos internacionais realizados no Brasil em 2013 e 2014.

Art. 17. **É direito do torcedor a implementação de planos de ação referentes a segurança, transporte e contingências** que possam ocorrer durante a realização de eventos esportivos.

§ 1º Os **planos de ação** de que trata o caput serão **elaborados pela entidade responsável pela organização da competição**, com a **participação das entidades de prática desportiva** que a disputarão e dos **órgãos responsáveis pela segurança pública, transporte** e **demais contingências** que possam ocorrer, das localidades em que se realizarão as partidas da competição. (alterado pela Lei n. 12.299/10)

§ 2º **Planos de ação especiais** poderão ser apresentados em relação a **eventos esportivos com excepcional expectativa de público.**

§ 3º Os **planos de ação serão divulgados no sítio** dedicado à competição de que trata o parágrafo único do art. 5º no mesmo prazo de publicação do regulamento definitivo da competição.

1. **Planos de ação**: O teor do art. 17 da Lei n. 10.671/03, acima transcrito, corrobora com o entendimento exposto no tópico anterior, pois as entidades envolvidas com os eventos esportivos não podem restringir-se apenas à comunicar aos órgãos públicos de segurança a realização das competições, requerendo o encaminhamento de agentes. Impõe-se uma postura ativa e diligente por partes destes entes, pois não se pode concordar que não utilizem uma parte dos tão gordos lucros obtidos para custear o pagamento de profissionais para colaborarem na realização da segurança dos torcedores.

   1.1. O dever de proporcionar segurança para os torcedores o CDC assegura normas que garantem a proteção à saúde e à segurança dos consumidores, garantindo que os produtos e serviços colocados no mercado do consumo não acarretarão riscos á saúde ou segurança dos consumidores, exceto os considerados normais e previsíveis (art.8º), ao mesmo tempo em que "estabelece a responsabilidade objetiva do fornecedor (fabricante, produtor, construtor e importador) pela reparação dos danos causados (art.12)". Nessa senda, há, assim, correlativamente, a enunciação do direito de "proteção da vida, saúde e segurança contra os riscos provocados por práticas no fornecimento de produtos e serviços considerados perigosos ou nocivos" (art.6º, i). Ora, complementa o Autor

"Se há o direito de consumir produtos seguros e eficientes, há o dever do Estado de outorgar a proteção correspondente"(BENJAMIN, Antônio Herman, op. cit., p. 567) .

2. **Necessário esforço conjunto das entidades desportivas e dos órgãos públicos:** As competições esportivas, profissionais ou amadoras, atraem a atenção de um grande número de pessoas e, por esta razão, o poder público, através dos órgãos competentes, deveria ser comunicado antecipadamente. O art. 14, inciso I, da Lei n. 10.671/03, determina que a entidade detentora do mando do jogo solicite do Poder Público competente a presença de agentes públicos de segurança, conforme já afirmado anteriormente. Os órgãos públicos de segurança, transporte e higiene eram também obrigatoriamente comunicados pela citada agremiação. Contudo, a Lei n. 12.299/10 alterou o Estatuto do Torcedor e estabeleceu que os planos de ação serão elaborados pelas entidades esportivas e órgãos responsáveis pela segurança pública, transporte e demais contingências que possam ocorrer, das localidades em que se realizarão as partidas da competição.

   2.1. Planos especiais de ação: Diante da presença de uma grande quantidade de pessoas nos estádios, o Estatuto do Torcedor reza que o Poder Público participe da sua confecção. Nas linhas precedentes, registrou-se que a responsabilidade pela segurança dos torcedores nos eventos esportivos compete às entidades desportivas, mas isso não significa que a Polícia Militar local não tenha obrigação de designar agentes para acompanhar o desenvolvimento das competições. As entidades desportivas envolvidas com o evento têm o dever de elaboração de planos de ação voltados para proporcionar aos torcedores segurança. Na realidade, há uma mescla de responsabilidade daquelas entidades com o poder público. O Estatuto do Torcedor é omisso quanto à determinação da quantidade de agentes públicos de segurança que deverão ser encaminhados pela corporação competente. O percentual de seguranças particulares contratados pelas aludidas entidades também não se encontra previsto em lei.

3. **Forma de elaboração do plano de ação**: Não tendo o Estatuto do Torcedor delimitado de que modo haverá a coparticipação do poder público e das entidades desportivas na implementação dos recursos humanos que realizarão a segurança dos espectadores, tal impasse somente poderá ser solucionado através da elaboração de planos especiais de ação. A participação da Polícia Militar na previsão deste estratagema é de fundamental importância, pois, definida a quantidade de seguranças particulares, ter-se-á a noção abalizada do número necessário de agentes públicos de segurança. O ideal seria, no entanto, que a Lei n. 10.671/03 fosse alterada no sentido de especificar o percentual de participação do poder público

na manutenção da segurança do evento de forma condizente com a obrigatória disponibilização de uma equipe de segurança particular.

3.1. Órgãos públicos de transporte e de vigilância sanitária: Exige o Estatuto do Torcedor, após as modificações efetivadas pela Lei n. 12.299/10, que os órgãos públicos encarregados da prestação de serviços de transporte e higiene participem da discussão para a estruturação dos planos de ação. A despeito de o EDT não prever, de forma expressa, que agentes daqueles órgãos estejam presentes no local, será imprescindível que desempenhem as funções necessárias na fiscalização do evento. As vias de acesso para os veículos e os estacionamentos devem ser inspecionadas pelas repartições públicas competentes. Ao poder público, compete ainda verificar a limpeza e a assepsia do local da competição.

3.1.1. Fiscalização das condições de saúde e de higiene: Nos eventos esportivos, quer sejam profissionais ou amadores, o poder público não pode omitir-se na fiscalização das condições de higiene e de transporte disponibilizadas para os torcedores. A segurança do público deverá contar com a colaboração dos agentes públicos de segurança. Hely Lopes Meirelles[75] argumenta o seguinte:

"O poder-dever de agir da autoridade pública é hoje reconhecido pacificamente pela jurisprudência (entendimento reiterado dos Tribunais num mesmo sentido) e pela doutrina". Aduz ainda que o poder tem para o agente público "o significado de dever para com a comunidade e para com os indivíduos, no sentido de que quem o detém está sempre na obrigação de exercitá-lo" . Isso significa afirmar que o poder do administrador público, revestindo ao mesmo tempo o caráter de dever para a comunidade, "é insuscetível de renúncia pelo seu titular. Tal atitude importaria fazer liberalidade com direito alheio, e o Poder Público não é, nem pode ser, instrumento de cortesias administrativas".

4. **A atuação da Polícia Militar**: As deficiências detectadas na atuação da Polícia Militar, vinculadas à produção de efeitos danosos para os torcedores, serão fatores motivadores para a reparação dos danos pelo poder público. Sobre o tema, Hélder Gonçalves Dias Rodrigues[76] assevera o seguinte:

"(...) Se porventura houver uma falha da segurança pública, mesmo que, equivocadamente, seja responsabilizada pelo fato danoso, resta à entidade desportiva o direito de regresso contra o Estado por falha

75. MEIRELLES, Hely Lopes. *Direito Administrativo Brasileiro*. São Paulo: Malheiros, 2012, p. 75 e 88..

76. RODRIGUES, Hélder Gonçalves Dias. *A Responsabilidade Civil e Criminal nas Atividades Desportivas*. São Paulo: Servanda, 2004, p. 235.

na segurança pré-requisitada". Dessa forma, aos órgãos de segurança pública cabe-lhes, segundo o Autor, "pelo princípio da eficiência, responder objetivamente pelos danos que causarem a terceiros, independentemente de qualquer discussão em torno da atuação culposa dos seus agentes". Apresentados os fatos e requisitada a atuação preventiva dos órgãos de segurança, complementa "o Estado responde pelos danos que ocasionalmente vierem a ocorrer. Se a administração do evento concorrer para o resultado danoso com dolo ou culpa, também poderá responder".

5. **Aplicação em Concurso**:

- *A questão infra transcrita foi elaborada no bojo das aulas ministradas na Faculdade Baiana de Direito (FBD).*

  Examine os itens abaixo registrados e indique o que se encontra em conformidade com o Estatuto do Torcedor:

A) É direito do torcedor a implementação de planos de ação referentes a segurança, transporte e contingências que possam ocorrer durante a realização de eventos esportivos;

B) Os planos de ação serão elaborados pela entidade responsável pela organização da competição, mas sem a participação das entidades de prática desportiva que a disputarão;

C) Os planos de ação serão confeccionados pelos órgãos responsáveis pela segurança pública das localidades em que se realizarão as partidas da competição;

D) Planos de ação especiais poderão ser apresentados em relação a eventos esportivos com expectativa de público reduzida;

E) Os planos de ação serão elaborados pela entidade detentora do mando de jogo e apresentados aos órgãos de segurança.

Gabarito: A

6. **Lei Geral da Copa e planos de ação:** De acordo com o parágrafo 1º do art. 68 da Lei Geral da Copa, o art. 17 não foi aplicado aos eventos esportivos internacionais realizados no Brasil em 2013 e 2014 – situação que denota a absurda exclusão da responsabilidade da FIFA no que concerne às obrigações legais inerentes à segurança dos presentes.

7. **Jurisprudência:**

Consultar a Súmula 7 do STJ, oriunda de precedentes similares ao infra registrado:

> RECURSOS ESPECIAIS. RESPONSABILIDADE CIVIL. QUEDA DE TORCEDOR DE RAMPA DE ACESSO A ESTÁDIO DE FUTEBOL. DANOS FÍSICOS E MORAIS. SEGURANÇA LEGITIMAMENTE ESPERADA. RESPONSABILIDADE SOLIDÁRIA ENTRE A FEDERAÇÃO E O CLUBE DETENTOR DO MANDO DE JOGO PELOS DANOS SOFRIDOS PELO TORCEDOR. [...] 4. Inaplicabilidade da excludente do fato exclusivo de terceiro, prevista no inciso II do

parágrafo 3.º do artigo 14 do CDC, pois, para sua configuração, seria necessária a exclusividade de outras causas não reconhecida na origem. Súmula 07/STJ. 5. Responsabilidade objetiva e solidaria, nos termos do art. 14 do CDC, das entidades organizadoras com os clubes e seus dirigentes pelos danos causados a torcedor que decorram de falhas de segurança nos estádios, mesmo antes da entrada em vigor do Estatuto do Torcedor (Lei 10.671/2003). Nesse mesmo sentido: AgRg no AREsp 744.441-DF, Relator: Ministro Marco Buzzi, publicação em 10/03/2016.

CIVIL. AGRAVO REGIMENTAL EM AGRAVO EM RECURSO ESPECIAL. DANO MORAL. CORRIDA DE KART. DESENTENDIMENTO ENTRE AS MÃES DOS PILOTOS MENORES DE IDADE. VIOLAÇÃO AO ART. 19 DA LEI n. 10.671/2003 (LEI DO TORCEDOR). 1. Matéria referente ao art. 19 do Estatuto do Torcedor não prequestionada. Incidência dos enunciados n. 282 da Súmula do Supremo Tribunal Federal e 211 da Súmula desta Corte. 2. O acórdão concluiu pela ausência de responsabilidade dos organizadores do evento, em razão da inexistência do nexo de causalidade entre os danos apontados pela recorrente e a conduta dos mesmos. Rever a decisão agravada demandaria, necessariamente, o reexame do conjunto fático-probatório dos autos. 3. Agravo regimental desprovido. (AgRg no AREsp 577.519/PR, Rel. Ministro MARCO AURÉLIO BELLIZZE, TERCEIRA TURMA, julgado em 05/02/2015, DJe 11/02/2015)

AGRAVO REGIMENTAL. AGRAVO EM RECURSO ESPECIAL. INDENIZAÇÃO POR DANO MORAL. MORTE DE TORCEDOR EM ESTÁDIO DE FUTEBOL. REVISÃO DO VALOR. 1. Admite a jurisprudência do Superior Tribunal de Justiça, excepcionalmente, em recurso especial, reexaminar o valor fixado a título de indenização por danos morais, quando ínfimo ou exagerado. Hipótese, todavia, em que o valor foi estabelecido na instância ordinária, atendendo às circunstâncias de fato da causa, de forma condizente com os princípios da proporcionalidade e razoabilidade.2. Agravo regimental a que se nega provimento (AgRg no AREsp 83427 / RS/2011/0199149-5, Relatora: Ministra Maria Isabel Gallotti, 4ª Turma, julgamento em 14/05/2013, DJe 22/05/2013).

APELAÇÃO CÍVEL - RESPONSABILIDADE CIVIL - AÇÃO DE REPARAÇÃO DE DANOS MORAIS - ACIDENTE COM RESULTADO MORTE, OCORRIDO EM ESTÁDIO DE FUTEBOL - TORCEDOR QUE CAI DA ARQUIBANCA, DE UMA ALTURA APROXIMADA DE 15 METROS - RESPONSABILIDADE OBJETIVA DA ENTIDADE QUE ORGANIZA A COMPETIÇÃO E DO CLUBE MANDANTE - FALHA NA SEGURANÇA VERIFICADA - AUSÊNCIA DE CORDA DE ISOLAMENTO DO GUARDA-CORPOS - AUSÊNCIA DE REDE DE PROTEÇÃO DO FOSSO PARA AMORTECER QUEDAS - MEDIDAS DE SEGURANÇA QUE SE MOSTRATAM INEFICAZES - DEVER DE INDENIZAR - CULPA CONCORRENTE DA VÍTIMA - REDUÇÃO PROPORCIONAL DA INDENIZAÇÃO - DANOS MORAIS CONFIGURADOS. RECURSO PARCIALMENTE PROVIDO.(REsp 1.582.715-CE, Relatora Ministra Regina Helena Costa, publicação em 05/09/2016).

Art. 18. Os **estádios com capacidade superior a 10 (dez) mil pessoas deverão manter central técnica de informações**, com infra-estrutura suficiente para viabilizar o monitoramento por imagem do público presente.

1. **Central técnica de informações**: O art. 18 da Lei n. 10.671/03 exige que os estádios com capacidade superior a dez mil pessoas possuam tal equipamento, com infraestrutura suficiente para viabilizar o monitoramento por imagem do público presente.[77] A evolução dos meios tecnológicos permitiu a criação destas centrais, possibilitando a reunião de dados e informações sobre todas as pessoas presentes nos estádios. Os instrumentos tecnológicos avançados permitem que muitas pessoas sejam filmadas ao mesmo, evitando-se assim que tumultos, aglomerações ou quaisquer outras condutas inadequadas, ou até mesmo ilícitas ocorram.

1.1. Estádios com capacidade de público menor: Não se exige a instalação de central técnica de informação nos estádios com capacidade de público inferior a dez mil pessoas, já que a menor quantidade de espectadores facilita o monitoramento através de instrumentos mais simplificados. Nos estádios menores, as entidades desportivas não devem deixar de instituir mecanismos para o acompanhamento do público existente, pois havendo qualquer conflito que gere prejuízos para os torcedores, a responsabilidade destas será objetiva. Décio Rodrigues[78], reiterando o quanto disposto pelo Estatuto do Torcedor, afirma o seguinte: "Quanto à fiscalização do estádio e dos torcedores durante os jogos, deverão, a partir de 16 de novembro de 2003, os estádios com capacidade superior a 10 mil pessoas manter central técnica de informações, com infra-estrutura suficiente para viabilizar o monitoramento por imagem do público presente, conforme o artigo 18 e o 44, ambos do Estatuto de Defesa do Torcedor".

Art. 19. As **entidades responsáveis pela organização da competição**, bem como seus **dirigentes respondem solidariamente com as entidades de que trata o art. 15 e seus dirigentes**, independentemente da existência de culpa,

---

77. Antes da edição da Lei n. 12.299/10, o art. 18 exigia que a central técnica de informação fosse instalada apenas nos estádios com capacidade de público superior a vinte mil pessoas. As modificações foram fruto do Projeto de Lei n. 451-B, segundo o qual os estádios com capacidade superior a 10.000 (dez mil) pessoas deveriam manter central técnica de informações, com infra estrutura suficiente para viabilizar o monitoramento por imagem do público presente. Não se aplicaria esta exigência apenas para os eventos esportivos realizados em estádios com capacidade inferior à mencionada.

78. RODRIGUES, Décio Luiz José. *Direitos do Torcedor e temas polêmicos do futebol*. São Paulo: Rideel, 2003, p. 26 e 27.

pelos **prejuízos causados a torcedor** que decorram de falhas de segurança nos estádios ou da inobservância do disposto neste capítulo.

1. **Responsabilidade solidária**: Há o que se denomina de responsabilidade solidária entre as entidades organizadoras das competições esportivas e os agentes detentores do mando de jogo. O Estatuto do Torcedor, ao prever que estas duas entidades são responsáveis pela segurança dos torcedores, facilita a reparação dos danos causados em prejuízo destes. Diante da solidariedade passiva prevista em lei, os torcedores podem ajuizar demandas contra os dois fornecedores multicitados, situação esta que facilita a satisfação dos direitos da parte lesada da relação. Este é o espírito da responsabilidade solidária, facilitar a busca da reparação dos danos sofridos. Ao estipular a responsabilidade solidária, o Estatuto do Torcedor objetivou equilibrar a relação entre os torcedores, na qualidade de mais fracos, com os que detém a superioridade econômica – os detentores do mando de jogo e a entidade responsável pela organização da competição[79].

1.1. Responsabilidade objetiva: No que tange às entidades organizadoras dos eventos esportivos e das agremiações que detenham a titularidade do mando do jogo encontra-se patente de acordo com as determinações constantes no Estatuto do Torcedor.

1.1.1. Eventos nacionais: Nos eventos de porte nacional, as confederações de cada uma das modalidades esportivas, ou outras entidades similares com atuação nacional, são as responsáveis pela organização do evento, prevendo as etapas que integrarão o certame. Nas competições de envergadura deste jaez, as confederações mantêm intercâmbio com as federações locais, solicitando-lhes informações sobre as condições físicas dos estádios e demais edificações utilizadas para a realização dos campeonatos. Os entes estaduais atuam como intermediários entre as confederações, as agremiações que atuarão como disciplinadoras do mando de campo e os gestores dos estádios. Todas as informações

---

79. O advogado Edson Sesma, em artigo "Futebol Brasileiro – Estatuto de Defesa do Torcedor é uma proposta inovadora", divulgado na Internet, interpreta o art. 19 do Estatuto do Torcedor e afirma que: "Estamos diante de uma responsabilidade solidária entre as entidades e seus dirigentes. Consoante noção cediça que com a solidariedade e a responsabilidade independentemente de culpa, o torcedor que se sentir lesado, pode acionar diretamente o dirigente, mesmo sendo culpa do organizador, por exemplo. Este dirigente será condenado, respondendo com seus próprios bens, para depois, entrar com uma ação de regresso em face de quem efetivamente teve culpa." (SESMA, Edson. Futebol Brasileiro – Estatuto de Defesa do Torcedor é uma proposta inovadora. Consultor Jurídico, 11 jun. 2003. Disponível em http://conjur.uol.com.br/textos/19456/).

pertinentes acerca das instalações físicas do local, assim como das condições de segurança que devem ser asseguradas pelos torcedores, serão transmitidas pelas federações para as entidades de âmbito nacional. Assim sendo, havendo falhas naquelas edificações e/ou nos demais instrumentos destinados à proteção da saúde e segurança dos torcedores, as federações devem comunicar aos entes nacionais, para que as providências sejam adotadas no sentido de saná-las.

1.1.2. A atuação das Federações: As federações, na condição de entidades estaduais incumbidas de intermediarem a prestação de informações sobre as condições de segurança do evento para as confederações, não podem manter-se inertes quando detectadas irregularidades. Comunicar a existência destas falhas é um dever expresso das federações, mas, a sua obrigação não se restringe à mera prestação de informações. Caso as providências necessárias não sejam adotadas pelos entes nacionais, as federações devem agir de forma enérgica, comunicando o assunto aos órgãos públicos competentes, para que estes interditem os estádios que se encontrem em situação indevida.

1.2. Doutrina: Hélder Gonçalves Dias Rodrigues[80] discorre sobre a responsabilidade civil e criminal das entidades desportivas e afirma que quem, de qualquer modo, colaborou com o evento, deverá ser punido na medida da participação efetivada: "Enfim, poderia ser discutida a responsabilidade da entidade de administração do desporto que colaborou de qualquer forma para o desenvolvimento de uma atividade de exploração desportiva, sem que tivesse oportunizado para os exploradores as informações necessárias sobre as características técnicas, tanto do explorador quanto dos equipamentos a serem utilizados pelos mesmos. (...)". Os órgãos e entidades que estejam vinculados à prestação de determinado serviço ou a produção de bens, mesmo que não sejam fornecedores diretos, não podem se eximir da responsabilidade fiscalizatória pertinente, com vistas à efetivar a segurança dos cidadãos. Ricardo Luis Lorenzetti[81] ressalta a importância dos provedores em geral quanto à adoção de todas as medidas de prevenção de riscos em desfavor dos usuários.

2. **A situação dos estádios**: Cumpre recordar que as instalações físicas dos estádios utilizados para a execução dos certames esportivos deverão ser compatíveis com a segurança dos presentes, sendo periodicamente submetidas à manutenção necessária. Indispensável será a demonstração

---

80. RODRIGUES, Hélder Gonçalves Dias. *A Responsabilidade Civil e Criminal nas Atividades Desportivas*. São Paulo: Servanda, 2004, p. 223.
81. LORENZETTI, Ricardo Luis. *Consumidores*. Buenos Aires: Rubinzal-Culzoni Editores, 2003, p. 129.

de que estas edificações possuem planos de prevenção e combate a incêndio e pânico. Os estádios podem ser de propriedade das entidades desportivas, de particulares ou do poder público. As irregularidades existentes nas instalações físicas da edificação ou no descumprimento das normas de segurança vigentes acarretarão a responsabilidade das entidades desportivas na forma exposta acima. Nos eventos profissionais, a responsabilidade destes entes será objetiva nos termos do Estatuto do Torcedor. Nas competições amadoras pagas, incidirão as normas do Código de Proteção e Defesa do Consumidor e quanto aos certames amadores não-pagos, normas cíveis serão evocadas.

2.1. Estádios particulares: Quando o proprietário do estádio é uma das entidades desportivas envolvidas na organização do evento, quer como organizadora ou detentora do mando do jogo, a responsabilidade desta, no que concerne aos resultados prejudiciais aos interesses dos torcedores, é patente e indiscutível. No entanto, pertencendo a edificação a um particular ou ao poder público, falhas detectadas na sua estrutura física e/ou no plano global de segurança e contingência causadoras de eventos danosos para os torcedores implicarão na responsabilização também dos proprietários e/ou gestores dos estádios, pois não podem ficar imunes à assunção dos prejuízos constatados.

2.1.1. Dever de indenização: Sendo o estádio de propriedade de pessoa jurídica privada, ou mesmo pessoa física, urge apurar-se a sua culpabilidade nos termos das normas cíveis em vigor. Despiciendo será adentrar-se nesta seara jurídica, podendo o leitor consultar interessantes obras sobre o tema. Tendo o proprietário do estádio agindo com imprudência, negligência ou imperícia quanto às providências imprescindíveis para mantê-lo em condições seguras para a acomodação do público espectador, não pairam ilações quanto à obrigatoriedade de indenizar os prejudicados.

2.1.2. Jurisprudência:

A responsabilidade dos gestores dos estádios, das entidades organizadoras dos eventos esportivos e dos participantes como mandantes no que concerne aos danos sofridos pelos torcedores tem sido reconhecida em sede judicial. A Quarta Turma do **Superior Tribunal de Justiça**, no julgamento do Recurso Especial nº 193592/SP, tendo como Relator o Ministro Ruy Rosado de Aguiar, em julgamento datado de 20/04/99, assim deliberou:

> "PRODUÇÃO ANTECIPADA DE PROVA. Interesse processual. É cabível a ação cautelar de produção antecipada de prova, cujo objeto era o colapso da cobertura de um **estádio,** se reconhecido que fenômenos da natureza podem comprometer definitivamente a estrutura construída, muito embora tenham decorrido mais de dois anos desde o fato. Precedente desta Turma no sentido de que "a regra do art. 849

do CPC deve ser interpretada *cum grano salis*, em ordem a não tolher o exercício da ação cautelar". Consideração de que a perícia já se realizou e proferida sentença de homologação. Recurso conhecido e provido."

No EDcl no REsp 1.413.986-DF, atuando como Relator o Ministro Paulo de Tarso Sanseverino, publicação em 22/06/2015, reconheceu-se a responsabilidade objetiva, nos termos do art. 14 do CDC (Lei 8.078/90) e do art. 19 do Estatuto do Torcedor (Lei 10.671/2003), das entidades organizadoras com os clubes e seus dirigentes pelos danos causados a torcedor que decorram de falhas de segurança nos estádios.

> RECURSOS ESPECIAIS. RESPONSABILIDADE CIVIL. QUEDA DE TORCEDOR DE RAMPA DE ACESSO A ESTÁDIO DE FUTEBOL. DANOS FÍSICOS E MORAIS. SEGURANÇA LEGITIMAMENTE ESPERADA. RESPONSABILIDADE SOLIDÁRIA ENTRE A FEDERAÇÃO E O CLUBE DETENTOR DO MANDO DE JOGO PELOS DANOS SOFRIDOS PELO TORCEDOR. 1 O serviço é defeituoso quando não apresenta a segurança legitimamente esperada pelo consumidor (art. 14, § 1.º, do CDC). 2. Concorre para o evento danoso (queda do torcedor de rampa de acesso ao estádio devido a aglomeração de torcedores) a entidade que disponibiliza quantia de ingressos superior ao espaço reservado à torcida rival. 3. Reconhecida a concorrência de responsabilidade dos réus para a implementação do evento danoso. 4. Inaplicabilidade da excludente do fato exclusivo de terceiro, prevista no inciso II do parágrafo 3.º do artigo 14 do CDC, pois, para sua configuração, seria necessária a exclusividade de outras causas não reconhecida na origem. Súmula 07/STJ. 5. Responsabilidade objetiva e solidaria, nos termos do art. 14 do CDC, das entidades organizadoras com os clubes e seus dirigentes pelos danos causados a torcedor que decorram de falhas de segurança nos estádios, mesmo antes da entrada em vigor do Estatuto do Torcedor (Lei n. 10.671/2003). 6. RECURSOS ESPECIAIS DESPROVIDOS (REsp 1513245/SP, 3ª Turma, Rel. Ministro Paulo de Tarso Sanseverino, julgado em 10/03/2015, DJe 16/03/2015). Conferir também: AREsp 626.900 – RJ, Relator: Ministro Antonio Carlos Ferreira, publicação em 01/02/2017.

2.2. Estádios públicos: O poder público, na qualidade de titular do domínio de um estádio, também não poderá quedar-se inerte quanto às constantes diligências para torná-lo adequado à frequência de pessoas. No Estado da Bahia, a Superintendência dos Desportos do Estado da Bahia (SUDESB) não realizou a manutenção periódica do Estádio Octávio Mangabeira (Fonte Nova) e parte de uma das arquibancadas terminou ruindo no decorrer do Campeonato Brasileiro de Futebol, vindo sete torcedores a falecerem com o colapso parcial verificado. Neste episódio, a responsabilidade objetiva da entidade organizadora do evento e da agremiação titular do mando do jogo são incontestáveis. Contudo, a citada autarquia estadual também foi responsabilizada na medida judicial proposta pelo Ministério Público, já que tinha o dever de disponibilizar um estádio seguro e com instalações adequadas.

2.2.1. Jurisprudência:

O **Superior Tribunal de Justiça** reconheceu a obrigatoriedade do poder público reparar os danos causados por seus agentes a terceiros:

> "Processual Civil – Responsabilidade Civil da Administração Pública – Direito Regressivo – Art. 70, III do CPC – Denunciação da Lide do Agente Público – Possibilidade. Princípio da Economia Processual. 1 – O Estado responde pelos danos que seus agentes causarem a terceiros. Sua responsabilidade é objetiva, independe de dolo ou culpa. O agente público causador do dano, por sua vez, indeniza regressivamente a Administração Pública. 2 – Em virtude do direito de regresso existente entre o Estado e o funcionário de seus quadros, é admissível a denunciação da lide com arrimo no art. 70, III do CPC, para que o servidor causador do dano integre a relação processual. 3 – Recurso especial conhecido e provido. Decisão unânime." (STJ, Resp 156289/SP, 1a Turma, Relator: Min. Demócrito Reinaldo, j. 29/04/1999, DJ 02/08/1999)

> "PROCESSUAL CIVIL. ADMINISTRATIVO. ACIDENTE OCORRIDO EM PRAÇA. BRINQUEDO SEM MANUTENÇÃO. QUEDA. LESÕES. DEVER DE INDENIZAR. (...) 12. In casu, apenas por argumentação, a responsabilidade estatal resta inequívoca, à luz do art. 37 § 6º da CF/1988, na hipótese vertente de ação ordinária de reparação de danos causados em acidente ocorrido em praça, em desfavor da municipalidade, fundada na sua negligência que ocasionou danos materiais e morais à vítima (menor) lesionada quando brincava em brinquedo sem a manutenção devida." (STJ, REsp 967491/RJ, 1a Turma, Relator Ministro Luiz Fux, j. 11/11/2008, DJe 01/12/2008)

> "PROCESSUAL CIVIL. ADMINISTRATIVO. RESPONSABILIDADE CIVIL DO ESTADO. INDENIZAÇÃO POR DANOS MORAIS E MATERIAIS. ACIDENTE OCORRIDO EM ESTÁDIO DE FUTEBOL. LEGITIMIDADE PASSIVA DO ENTE PÚBLICO. RECURSO ESPECIAL. DEFICIÊNCIA NA FUNDAMENTAÇÃO (SÚMULA 283/STF). (...) In casu, questão relevante ao deslinde da controvérsia – legitimidade do Estado de Minas Gerais para figurar no polo passivo de ação de indenização fundada em omissão/negligência da Polícia Militar no local de ocorrência do evento danoso – restou inatacada pelo Estado de Minas Gerais, consoante se infere das razões expendidas às fls. 159/166, o que revela a incidência da Súmula 283/STF e, consectariamente, impõe o não conhecimento do recurso sub examine. 3. Agravo Regimental desprovido." (STJ, AgRg no REsp 829127/MG, 4ª Turma, Relator Min. Luiz Fux, j.10/04/2007, DJ 03/05/2007)

3. **Imprescindível segurança nos estádios:** Os estádios são edificações construídas para a acomodação de diversas pessoas e não apenas de um

reduzido círculo de indivíduos. Vícios, defeitos e irregularidades nestes imóveis podem resultar em acontecimentos catastróficos que atinjam um grande número de indivíduos. Os proprietários e gestores dos estádios privados ou públicos têm o dever de somente admitir o uso destes espaços quando estejam em condições razoáveis de servirem de cenário seguro para os espectadores.

4. **Exclusão da responsabilidade da FIFA:** A Lei n. 12.663/12, de forma totalmente diversa do quanto disciplinado pelo CDC e pelo Estatuto do Torcedor, isentou a responsabilidade da FIFA e das demais pessoas jurídicas vinculadas que desenvolvam atividades nos certames internacionais em apreço[82]. De acordo com o art. 22 da LGC a União responderá pelos danos que causar, por ação ou omissão, à FIFA, seus representantes legais, empregados ou consultores, na forma do § 6º do art. 37 da Constituição Federal. O art. 23 dispõe que a União assumirá os efeitos da responsabilidade civil perante a FIFA, seus representantes legais, empregados ou consultores por todo e qualquer dano resultante ou que tenha surgido em função de qualquer incidente ou acidente de segurança relacionado aos eventos, exceto se e na medida em que a Federação ou a vítima houver concorrido para a ocorrência do dano.

4.1. Transferência da responsabilidade para o Poder Público: A União assumiu a responsabilidade por todos os eventos adversos que venham a ocorrer no decorrer das competições internacionais, sendo-lhe apenas assegurado, com base no parágrafo único, do art. 23 a sub-rogação em todos os direitos decorrentes dos pagamentos efetuados contra aqueles que, por ato ou omissão, tenham causado os danos ou tenham para eles concorrido, devendo o beneficiário fornecer os meios necessários ao exercício desses direitos[83].

4.1.1. Em total assimetria e descompasso com as normas sedimentadas no Ordenamento Jurídico Pátrio, foi atribuído à União o encargo de realizar todas as tarefas que deveriam ser concretizadas pela FIFA, nos moldes da legislação vigente. A União, com esteio no art. 55, incisos I a IV, da Lei Geral da Copa, observadas a Lei Complementar n. 101/00, e as responsabilidades definidas em instrumento próprio, promoverá a disponibilização para a realização dos Eventos, *sem qualquer custo para o seu Comitê Organizador*, de serviços de sua competência relacionados,

82. O art. 68 da Lei Geral da Copa excetua aplicação dos arts. 19 a 22 do Estatuto do Torcedor nos eventos esportivos internacionais.

83. O direito do torcedor de que cada árbitro das partidas sejam escolhidos mediante sorteio, dentre aqueles previamente selecionados, previsto no art. 32 da Lei n. 10.671/03, foi afastado pelo art. 68 da Lei Geral da Copa. As penalidades, estabelecidas pelo art. 37 do Estatuto do Torcedor, também foram afastadas da FIFA.

entre outros, a segurança; saúde e serviços médicos; vigilância sanitária; e alfândega e imigração.

CAPÍTULO V
DOS INGRESSOS

Art. 20. **É direito do torcedor** partícipe que os **ingressos** para as partidas integrantes de competições profissionais sejam **colocados à venda até setenta e duas horas antes do início da partida** correspondente.

§ 1º O **prazo** referido no *caput* será de **quarenta e oito horas** nas partidas em que:

I – as **equipes sejam definidas a partir de jogos eliminatórios**; e

II – a **realização não seja possível prever com antecedência de quatro dias.**

§ 2º A **venda** deverá ser realizada por **sistema que assegure a sua agilidade e amplo acesso à informação.**

§ 3º É **assegurado ao torcedor partícipe** o **fornecimento de comprovante de pagamento**, logo após a aquisição dos ingressos.

§ 4º **Não será exigida**, em qualquer hipótese, a **devolução do comprovante** de que trata o § 3º.

§ 5º Nas **partidas** que compõem as **competições de âmbito nacional ou regional de primeira e segunda divisão**, a **venda de ingressos** será realizada em, pelo menos, **cinco postos** de venda localizados em **distritos diferentes da cidade**.

1. **Instrumentos de acesso aos eventos esportivos**: Os ingressos são os bilhetes que permitem a entrada dos torcedores nos estádios para que possam assistir aos espetáculos esportivos. Para garantir o seu acesso ao evento, o torcedor tem que estar de posse do ingresso e quando a Lei n. 10.671/03 não havia ainda iniciado a sua vigência, a venda deste ocorria de modo desorganizado e sem a antecedência necessária para que os interessados o adquirisse. A confecção e a venda dos ingressos será da competência da entidade organizadora da competição. No entanto, o Estatuto do Torcedor estabelece também obrigações e responsabilidades para as detentoras do mando de campo.

2. **Venda dos ingressos**: Atualmente, assegura o art. 20 do Estatuto do Torcedor que os ingressos para as partidas integrantes de competições profissionais serão colocados à venda até setenta e duas horas antes do início da partida correspondente. Cumprindo-se este prazo, as entidades estarão possibilitando aos torcedores melhor se organizarem para o comparecimento no estádio, assim como terão uma visão da expectativa de público de forma prévia, podendo adotar providências complementares para garantir

a segurança dos presentes, principalmente, quando atinja a capacidade máxima do local. O prazo de setenta e duas horas apresenta-se extenso quando a competição é antecedida de jogos eliminatórios ou quando a realização não seja possível de previsão com antecedência de quatro dias. Nestes casos, o prazo para a venda dos ingressos será de quarenta e oito horas, conforme previsto no parágrafo 1º, incisos I e II, do art. 20.

3. **Sistema organizado de venda**: A disponibilização dos ingressos para o público consumidor não deverá ser realizada de modo desordenado, mas sim organizado, a fim de se evitar a exposição dos torcedores a situações vexatórias e conflituosas. Garante o EDT que a venda deverá ser realizada por sistema que assegure a sua agilidade e amplo acesso à informação, não se admitindo que o torcedor enfrente grandes filas, ficando à espera por muito tempo para conseguir o ingresso. O torcedor merece ser tratado com urbanidade e respeito pelos funcionários contratados pelas entidades organizadoras dos eventos esportivos. O sistema de vendas dos ingressos deverá ser rápido e eficaz, não se permitindo a formação de aglomerações no local, causando prejuízos aos torcedores[84].

4. **Local destinado à venda de ingressos**: Ter conhecimento do local em que os ingressos serão disponibilizados é um direito que assiste a todo e qualquer torcedor. Ademais, além de ser previamente cientificado sobre o espaço físico utilizado para a venda dos ingressos, o torcedor tem que ser bem atendido. A congregação da informação adequada e da organização no momento da venda possibilitará maior satisfação para os consumidores e evitará que a sua saúde e segurança sejam afetadas[85].

   4.1. Competições nacionais ou regionais: No que concerne ao local onde os ingressos devem ser vendidos, o Estatuto do Torcedor não exige que sejam destinados vários pontos de acesso aos interessados, desde que as competições não apresentam um grande âmbito de abrangência. Porém, nas partidas que compõem as competições de âmbito nacional ou regional de primeira e segunda divisão, exige o § 5º do art. 20 que a venda de ingressos seja realizada em, pelo menos, cinco postos de venda localizados em distritos diferentes da cidade. Quanto maior a competição, mais consumidores interessados existirão em assisti-la e a disponibilização de um único ponto para a venda de ingressos geraria dificuldades que prejudicariam os torcedores. Saliente-se que a entidade organizadora do evento deverá divulgar amplamente informações sobre

84. FABIAN, Christoph. *O dever de informar no direito civil*. São Paulo: Editora Revista dos Tribunais, 2002, p. 43.
85. ALPA, Guido; LEVI, Vanna. *I Diritti dei Consumatori e degli Utenti*. Milão: Dott. A Giuffrè S.p.A., p. 3.

a existência dos locais nos quais os ingressos são vendidos, para que os torcedores possam selecionar o melhor ponto para fazerem a aquisição.

5. **Fornecimento de comprovante**: As entidades desportivas nem sempre entregavam para os torcedores comprovantes referentes ao pagamento e à aquisição dos ingressos. Esta situação dificultava a comprovação de que o consumidor estava no evento, caso sofresse danos físicos e/ou morais e necessitasse ingressar em juízo para pleitear as reparações necessárias. A despeito de o Código de Proteção e Defesa do Consumidor garantir a inversão do ônus da prova em favor desta categoria vulnerável, a Lei n. 10.671/03, através do § 3º do art. 20, assegurou o fornecimento do comprovante de pagamento para o torcedor partícipe, logo após a aquisição dos ingressos. O EDT determinou a entrega deste comprovante e vedou, em qualquer hipótese, a exigência de devolução deste documento[86].

6. **Conteúdo do ingresso**: O Estatuto do Torcedor preocupou-se com o conteúdo dos ingressos, pois exige que todos os bilhetes sejam emitidos com a numeração equivalente ao assento em que o consumidor irá ocupar. Outrossim, os ingressos devem registrar o valor pago pelo torcedor partícipe que conste no ingresso o preço pago por ele[87]. Os valores estabelecidos para os ingressos destinados ao mesmo setor do estádio não podem ser diferenciados, de acordo com o parágrafo 1º do art. 24 do EDT. Os estádios podem conter setores diferentes, que possuam acomodações distintas, sendo facultado às entidades organizadoras das competições estabelecerem preços que divirjam, a depender do local escolhido pelo torcedor. Tratando-se, porém, de ingressos referentes aos assentos situados no mesmo local, proíbe-se a imposição de valores diversos, pois, caso contrário, estar-se-ia admitindo discriminação absurda. Deverá haver também identidade entre os valores divulgados pela entidade detentora do mando de jogo, antes da partida, com os que forem realmente praticados[88]. O parágrafo 2º daquele mesmo artigo

---

86. Observe-se o quanto previsto pelo art. 20, § 4º.
87. Destaca Décio L Rodrigues que "O torcedor tem o direito de saber tudo a respeito da venda dos ingressos, incluindo-se as datas, os lugares, os participantes do jogo, os locais de compra dos ingressos, a forma de pagamento etc., pois é direito básico do consumidor a informação adequada e clara sobre os diferentes produtos e serviços, segundo o artigo 6º, inciso III, do Código do Consumidor". (...) RODRIGUES, Décio L. *Op. cit.*, p. 37 e 38.
88. Sobre a necessária obediência ao princípio da transparência, Christoph Fabian assevera que "A clareza sobre o preço se encontra principalmente no art. 31 do CDC. Mas o efeito vinculativo do art. 30 do CDC também reflete a transparência do preço, pois ele garante ao consumidor uma noção *segura* e confidencial sobre as ofertas e, finalmente, sobre o valor do produto no mercado. O art. 46,*in fine*, do CDC garante que o fornecedor não pode 'esconder' o preço. E quando *se compõe* de vários fatores, o art. 46, *in fine*, do CDC garante que o fornecedor não pode 'esconder' tais posições financeiras que compõem

estabelece uma exceção, admitindo-se preços diferenciados, quando ocorrer "a venda antecipada de carnê para um conjunto de, no mínimo, três partidas de uma mesma equipe, bem como na venda de ingresso com redução de preço decorrente de previsão legal"[89].

7. Aplicação em Concurso:

- *2005. MP/SC. Cargo: Promotor de Justiça*

I. Segundo o Estatuto do Torcedor os ingressos para as partidas integrantes de competições profissionais devem ser colocadas à venda até 72 horas antes do início da partida.

II. Os processos em curso perante a Justiça Desportiva devem correr em segredo de justiça, observando-se, no que couber, os princípios da impessoalidade, da moralidade, da celeridade, da publicidade e da independência.

III. A instauração de inquérito civil interrompe os prazos de decadência previstos no Código de Defesa do Consumidor para reclamar pelos vícios aparentes ou de fácil constatação.

IV. O fornecedor do produto ou serviço, desde que demonstrada a culpa, responde solidariamente pelos atos praticados pelos seus representantes autônomos.

V. A sentença, nas ações coletivas previstas no Código de Defesa do Consumidor, fará, em qualquer caso, coisa julgada erga omnes, hipótese em que os demais legitimados estarão impedidos de intentar outra ação com idêntico fundamento.

A) ( ) apenas I e III estão corretos.

B) ( ) apenas II e V estão corretos.

C) ( ) apenas I e IV estão corretos.

D) ( ) apenas IV e V estão corretos.

E) ( ) apenas I, III e V estão corretos.

Gabarito: Letra A

- *2008. UnB/CESPE – Ministério do Esporte. Cargo 13: Técnico de Nível Superior*

Com base no que preconiza a Lei n.º 10.671/2003, que dispõe sobre o Estatuto de Defesa do Torcedor, julgue o item de 115.

115. Os ingressos de eventos esportivos devem ser numerados e neles deve constar a indicação do preço cobrado.

Gabarito: a afirmativa está correta.

---

o preço final em capítulos não esperados no contrato". FABIAN, Christoph. *O dever de informar no direito civil.* São Paulo: Editora Revista dos Tribunais, 2002, p. 49.

89. Judivan J. Vieira aduz que "(...) 2. Essa regra só não vale quando o clube ou a entidade organizadora do campeonato quiser vender carnê com, no mínimo, três partidas, bem como na venda de ingresso com preços reduzidos em virtude de permissivo legal, Aliás, qualquer decisão que seja tomada em benefício do torcedor, é admissível". *Op. cit.* p. 54.

8. **Venda de Ingressos:** A venda de ingressos para os eventos esportivos mundiais, que ocorreram em 2013 e 2014 no Brasil, encontra-se regulamentada pelos art. 25 a 27 da Lei n. 12.663/12, tendo a matéria sido tratada pelos arts. 20 a 22 do Estatuto do Torcedor. É imprescindível que se realize uma análise comparativa entre os citados diplomas legais para que sejam constatados os pontos convergentes e aqueles que não se coadunam e, acima de tudo, os aspectos positivos e negativos em prol dos consumidores torcedores.

8.1. Benesses concedidas para a FIFA: O *caput* do art. 27 da Lei Geral da Copa estatuiu que os critérios para marcação, remarcação e cancelamento de assentos nos locais dos Eventos seriam definidos pela FIFA, não restando assegurado o direito do consumidor conforme acima exposto. Caso tenham havido, no entanto, alterações arbitrárias, o torcedor, com base nos ditames constitucionais e legais, não poderia ficar desprotegido, devendo buscar o ressarcimento pelos danos materiais e morais sofridos.

8.1.1. O cancelamento, a devolução e o reembolso de ingressos, assim como a alocação e a realocação foram definidos pela FIFA, nos termos do precitado artigo, a qual poderia, com base nos seus incisos I a III, dispor sobre a possibilidade: a) de modificar datas, horários ou locais dos eventos, desde que fosse concedido o direito ao reembolso do valor do ingresso ou o direito de comparecer ao certame remarcado; b) da venda de ingresso de forma avulsa, da venda em conjunto com pacotes turísticos ou de hospitalidade; e c) de estabelecimento de cláusula penal no caso de desistência da aquisição do ingresso após a confirmação de aceitação pelo torcedor ou após o pagamento do valor independentemente da forma ou do local da submissão do pedido ou da aquisição[90].

8.1.2. Violação às normas vigentes: As faculdades conferidas à FIFA através das anunciadas regras infringiram literalmente o quanto disposto pelo art. 51, incisos IV e XIII da Lei n. 8.078/90, além de transgredirem o teor do parágrafo 1º, incisos I a III, desse dispositivo. Pode a Federação, ao seu mero alvedrio, alterar os aspectos temporais e territoriais dos eventos esportivos, não lhe sendo exigindo justificativa plausível e nem prévio aviso para o público consumidor, garantido o absurdo direito de modificação unilateral do conteúdo e da qualidade do contrato após a sua celebração e ofendendo a boa-fé objetiva dos torcedores[91]. Atingindo

---

90. LORENZETTI, Ricardo Luis. "El daño a la persona". *In Daño a la Persona*. Pautas Jurisprudenciales. ITURRASPE, Jorge Mosset; SESSAREGO, Carlos Fernández; LORENZETTI, Luis Ricardo; CASTILLA, Gustavo Ordoqui. Montevideo: Ediciones Del Foro, 1996.

91. MAZEAUD, Denis *et al*. "Loyauté, solidarité, fraternité: la nouvelle devise contractuelle ?". *L'avenir du droit*. Mélanges enn Hommage a François Terré. Paris: Dalloz/Presses

a FIFA o núcleo contratual da venda dos ingressos, o consumidor teria direito à devolução do valor pago ou a possibilidade de comparecer no evento remarcado.

8.1.3. Da quantidade de ingressos disponibilizados e a situação dos estudantes e idosos: O parágrafo 1º do art. 26, incisos I e II, da Lei n. 12.663/12,contém regras sobre a quantidade de ingressos que serão colocados à venda nos eventos esportivos internacionais em exame. Para as Partidas da Copa do Mundo, realizadas em 2014, a FIFA teve que colocar à disposição do público, no decurso das diversas fases de venda, ao menos, 300.000 (trezentos mil) ingressos para a categoria 4. Para as partidas da Copa das Confederações de 2013, no decurso das diversas fases de venda, a Federação teve que disponibilizar, ao menos, 50.000 (cinquenta mil) ingressos da categoria 4. Observe-se que a categoria 4, com base no quanto examinado acima, foi aquela cujos ingressos serão taxados com valores menores.

Dispõe o parágrafo 2º do referido art. 26 que a quantidade mínima de ingressos da categoria 4 teria que ser oferecida pela FIFA, por meio de um ou mais sorteios públicos, a pessoas naturais residentes no País, com prioridade para os estudantes, pessoas com idade igual ou superior a 60 (sessenta) anos e participantes de programa federal de transferência de renda. Contudo, de acordo com os incisos I e II do aludido dispositivo normativo, tal prioridade não fora aplicável: a) às vendas de ingressos da categoria 4 realizadas por quaisquer meios que não sejam mediante sorteios; e b) aos ingressos da categoria 4 oferecidos à venda pela FIFA, uma vez ofertada a quantidade mínima referida no inciso I do § 1º deste artigo.

8.1.3.1. A situação dos estudantes e dos idosos: Examinando-se o teor dos artigos em comento, vislumbra-se que os direitos dos estudantes e das pessoas idosas de terem acesso facilitado nos eventos esportivos foram relegados a um segundo plano, sendo aviltadas regras constitucionais e legais. Não foi mantida a gratuidade do acesso para os idosos e nem o pagamento de meia entrada para os estudantes. A partir de uma interpretação superficial da Lei Geral da Copa, parece que os direitos das categorias estudantil e idosa foram resguardados, porém, não é o que se dá no verdadeiro plano normativo.

9. Jurisprudência:

> CIVIL. CONSUMIDOR. ESTATUTO DO TORCEDOR. RECURSO ESPECIAL. PROGRAMA SÓCIO TORCEDOR. PASSAPORTE RUBRO-NEGRO.

Universitaires de France/Editions du Juris-Classeur, 1999, pp. 611, 616 e 168.

VALIDADE. 1. Ação coletiva de consumo ajuizada pelo recorrente em fevereiro de 2010. Recurso especial distribuído em 27/08/2013. Decisão determinando a reautuação do agravo em recurso especial publicada em 09/10/2013. 2. Recurso especial no qual se discute a validade de parte do programa de relacionamento do Clube de Regatas Flamengo, e seus torcedores, denominado "cidadão rubro-negro", notadamente do chamado passaporte rubro-negro, que outorga facilidades na aquisição de ingressos para jogos de futebol, entre outras prerrogativas.3. O torcedor, frente ao ordenamento protetivo, acha-se resguardado, primeiro, por Lei específica (Lei 10.671/2003 - Estatuto do Torcedor) e também, pelo CDC - Lei 8.078/90 -, a segunda sendo utilizada em caráter subsidiário, tanto na sua aplicação principiológica, quanto normativa - quando não houver regulação específica. 4. Os programas de relacionamento entre clubes e torcedores, têm, por característica comum, a fidelização do torcedor aos eventos do clube - mormente às partidas de futebol nas quais o mando de campo pertença ao time - sendo esse o objetivo primário perseguido pela agremiação desportiva, da qual decorrem, por óbvio, acréscimos financeiros diretos - oriundos das contribuições dos torcedores e do aumento da freqüência aos estádios -, e indiretos - como aumento no valor de quotas de transmissão televisiva e de negociações de patrocínios, existindo vantagens, também para o torcedor, que além do imaterial amor ao clube, recebem como estímulo, para a filiação ao programa, descontos na compra de ingressos, facilidades na obtenção desses, pagamento direto na catraca, no dia do jogo, etc. 6. As balizas para a verificação de possível perpetração de ilegalidade, passa então pela análise, in casu, de possível agressão dos contornos garantistas preconizados nos arts. 13 e 20, § 2º, da Lei 10.671/2003 - o primeiro exigindo a segurança dos locais das competições antes, durante e depois dos eventos, e o segundo prevendo a agilidade e acesso à informação, na venda de ingressos. 7. Essa proteção é impositiva, mas a circunstância de um determinado programa de fidelização prever facilidades outras, não o torna discriminatório, ou ilegal, tão só pelo plus que agrega. É necessário se constatar a existência de vulneração ao mínimo, legalmente ou contextualmente, fixado. 8. A singela homogeneização de tratamento entre os sócios torcedores e os demais torcedores, ou possíveis expectadores de um determinado jogo de futebol, frustra a implementação desse válido sistema de apoio ao Clube, pois, os programas que premiam, de alguma forma, a participação do torcedor na vida financeira do seu clube têm, por ínsito, a outorga de vantagens aos sócio-torcedores, essas tidas como qualquer elemento diferenciador em relação aos demais torcedores não participantes do programa, que superam os padrões legais mínimos, pois esses são garantias mínimas, não vantagens. 9. Possível inadequação do clube em relação ao legal dever de qualidade no fornecimento do serviço deve ser discutida judicialmente, de forma solteira, sem o indevido atrelamento ao lídimo programa de relacionamento estabelecido pelo clube recorrido (REsp 1413192 / RJ/2013/0219831-9, Relator: Ministra Nancy Andrighi, 3ª Turma, julgamento em 19/11/2013, DJe 29/11/2013, RSTJ vol. 233 p. 437).

Art. 21. A **entidade detentora do mando de jogo** implementará, na organização da emissão e venda de ingressos, **sistema de segurança contra falsificações, fraudes e outras práticas** que contribuam para a evasão da receita decorrente do evento esportivo.

1. **Sistema de segurança para a disponibilização dos ingressos**: A confecção e a venda dos ingressos para os espetáculos esportivos são tarefas que exigem responsabilidade e organização. A oferta de um número de ingressos elevado e em descompasso com a capacidade do local dará origem a sérios problemas prejudiciais para os torcedores. Por outra via, caso a entidade responsável pela elaboração dos ingressos não atue de forma séria, facilitará a prática de falsificações e de fraudes, ocasionando também um excessivo número de espectadores e a evasão da receita decorrente do evento esportivo. Em face desta realidade, o art. 21 do Estatuto do Torcedor exige que a entidade detentora do mando de jogo implemente sistema de segurança na organização da emissão e venda de ingressos.

2. **Jurisprudência**:

O Superior Tribunal de Justiça já reconheceu a competência dos estados para elaborarem leis que viabilizem o ingresso do público estudantil nos estádios mediante o pagamento de meia-entrada, conforme pode-se constatar pela análise da seguinte decisão:

> "PROCESSO CIVIL – MANDADO DE SEGURANÇA – RECURSO ORDINÁRIO –PRINCÍPIO DO JUIZ NATURAL – MEIA-ENTRADA – COMPETÊNCIA LEGISLATIVA ESTADUAL – INEXISTÊNCIA DE VIOLAÇÃO DE NORMA CONSTITUCIONAL. 1. A controvérsia essencial dos autos restringe-se ao exame da competência exclusiva da União para legislar sobre diversões e espetáculos públicos, na forma do disposto no art. 220, § 3º, da Constituição Federal. 2. Consoante se observa da atenta leitura dos autos, verifica-se que as ora agravantes impetraram mandado de segurança contra a Lei estadual n. 3.570/2001, que, por sua vez, instituiu sanção aplicável na hipótese de descumprimento de preceito estabelecido na Lei estadual n. 3.364/2000, que, por seu turno, assegura a concessão de descontos a menores de 21 anos para o ingresso em casas de diversões, praças desportivas e similares, no Estado do

Rio de Janeiro. 3. Ao se constatar a inexistência de norma federal que regule a questão do pagamento de meia-entrada a menor de 21 anos, o Estado-membro é competente para fazê-lo, como assim procedeu o Estado do Rio de Janeiro ao editar a Lei n. 3.364/2000, alterada pela Lei n. 3.570/2001. (§ 3º do art. 24 da Constituição da República) 4. É de meridiana evidência que os beneficiários da lei estadual impugnada constituem-se de consumidores de serviços prestados pelos associados das agravantes, formando inequívoca relação de consumo, portanto cabível, à respectiva unidade da federação, legislar concorrentemente sobre a matéria. Agravo regimental improvido." (STJ, AgRg no RMS 15687/RJ, 2ª Turma, Relator Ministro Humberto Martins, j. 20/11/2007, DJ 29/11/2007).

"AÇÃO CIVIL PÚBLICA. Ministério Público. Legitimidade. Ingresso gratuito de aposentados em estádio de futebol. Lazer. O Ministério Público tem legitimidade para promover ação civil pública em defesa de interesse coletivo dos aposentados que tiveram assegurado por lei estadual o ingresso em estádio de futebol. O lazer do idoso tem relevância social, e o interesse que dele decorre à categoria dos aposentados pode ser defendido em juízo pelo Ministério Público, na ação civil pública. Recurso conhecido e provido." (STJ, REsp 242643/SC, 4ª Turma, Relator Ministro Ruy Rosado, j. 19/10/2000, DJ 18/12/2000).

Art. 22. São **direitos do torcedor** partícipe:

I – que todos os **ingressos emitidos sejam numerados**; e

II – **ocupar o local correspondente ao número** constante do ingresso.

§ 1º O disposto no inciso II **não se aplica aos locais já existentes para assistência em pé**, nas competições que o permitirem, **limitando-se**, nesses locais, o **número de pessoas**, de acordo com critérios de saúde, segurança e bem-estar.

§ 2º A **emissão de ingressos** e o **acesso ao estádio** nas **primeira e segunda divisões da principal competição nacional** e **nas partidas finais das competições eliminatórias de âmbito nacional** deverão ser realizados por meio de **sistema eletrônico** que viabilize a fiscalização e o controle da **quantidade de público** e do **movimento financeiro da partida.** (modificado pela Lei n. 12.299/10)

§ 3º O disposto no § 2º **não se aplica aos eventos esportivos** realizados em estádios com **capacidade inferior a 10.000 (dez mil) pessoas.** (alterado pela Lei n. 12.299/10)

1. **Numeração dos ingressos**: A exigência de que o ingresso contenha o número do assento entrelaça-se com o direito de o torcedor ocupá-lo em conformidade com o quanto disposto pelo art. 22, inciso II, do EDT[92]. Existem locais, construídos antes da vigência da Lei n. 10.671/03, estruturados de tal modo que os torcedores assistem os espetáculos de pé. Nestas hipóteses, o Estatuto do Torcedor determina que deverá o número de pessoas ser limitado nesses locais, de acordo com critérios de saúde, segurança e bem-estar (art. 22, § 1º). Comentando este dispositivo, Décio L. Rodrigues assevera que "Como não há lugar certo nas arquibancadas, pois os ingressos nesses lugares não mencionam numeração, a prioridade é de quem chega antes ao local, mas sempre deve ser respeitada a lotação do estádio, pois os organizadores somente devem vender o número de ingressos suficiente para que todos possam sentar e assistir ao jogo com segurança".

2. **Previsão do sistema eletrônico**: O Estatuto do Torcedor estabelecia que, na primeira divisão da principal competição nacional e nas partidas finais das competições eliminatórias de âmbito nacional, a venda de ingressos deveria ser concretizada por meio de sistema eletrônico. Com a vigência da Lei n. 12.299/10, a adoção desta sistemática atualizada deverá ocorrer não somente na primeira divisão da mais importante competição de grande amplitude do Brasil, mas também no segundo escalão. Antes, tal exigência era dispensada para os certames realizados em recintos esportivos que comportassem menos de vinte mil pessoas, porém, diante das inovações deste instrumento legal, o sistema eletrônico não será cobrado apenas quando a capacidade de público for inferior a dez mil torcedores.[93]

---

92. Décio L. Rodrigues lembra que " Na medida que o torcedor compra o ingresso ele recebe um recibo. Este é uma segurança para o torcedor, vale como seguro, na medida que se ocorrer alguma violação do Estatuto, dentro do estádio, ele servirá como comprovante que o lesado esteve assistindo à partida". *Op. cit.* p. 19.

93. A Lei n. 12.299/10 adveio do Projeto de Lei n. 451-B de 1995 que estabelecia o seguinte: "A emissão de ingressos e o acesso ao estádio nas primeira e segunda divisões da principal competição nacional e nas partidas finais das competições eliminatórias de âmbito nacional deverão ser realizados por meio de sistema eletrônico que viabilize a fiscalização e o controle da quantidade de público e do movimento financeiro da partida". Ademais, tal Projeto tipificava como crime as seguintes condutas: "Fornecer, desviar ou facilitar a distribuição de ingressos para venda por preço superior ao estampado no bilhete: Pena – reclusão de 2 (dois) a 4 (quatro) anos e multa". Outrossim, dispunha que a pena seria aumentada de 1/3 (um terço) até a metade se o agente fosse servidor público, dirigente ou funcionário de entidade de prática desportiva, entidade responsável pela organização da competição, empresa contratada para o processo de emissão, distribuição e venda de ingressos ou torcida organizada e se utilizasse desta condição para os fins previstos neste artigo. Posteriormente, serão abordadas as modificações do Estatuto do Torcedor neste sentido.

3. Aplicação em concurso:

A questão infra transcrita foi elaborada no bojo das aulas ministradas na Faculdade Baiana de Direito (FBD).

Examine os itens abaixo registrados e indique o que se encontra em conformidade com o Estatuto do Torcedor:

A) Todos os ingressos emitidos pelas entidades de prática desportiva devem ser numerados, tendo o torcedor o direito de ocupar o local correspondente ao número constante do ingresso;

B) Nos locais já existentes para assistência em pé, os ingressos não serão numerados e não haverá limitação, nesses locais, do número de pessoas;

C) A emissão de ingressos e o acesso ao estádio na segunda divisão da principal competição nacional deverão ser realizados por meio de sistema eletrônico que viabilize a fiscalização e o controle da quantidade de público e do movimento financeiro da partida;

D) Os ingressos referentes aos eventos esportivos realizados em estádios com capacidade inferior a vinte mil pessoas não precisam ser numerados;

E) Somente os ingressos referentes às cadeiras dos estádios devem ser numerados, tendo o torcedor o direito de ocupá-las de acordo com o número constante no seu ingresso.

Gabarito: Letra A.

Art. 23. A entidade responsável pela organização da competição apresentará ao **Ministério Público dos Estados** e do **Distrito Federal**, previamente à sua realização, os **laudos técnicos expedidos pelos órgãos e autoridades competentes pela vistoria das condições de segurança** dos estádios a serem utilizados na competição.

§ 1º Os **laudos** atestarão a **real capacidade de público dos estádios**, bem como suas **condições de segurança**.

§ 2º **Perderá o mando de jogo** por, **no mínimo, seis meses**, sem prejuízo das demais sanções cabíveis, a entidade de prática desportiva detentora do mando do jogo em que:

I – tenha sido colocado à **venda número de ingressos maior** do que a capacidade de público do estádio; ou

II – tenham **entrado pessoas em número maior** do que a capacidade de público do estádio.

III – tenham sido disponibilizados **portões de acesso ao estádio em número inferior** ao recomendado pela autoridade pública. (acrescido pela Lei n. 12.299/10)

1. **Laudos técnicos**: Para a realização de qualquer evento esportivo, a entidade organizadora deverá previamente solicitar das autoridades e órgãos públicos competentes a realização de vistoria prévia no local destinado para tal fim. Após o exame das instalações físicas da edificação em que a competição concretizar-se-á, serão emitidos os laudos necessários sobre o quanto constatado. Em seguida, com a antecedência devida, a dita entidade os apresentará para o Ministério Público do Estado ou do Distrito Federal, mais especificamente para a Promotoria de Justiça incumbida de lidar com as questões atinentes aos interesses e direitos dos consumidores.

2. **Conteúdo obrigatório dos laudos**: O dispositivo em análise estabelece que os laudos versarão necessariamente sobre as condições de segurança e a capacidade de público dos estádios. Em geral, as entidades organizadoras de eventos apresentam laudos firmados pelo Corpo de Bombeiros, Vigilância Sanitária e Polícia Militar. Na primeira espécie de laudo, são anotados aspectos referentes aos recursos humanos e materiais destinados à prevenção e ao combate de incêndio e situações caracterizadoras de pânico. O segundo laudo verifica as condições sanitárias do local, especialmente onde os alimentos são comercializados e o estado dos sanitários existentes. O derradeiro laudo trata dos aspectos atinentes à segurança em geral da edificação e suas adjacências.

3. **O Decreto n. 6.795, de 16 de março de 2009:** Foi instituído com o objetivo de regulamentar o art. 23 da Lei n. 10.671/03, melhor especificando os laudos necessários para a realização de eventos esportivos. Dispõe o Decreto sobre o controle das condições sanitárias e de segurança dos estádios que serão utilizados em competições desportivas, conforme previsto no art. 1º. Exige o art. 2º, parágrafo 1º, que a entidade responsável pela organização da competição apresente ao Ministério Público dos Estados e do Distrito Federal, de forma prévia, os seguintes laudos:

   a) laudo de segurança;

   b) laudo de vistoria de engenharia;

   c) laudo de prevenção e combate de incêndio; e

   d) laudo de condições sanitárias e de higiene.[94]

---

94. Sobre a proteção da vida, saúde e segurança do consumidor, consultar as seguintes obras: CAS, Gérard; FERRIER, Didier. *Droit de la consommation*. Paris: Presses Universitaire de France, 1986; CARNEVALI, Ugo. *La Responsabilità del Produttore*. Milão: Dott. A Giuffrè, 1974; CALVÃO DA SILVA, João. *Responsabilidade Civil do Produtor*. Coimbra: Almedina, 1999; AFONSO, Maria; VARIZ, Manuel. *Da Responsabilidade Civil Decorrente de Produtos Defeituosos*. Coimbra: Coimbra Editora, 1991.

3.1. Laudo de estabilidade estrutural: O parágrafo 2º do art. 2º do aludido Decreto estabelece que na hipótese de o estádio ser considerado excepcional por seu vulto, complexidade ou antecedentes, será exigida a apresentação de laudo de estabilidade estrutural, na forma estabelecida pelo Ministério do Esporte. Determinadas edificações podem apresentar projetos arquitetônico e de engenharia considerados complexos ou, em episódios anteriores, terem sido constatados problemas em sua estrutura física– o que exigirá o dito laudo complementar. Este também será exigido quando o laudo de engenharia reportar-se à necessidade de exame da estrutura física do estádio e de sua conformidade com os padrões técnicos e de qualidade vigentes.

4. **A Portaria n. 124/09:** O Ministério dos Esportes, de 17 de julho de 2009, baixou a mencionada Portaria visando estabelecer os requisitos mínimos a serem contemplados nos laudos técnicos previstos no Decreto n. 6.795/09. O art. 1º desta Portaria prevê que o conteúdo essencial dos referidos laudos encontra-se nas tabelas localizadas nos Anexos I, II, III e IV. O art. 3º identifica as autoridades encarregadas da designação dos profissionais competentes para a elaboração dos referidos laudos. Conforme já afirmado nas linhas precedentes, o laudo de segurança será confeccionado sob a responsabilidade da Polícia Militar e o concernente a incêndios, pelo Corpo de Bombeiros do Estado. Quanto ao laudo sobre as condições sanitárias e de higiene, caberá à autoridade da vigilância sanitária local competente a devida elaboração. Os laudos de engenharia e de estabilidade estrutural serão elaborados por profissionais legalmente habilitados e previamente cadastrados para esse fim no Conselho Regional de Engenharia e Arquitetura local.

4.1. Delimitação do núcleo básico do laudo estrutural: Com relação ao laudo de estabilidade estrutural, dispõe o art. 2º deste ato normativo que devem conter obrigatoriamente os ensaios tecnológicos preditivos de termografia, vibrações mecânicas e outros exames que se façam necessários. Em seguida, o parágrafo único deste mesmo artigo determina que o laudo será imprescindível para os estádios que apresentarem antecedentes de problemas estruturais ou constatação de anomalias com comprometimento estrutural, detectadas pelo profissional qualificado por ocasião da confecção do relato da vistoria de engenharia e terá validade de cinco anos.

4.2. Laudo de segurança: Engloba os recursos humanos e materiais fundamentais para que a segurança dos torcedores, dos atletas e demais participantes dos eventos esportivos seja resguardada. A Central de Comando, equipada com central de monitoramento para operações de segurança e emergência, constitui o primeiro recurso material mencionado no laudo, pois viabiliza o acompanhamento de todas ações necessárias. Observa-se-á também quais os órgãos estarão presentes neste local e se este foi instalado em posição estratégica, com ampla visibilidade para o público e vice-versa. Em seguida, o laudo aborda o sistema de monitoramento de imagem do público presente (CCTV) e volta-se para o registro do número de câmeras instaladas e a quantidade que realmente termina sendo utilizada. O posicionamento de tais instrumentos é considerado fator fundamental, exigindo o laudo informações sobre o alcance de imagens relativas aos setores demarcados para torcedores, os locais de controle de acesso destes, os vãos e corredores internos do estádio, por onde transita o público e a parte destinada para as torcidas visitantes e local. Ademais, busca-se avaliar se as imagens permitem o reconhecimento de torcedores e se há a possibilidade de gravação destas e de impressão de fotografias.

4.2.1. Acesso ao estádio: Apresenta-se como um dos aspectos de grande importância para a proteção da segurança e da saúde dos torcedores, razão pela qual indaga o laudo sobre a existência de algum mecanismo de controle que impeça o ingresso de torcedores desautorizados ou objetos ilícitos no estádio. Em caso positivo, questiona-se qual o meio utilizado para esta finalidade e de que forma o perímetro que cerca o estádio encontra-se fechado, bem como a altura deste. As catracas de acesso ao estádio também serão objeto de análise, sendo registrado o número destas e a quantidade de torcedores existente por setor. Ademais, a Polícia Militar analisará se as catracas encontram-se funcionando regularmente e se o estado permite a contagem dos torcedores que ingressam no estádio, a fim de que o controle seja exercido de modo efetivo. Outro aspecto a ser observado serão as entradas privativas para atletas, árbitros, autoridades, profissionais de imprensa e pessoal em serviço nos dias de jogos.

4.2.2. Mecanismos para a proteção das torcidas: Objetivando evitar que as torcidas adversárias entrem em conflito, a vistoria voltar-se-á para a análise da existência ou não de barreiras físicas nas arquibancadas para que sejam separados os presentes. Havendo tais instrumentos, serão contabilizados e observadas as características correspondentes, principalmente se são removíveis. Em decorrência dos diversos embates constatados entre os torcedores, o laudo verificará se existe uma área específica, previamente designada, para abrigar os visitantes, assim como se foram previstos bilheteria, lanchonete, banheiros e acesso independente que evite o encontro dos presentes. A entidade organizadora do evento esportivo poderá também adotar esquema especial de proteção da torcida visitante nos acessos ao estádio e nas arquibancadas, competindo ao órgão vistoriador registrá-lo no laudo. Será imprescindível ainda observar se o setor ocupado pela torcida visitante oferece, de fato, condições de segurança que dispensem o emprego massivo de força policial.

4.2.3. Recursos destinados a evitar conflitos entre torcedores: Quanto a este aspecto, a Polícia Militar verificará se existem materiais perigosos (pedras, pedaços de calçadas, restos de obras, hastes metálicas, dentre outros), que possam ser utilizados em tumultos e confrontos de torcedores. A invasão do campo deve ser evitada, motivo pelo qual o laudo observará quais os obstáculos que dificultam esta ocorrência, como, por exemplo, alambrado, grades, fosso, etc., quais são os pontos frágeis e as medidas de prevenção. Visando a proteção dos atletas e árbitros, serão analisados os mecanismos existentes para que estes não sejam atingidos, quando estiverem nas respectivas áreas reservadas, junto ao campo de jogo. As condições de segurança para preservar o livre acesso dos atletas e árbitros aos vestiários são de fundamental importância. Outro aspecto a ser examinado será a distância entre os vestiários do time mandante e visitante e o vestiário dos árbitros. O acesso para ambulâncias na área de jogo terá que possibilitar manobras apropriados e rápidas, para que o socorro necessário seja prestado com eficiência.

4.2.4. Capacidade de público do estádio: Deve ser avaliada de modo cuidadoso e rigoroso com o fito de evitar a superlotação e as consequências negativas respectivas. A capacidade real do estádio será registrada, considerando os torcedores sentados e os que podem ficar de pé. Indagar-se-á sobre a existência de uma certidão da capacidade oficial do estádio, emitida pela Policia Militar ou Corpo de Bombeiros, com a memória de cálculo. Constatado o órgão vistoriador que existe incompatibilidade entre a capacidade de público indicada neste documento e a real, apresentará a capacidade recomendada e identificará os motivos para restrição. Outrossim, a quantidade de assentos encadeirados será anotada no laudo e se existem locais numerados reservados para torcedores sentados.

4.2.5. Recursos humanos: O plano de ação para policiamento interno e externo do estádio denota-se de extrema utilidade, devendo o vistoriador solicitar informações sobre a sua existência ou não. Em caso positivo, verificará qual a autoridade o emitiu e em que período. A presença de unidades especializadas da Polícia Militar, Policia Civil e Corpo de Bombeiros para atuação no estádio constitui fator que será objeto de análise, bem como a identificação dos órgãos perante os quais respondem hierarquicamente tais destacamentos. A presença, no estádio, de um posto policial em funcionamento em dias de jogo, deve ser registrada e se o lugar destinado apresenta-se adequado. Consoante já externado anteriormente, as entidades envolvidas com a competição devem atuar para que a segurança dos torcedores seja garantida. Desta forma, o laudo questiona sobre a existência de monitores operacionais treinados para auxiliar na orientação dos torcedores, quais as atividades por estes empreendidas e o responsável pela equipe. A figura do gerente de segurança do estádio também é mencionada no laudo, havendo inclusive solicitação de que o currículo deste profissional seja examinado. Para que as infrações penais sejam evitadas e apuradas, nos estádios deverá haver um juizado especial criminal em funcionamento em dias de jogo, sendo este mais um item integrante da vistoria. A existência de áreas para vistorias, triagem de suspeitos e detenções provisórias no estádio e o local onde estão situadas serão avaliados.

4.3. Laudo de vistoria de engenharia: O Sistema Confederação Nacional de Engenharia e Arquitetura e Conselhos Regionais (CONFEA/CREA) elaborou um rito padronizado para a vistoria de engenharia nos estádios, a ser realizada pelos profissionais competentes, objetivando proporcioná-los parâmetros mínimos para elaboração dos laudos de vistoria de Engenharia, a fim de atender às condições técnicas exigidas de segurança, conforto, acessibilidade e qualidade.

4.3.1. Diretrizes Básicas: Substituem integralmente as Diretrizes Básicas para Elaboração de Relatórios de Inspeção Predial em Estádios de Futebol, datada de fevereiro de 2009, com o fito de atender o disposto no referido Decreto Federal n. 6.795/09. As atuais diretrizes encontram-se fincadas nos conceitos, definições, procedimentos e metodologia da Norma de Inspeção Predial do Instituto Brasileiro de Avaliações e Perícias de Engenharia de São Paulo (IBAPE/SP), registrada na Associação Brasileira de Normas Técnicas sob os números NBR 5674 e NBR 13752. A vistoria apresenta como objetivo geral a realização de um diagnóstico sobre o estádio, a identificação de falhas e anomalias dos sistemas construtivos, classificações quanto à criticidade das deficiências detectadas e a urgência de reparos, recuperações, reformas, medidas de manutenção preventivas e corretivas, dentre outras orientações técnicas saneadoras. O excelente trabalho desenvolvido pelas entidades citadas tem por meta "contribuir para o estabelecimento de um padrão mínimo no processo de melhoria dos estádios do País, com a prevenção de acidentes – inclusive fatais – provocados pela falta de manutenção preventiva e corretiva, bem como de investimentos patrimoniais que assegurem conforto, logística, segurança, funcionalidade e a qualidade dos serviços prestados aos usuários"[95].

4.3.2. Objetivos e abrangência: O laudo de Engenharia será elaborado com base em diretrizes, conceitos, critérios e procedimentos básicos para a vistoria ou inspeção predial em estádios destinados exclusivamente para a realização de competições esportivas. Salienta o CONFEA que as avaliações realizadas não substituem ou complementam as outras vistorias ou inspeções de caráter obrigatório. Por outro lado, o laudo em epígrafe "não contempla ou considera outros aspectos do uso e operação em dia de jogo, bem como eventuais adequações provisórias, dentre outras situações que comprometam as características técnicas dos sistemas e elementos inspecionados"[96].

4.3.3. Qualificação das equipes de vistoria ou de inspeção: A realização das vistorias de engenharia ou inspeções prediais somente poderão ser concretizadas por Engenheiros e Arquitetos, legalmente habilitados perante os CREAs, em conformidade com a Lei Federal n. 5.194/66 e resoluções do CONFEA. Para a realização desta tarefa, recomenda-se a presença de uma equipe multidisciplinar mínima, constituída por Engenheiro Civil ou Arquiteto e Engenheiro Eletricista, devendo possuir formação profissional plena, sendo imprescindível a comprovação através da apresentação de Acervo Técnico registrado pelo Sistema CONFEA/CREA.

4.3.4. Critério e metodologia da vistoria ou inspeção: Segundo a NBR 5674, a vistoria de Engenharia, "É a avaliação isolada ou combinada das condições técnicas, de uso e de manutenção da edificação" e caracteriza-se pela análise e avaliação de falhas e anomalias, classificação dessas deficiências quanto ao grau de risco e indicações de orientações técnicas para cada problema verificado. Nesta senda, a vistoria tem por escopo avaliar o estado da edificação e de suas partes constituintes, realizadas para orientar as atividades de manutenção. O critério essencial para a confecção do laudo de Engenharia será a "análise do risco oferecido aos usuários, ao meio ambiente e ao patrimônio, diante das condições técnicas, de uso, operação e manutenção da edificação, bem como da natureza da exposição ambiental, conforme as normas técnicas". Para a análise do risco detectado, devem ser classificadas as anomalias e falhas identificadas nos diversos componentes da edificação, considerando-se o seu grau de risco e relacionando-o com "fatores de conservação,

95. Trecho retirado das considerações gerais referentes ao Laudo de Engenharia.
96. Idem, ibidem.

depreciação, saúde, segurança, funcionalidade, comprometimento de vida útil e perda de desempenho"[97]. Podem ser obtidas as seguintes conclusões sobre o estado da edificação:

> "CRÍTICO
>
> Impacto irrecuperável, relativo ao risco contra a saúde, segurança do usuário e do meio ambiente, bem como perda excessiva de desempenho, recomendando intervenção imediata.
>
> REGULAR
>
> Impacto parcialmente recuperável, relativo ao risco quanto à perda parcial de funcionalidade e desempenho, recomendando programação e intervenção a curto prazo.
>
> MÍNIMO
>
> Impacto recuperável, relativo a pequenos prejuízos, sem incidência ou a probabilidade de ocorrência dos riscos acima expostos, recomendando programação e intervenção a médio prazo.[98]"

4.3.5. Elementos e Sistemas Construtivos Inspecionados: Devem ser examinados os seguintes sistemas, de acordo com a orientação das entidades multicitadas:

4.3.5.1. Sistema estrutural: A inspeção englobará a análise dos elementos aparentes, quais sejam: pilares, vigas, lajes, consoles, cobertura, marquises, arquibancadas e juntas de dilatação, reservatórios de água potável e casa de máquinas e jardineiras em geral, com o objetivo de identificar a presença de anomalias e falhas, sem uso de ensaios tecnológicos, medições e outros mecanismos indiretos de aferições, assim como a exposição ambiental das estruturas, se revestidas ou não, idade e condições de manutenção. A depender das condições de exposição, poderão os profissionais competentes recomendar investigações mais aprofundadas no que concerne à atuação de agentes químicos. Será necessário também verificar se a edificação já foi submetida a intervenções posteriores à construção original, "principalmente as que se referem aos serviços relacionados a qualquer tipo de reparo, reforço ou obras que resultem em carregamento adicional à estrutura. Para a tipologia em estudo, deve-se investigar, também, se já foi realizado algum tipo de monitoramento na estrutura ligado às cargas dinâmicas, dentre outros ensaios relacionados a carregamentos"[99]. Serão inspecionados os

---

97. Idem, ibidem.
98. Idem, ibidem.
99. Idem, ibidem.

seguintes locais: a) superestrutura (pilares, arquibancadas, vigas, lajes, consoles, marquises);b) cobertura, marquises e últimos pavimentos; c) reservatórios de água potável e casa de máquinas; d) jardineiras em geral; e e) Juntas de dilatação.

4.3.5.2. Sistema de impermeabilização: Apresenta-se "restrito à verificação com interface com sistemas estrutural, vedação e revestimentos"[100].

4.3.5.3. Sistema de vedação e revestimentos: Haverá a verificação de alvenarias, dos revestimentos externos e fachadas, para que, após, haja a descrição sucinta do sistema construtivo e de revestimento, abordando-se os aspectos gerais sobre "as anomalias construtivas ou falhas que geram risco à segurança dos usuários". Observar-se-á se o revestimento apresenta prumo, nivelação, esquadro e planeza. Os rejuntamentos serão também avaliados, a fim de se verificar se estão íntegros, bem como se as juntas de dilatação ou estruturais nos painéis de alvenaria estão regulares. A existência de fissuras e trincas deve ser registrada, uma vez que demonstram deficiência de desempenho que "podem sinalizar para uma situação de risco à saúde ou segurança dos usuários"[101].

4.3.5.4. Sistema de esquadrias: Apresenta-se restrito aos elementos de gradil, guarda-corpo e alambrados externos, com interface direta ao usuário.

4.3.5.5. Sistema de coberturas: As marquises em concreto armado devem ser examinadas com o sistema estrutural, mas a inspeção de tal sistema encontra-se limitada às coberturas que possuam interface direta com o usuário, a fim de observar as anomalias existentes.

4.3.5.6. Sistema de instalações hidrossanitárias prediais: "Restrito à verificação aparente de vazamentos com indícios aparentes de infiltrações, interface com deterioração de revestimentos, vedações e estruturas, além de tubulações aparentes em geral, captação de águas pluviais em áreas de circulação e reservatórios de água potável; avaliar as condições de proteção quanto à exposição ambiental e uso"[102].

4.3.5.7. Sistema de instalações elétricas prediais e Sistema de Proteção contra Descargas Atmosféricas (SPDA): Destina-se ao exame de proteções, cabos, dentre outros componentes: entrada de energia; subestação principal; ramais principais (saídas dos transformadores); subestações unitárias; quadros gerais de distribuição em baixa tensão e quadros

100. Idem, ibidem.
101. Idem, ibidem.
102. Idem, ibidem.

terminais; circuitos em geral; aparelhos em geral, motores; iluminação do estádio; iluminação de emergência; SPDA – Sistema de Proteção contra Descargas Atmosféricas; e Telefonia.

4.3.5.8. Sistema de combate a incêndio: Tem por objetivo o exame dos elementos de combate e controle em geral, sinalizações e rota de fuga, número de saídas de emergências e outros. Deverão ser verificados os seguintes itens: extintores; hidrantes; saídas de emergência; brigadas de incêndio (ABNT NBR 14276); sinalização de emergência; e outros, em função da especificidade do estádio. A instalação e a quantidades de extintores devem atender ao Projeto de Proteção e Combate a Incêndio, aprovado no Corpo de Bombeiros. A manutenção periódica destes instrumentos obedecerá a ABNT NBR 12962.

4.3.5.9. Acessibilidade: Volta-se para o exame dos aspectos físicos e de comunicação da edificação em conformidade com o quanto disposto pelo Decreto n. 5.296/04 e à ABNT NBR 9050/2004. Salienta-se que "todas as intervenções que promovam acessibilidade devem garantir a todos o direito de ir e vir, com autonomia, conforto e segurança, em todos os locais do estádio"[103].

4.3.5.10. Conclusão do Laudo: Identificadas não-conformidades nas instalações físicas das edificação, o laudo de Engenharia apresentará as recomendações gerais quanto à "criticidade e outros aspectos", contendo a "indicação das orientações técnicas e/ou lista das medidas preventivas e corretivas necessárias à correção de falhas e anomalias". Devem também ser indicados os "aspectos restritivos quanto ao uso e eventual limitação da capacidade de público do estádio, em função das anomalias e falhas constatadas". Outrossim, cumpre ainda indicar "as medidas complementares à análise conclusiva das falhas e anomalias, e eventual necessidade de contratação de ensaios e outras avaliações especializadas".

4.4. Laudo de prevenção e combate de incêndio: Os estádios devem apresentar o alvará de funcionamento, emitido pelo Corpo de Bombeiros, em plena validade. No entanto, o citado laudo faz menção à possível existência de alvará emitido por outro órgão. O primeiro aspecto a ser observado é se a ocupação da área total construída permanece correspondente à situação prevista no projeto aprovado pelo Corpo de Bombeiros ou por órgão competente.

4.4.1. Recursos materiais: Os extintores de incêndio devem estar instalados de acordo com a situação prevista em projeto, cumprindo ao órgão

103. Idem, ibidem.

inspecionador observar se estão dentro dos padrões de manutenção. O sistema de mangueiras e hidrantes terá que cobrir toda a extensão das áreas previstas no projeto e também deve ser submetido à manutenção periódica. O sistema de *sprinklers* constitui outro item que compõe o acervo material apreciado pelo Corpo de Bombeiros. A proteção contra descargas atmosféricas integra sistema específico que urge ser examinado (SPDA) e o estádio deve conter um programa de reavaliação contínua deste equipamento. O isolamento e a sinalização de pontos sensíveis e das áreas restritas correspondem a providências relevantes que exigem séria avaliação na vistoria. Salienta-se que a casa de força deve ser protegida contra incêndio, intempéries e choques mecânicos, mantendo-se isolada das pessoas não autorizadas a manuseá-la. O sistema de iluminação de emergência deve apresentar-se em conformidade com o projeto e a edificação terá que dispor de um programa de manutenção dos instrumentos que o integram. O controle das situações caracterizadas como emergência implica a análise da existência de gerador e dos sistemas de alarme e som, assim como dos mecanismos implementados para o acompanhamento destes. Serão ainda examinados os equipamentos que utilizam gás combustível e se foram instalados conforme as normas de segurança.

4.4.2. Acesso, circulação e saída do estádio: As vias de circulação do estádio devem encontrar-se desobstruídas e demarcadas, atendendo-se as delimitações do projeto – o mesmo ocorre com as saídas da edificação. O número de portões de entrada e saída do estádio será registrado, bem como se apresentam bom estado de conservação. Deve-se atentar também se as portas e os portões abrem no sentido do fluxo e se o estádio possui vias de acesso para veículos do Corpo de Bombeiros e para ambulâncias. Dada a importância de que os torcedores possam evacuar o local em caso de necessidade, o laudo reporta-se à quantidade de saídas de emergência, a sua distribuição e se as dimensões são compatíveis com a população prevista. A situação do piso das instalações físicas terá que ser apreciada principalmente para se averiguar se apresenta dificuldades para a locomoção dos transeuntes ou riscos para os mesmos. Nas escadas, devem estar presentes corrimãos aprovados conforme normas de segurança contra incêndios. O guarda-corpos deve atender às exigências de vão e de altura originais aprovados segundo ditas normas.

4.4.3. Plano de ação para abandono do público: O primeiro ponto a ser observado é se na edificação existem materiais perigosos expostos, que possam ocasionar incêndios, explosões ou causar lesão corporal ou morte. Em caso positivo, exige o laudo que sejam identificados os locais.

O mencionado plano de ação corresponde a outro item a ser analisado na inspeção, sendo questionado se há um tempo previsto para evacuação de torcedores e as opções de abandono para o campo. A sinalização para saída de emergência terá que atender às normas técnicas, possuindo portando tamanho compatível para ser visualizada do ponto mais distante. A brigada de emergência compõe o plano em tela, eis que fundamental para debelar as situações de incêndio e primeiros socorros.

4.4.4. Capacidade do estádio: Registrar-se-á a capacidade real da edificação, levando-se em considerando os torcedores sentados e os em pé e será registrada informação sobre a existência de uma certificação da capacidade oficial do estádio, emitida pela Policia Militar ou Corpo de Bombeiros, com a memória de cálculo. Havendo incompatibilidade entre a capacidade observada e a registrada pelos órgãos competentes, recomendar-se-á a ideal, identificando-se os motivos para restrição. Os locais reservados para os torcedores sentados serão examinados, a fim de constatar se são numerados ou não.

4.5. Laudo de condições sanitárias e de higiene: A Vigilância Sanitária (VISA) verificará as condições sanitárias das dependências dos estádios, pois estas devem ser higienizadas de modo efetivo. O laudo prevê que o citado órgão perquira sobre a existência de um plano de limpeza e conservação devidamente estruturado e, caso já tenha sido elaborado, será anexado.

4.5.1. Sanitários: Observar-se-á a quantidade de sanitários masculinos e femininos localizados nos diversos setores do estádio e qual a proporção entre estes, bem como se há compatibilidade com a capacidade de público do estádio. Até mesmo o número de vasos (femininos e masculinos) e mictórios será registrado, sendo que o número recomendado é de 500/1 (uma peça para 500 espectadores). Devem ser registradas informações sobre as condições de higiene dos sanitários, ou seja, se são satisfatórias ou não. A existência de sanitários para portadores de necessidades especiais também deve ser informado e urge anotar se o numero é suficiente, em função da capacidade do estádio. Os sanitários devem estar dotados de instalações e equipamentos para que sejam adequadamente providos de todos os materiais de higiene (papel higiênico, papel toalha, sabonete líquido, etc). O laudo faz menção às lixeiras dos banheiros, questionando se estas são providas de tampa e pedal e comportam a utilização de sacos plásticos. É de fundamental importância que as instalações sanitárias estejam interligadas à rede pública de esgotos, e caso não se verifique tal exigência, anotar-se-ão as condições de funcionamento.

4.5.2. Água potável: Constitui elemento de indiscutível importância para a saúde dos torcedores, motivo pelo qual o laudo reporta-se ao necessário suprimento e à apresentação de documento oficial válido que ateste a potabilidade da água do estádio em plena validade, de acordo com a Portaria n. 518, de 25 de março de 2004, do Ministério da Saúde. A existência de reservatórios será examinada pelo órgão competente, assim como o volume que apresentam e a presença de tampa com tranca de segurança. Serviços periódicos de limpeza e higiene devem ser concretizados nos reservatórios, atendendo-se o quanto previsto na Resolução RDC nº 216, de 15 se setembro de 2004, da Agência Nacional de Vigilância Sanitária (ANVISA) No estádio, serão inspecionados os bebedouros instalados, a quantidade destes e a sua forma de distribuição.

4.5.3. Alimentos: A preparação de alimentos no interior do estádio terá que atender ao quanto disposto pela citada Resolução. As lanchonetes e restaurantes, instalados na edificação, serão vistoriadas, para se avaliar os recursos disponíveis. Os Equipamentos para conservação adequada dos alimentos terão que ser mantidos em condições ideais de temperatura. Os alimentos devem ser armazenados em local ventilado em conformidade com o subitem 5.3.18, da Portaria SVS/MS 326 de 1997. A cozinha deve possuir paredes, pisos e tetos em bom estado de conservação, sendo iluminada e climatizada de modo adequado. O lixo terá ser acondicionado em sacos plásticos, dentro de lixeiras tampadas, limpas e constantemente higienizadas. Havendo autorização para venda de alimentos por ambulantes, estes devem ser credenciados junto à VISA e habilitados para o exercício das atividades.

4.5.4. Condições sanitárias: Devem atender ao que dispõe a Resolução RDC nº 275, de 21 de outubro de 2002 da ANVISA. Os resíduos resultantes das diversas atividades devem ser coletados de modo correto e seguro, competindo ao órgão vistoriador verificar se existe local adequado para guarda provisória dos provenientes do atendimento da saúde. A coleta seletiva dos resíduos, caso já prevista, será informada no laudo. Evidências de focos de contaminação nas áreas internas ou externas próximas ao estádio, principalmente nos fossos, são fatores que colocam em risco a saúde e a segurança do torcedor e suscitam providências. As ações preventivas e corretivas destinadas a impedir a atração, o abrigo, o acesso e/ou proliferação de vetores e pragas urbanas também serão mencionadas neste documento. No caso de ser utilizado controle químico, indagará a VISA se possui comprovante em plena validade. O funcionamento dos sistemas de coleta de lixo no estádio será objeto de exame e da mesma o Plano de Operação, Manutenção e Controle (PMOC) para condicionadores de ar em conformidade ao disposto na Portaria nº. 3.523/MS, de 28 de agosto de 1998.

4.5.5. Espécie de material e estado de conservação das instalações: O material dos pisos, tetos e paredes dos vestiários e banheiros dos atletas, árbitros e forças de serviço, deve ser examinado, a fim de se aquilatar se é liso, resistente, impermeável e de fácil limpeza. O estado de conservação destas instalações exige apreciação, para que se constate se estão livres de defeitos, rachaduras, trincas ou buracos, apresentando condições de higiene satisfatórias. Os móveis, bancas e vitrines da edificação serão examinados para que se apure a suficiência e a espécie de material utilizado, pois o ideal é que sejam resistentes, lisos e impermeáveis, com superfícies íntegras.

4.5.6. Serviços de atendimento à saúde: Compete à VISA verificar se o estádio possui posto médico e o estado das instalações prediais, pois devem estar em conformidade com o disposto na RDC/ANVISA nº. 50, de 21 de fevereiro de 2002. A empresa prestadora de serviço de saúde para atendimento de urgência e emergência deve ter registro conforme determina a Portaria n.º 2048/GM/Ministério da Saúde de 5/11/02. A quantidade de ambulâncias existentes no estádio nos dias de competição será informada no laudo multicitado.

4.5.7. Conclusão: Atendendo-se às exigências acima expostas, o estádio será aprovado para utilização nos eventos esportivos. No caso de aprovação com restrições, as mesmas deverão ser indicadas, estabelecendo-se prazos para a correção, mas, caso não regularizadas, acarretará a suspensão da autorização de uso do estádio. Sendo desaprovado o estádio, todos os pontos considerados críticos serão relacionados, descrevendo-se o impacto para a segurança do torcedor.

5. **Exame dos laudos técnicos pelo Ministério Público**: O Promotor de Justiça que recepcionar os citados laudos examinará o conteúdo registrado, devendo verificar detidamente as informações registradas[104] e a forma pela qual a vistoria foi efetivada no local. Havendo indícios de irregularidades, o Ministério Público poderá solicitar laudos complementares sobre os aspectos que considerar pertinentes. Será possível também a adoção de providências para que a competição seja realizada em outro

---

104. Com base nas informações constantes nos laudos elaborados pelo Corpo de Bombeiros, Polícia Militar e Vigilância Sanitária, o Ministério Público do Estado da Bahia, por meio da 5ª Promotoria de Justiça do Consumidor, propôs a Ação Civil Pública, já mencionada anteriormente, contra a Superintendência dos Desportos da Bahia (SUDESB), pugnando pela interdição do Estádio Octávio Mangabeira.

local, caso a edificação vistoriada não apresente as condições satisfatórias. A suspensão da competição pode ser outra medida encetada diante da impossibilidade de transferência do evento para um local seguro.

6. **Venda de ingressos em número incompatível**: Um dos grandes problemas verificado nas competições esportivas é a venda de ingressos em quantidade não compatível com a capacidade do local do evento. Na tentativa de conseguir mais lucro, muitas entidades colocam à disposição do público consumidor número elevado de bilhetes de acesso, desrespeitando a capacidade da edificação. A venda irresponsável de um exacerbado número de ingressos gera a superlotação dos estádios e consequências extremamente desagradáveis para os torcedores. O público presente não fica bem acomodado com um número excessivo de pessoas, causando mal estar e ampliando a possibilidade de ocorrência de tumultos, aglomerações e atos de vandalismos. As entidades de prática desportiva que coloquem à venda número de ingressos maior do que a capacidade do estádio, ou que, de outra forma, permita a entrada de uma quantidade maior de pessoas em comparação com a capacidade de público no estádio, serão penalizadas. Nestas circunstâncias, as agremiações perderão o mando de jogo por no mínimo seis meses, conforme artigo 23, parágrafo 2º e incisos, do Estatuto de Defesa do Torcedor, incidindo também as demais sanções cabíveis nos âmbitos cível e criminal.

7. **Alteração imposta pela Lei n. 12.299/10**: Com base no Projeto de Lei 451-B, tal instrumento legal inseriu o inciso III no parágrafo segundo do art. 23, prevendo que o ingresso de pessoas em número maior do que a capacidade de público do estado acarretará a perda do mando de jogo. Não se pode admitir que as entidades esportivas envolvidas com o certame não zelem para que o número compatível de pessoas seja respeitado, eis que adentrando uma multiplicidade desordenada de pessoas, a segurança dos presentes ficará comprometida.

8. **Jurisprudência:**

> "PROCESSUAL CIVIL. AÇÃO CIVIL PÚBLICA. CONCESSÃO DE LIMINAR CONTRA A FAZENDA PÚBLICA. POSSIBILIDADE. DIREITO À SEGURANÇA. FISCALIZAÇÃO PRÉVIA DO CORPO DE BOMBEIROS E POLÍCIA MILITAR EM DETERMINADOS EVENTOS. PROTEÇÃO AOS DIREITOS DA CRIANÇA E DO ADOLESCENTE. LEIS Nº 8.437/92 E 9.494/97. NORMAS DE INTERPRETAÇÃO RESTRITIVA.PRECEDENTES. I – Com o ajuizamento da respectiva ação civil pública, visava o Ministério Público do Estado de Mato Grosso, garantir a segurança de adolescentes e crianças, condicionando a realização de determinados eventos à prévia vistoria pelo Corpo de Bombeiros e Polícia Militar. II – A concessão da liminar,

na hipótese, não afronta qualquer dispositivo das Leis nº 8.437/92 e 9.494/97, considerando-se o entendimento jurisprudencial já firmado neste eg. Superior Tribunal de Justiça de que tais normas devem ser interpretadas restritivamente" (STJ, AgRg no Ag nº 701.863/PE, Rel. Min. GILSON DIPP, DJ de 01/02/2006; AgRg no REsp nº 719.846/RS, Rel. Min. FÉLIX FISCHER, DJ de 01/07/2005). III – Recurso improvido. (REsp 831015/MT/2006/0058313-5, 1a Turma, Relator Ministro Francisco Falcão, j. 16/05/2006, DJ 01/06/2006)

AGRAVO REGIMENTAL NO RECURSO ESPECIAL. AÇÃO COLETIVA. INTERESSES INDIVIDUAIS HOMOGÊNEOS. CONSUMIDOR. TORCEDOR. MINISTÉRIO PÚBLICO. LEGITIMIDADE. POSSIBILIDADE. RELEVÂNCIA SOCIAL QUALIFICADA. CASO DOS AUTOS. NÃO OCORRÊNCIA. AGRAVO REGIMENTAL IMPROVIDO. 1. O Ministério Público tem legitimidade para a defesa de direitos individuais homogêneos, desde que a dimensão dos interesses defendidos seja socialmente relevante. Precedentes. 2. Porém, não se pode confundir interesses sociais relevantes com interesses coletivos de particulares, ainda que decorrentes de origem comum. "Direitos individuais disponíveis, ainda que homogêneos, estão, em princípio, excluídos do âmbito da tutela pelo Ministério Público (CF, art. 127)". (Precedente do STF: RE n. 631.111/GO, Tribunal Pleno, Relator o Ministro Teori Zavascki, DJe de 30/10/2014). 3. Na espécie, não se mostra relevante a tutela coletiva dos interesses individuais disponíveis pelo Ministério Público, tendo em vista que alguns problemas verificados na troca de ingressos efetuada por torcedores/consumidores participantes da promoção "Torcer faz bem" foram, segundo o acórdão recorrido, isolados e tempestivamente contornados. 4. Ademais, no caso dos autos, também não se vislumbra a vantagem de prevenir a proliferação de demandas individuais, porque os fatos se desenrolaram nos dias 19 e 20/11/2007 e a ação coletiva foi ajuizada somente em 4/9/2008, quando a maioria dos interessados que se julgaram prejudicados pela aludida promoção já havia ingressado com as suas ações individuais. Agravo regimental improvido. (AgRg no REsp 1386167/RJ, 3a Turma, Rel. Ministro Marco Aurérlio Bellizze, julgado em 28/04/2015, DJe 01/06/2015).

9. Aplicação em Concurso:

- *A questão infra transcrita foi elaborada no bojo das aulas ministradas na Faculdade Baiana de Direito (FBD).*

  Examine os itens abaixo registrados e indique o que se encontra em desconformidade com o Estatuto do Torcedor:

A) A entidade responsável pela organização da competição apresentará ao Ministério Público dos Estados e do Distrito Federal, previamente à sua realização, os laudos técnicos expedidos pelos órgãos e autoridades competentes pela vistoria das condições de segurança dos estádios a serem utilizados na competição;

B) Os laudos atestarão a real capacidade de público dos estádios, bem como suas condições de segurança;

C) Perderá o mando de jogo por, no mínimo, seis meses, sem prejuízo das demais sanções cabíveis, a entidade de prática desportiva detentora do mando do jogo em que tenha sido colocado à venda número de ingressos maior do que a capacidade de público do estádio;

D) Perderá o mando de jogo por, no mínimo, seis meses, sem prejuízo das demais sanções cabíveis, a entidade de prática desportiva detentora do mando do jogo em que tenham entrado pessoas em número maior do que a capacidade de público do estádio;

E) O Decreto n. 6.795/09 exige que sejam apresentados previamente ao Ministério Público apenas os laudo de segurança e de prevenção e combate de incêndio.

Gabarito: Letra E.

Art. 24. É **direito do torcedor partícipe** que conste no **ingresso o preço** pago por ele.

§ 1º Os **valores** estampados nos ingressos destinados a um **mesmo setor do estádio não poderão ser diferentes entre si**, nem daqueles divulgados antes da partida pela entidade detentora do mando de jogo.

§ 2º O disposto no § 1º não se aplica aos casos de **venda antecipada de carnê** para um conjunto de, no mínimo, três partidas de uma mesma equipe, bem como na venda de ingresso com redução de preço decorrente de previsão legal.

1. **Valor do ingresso**: Nos ingressos, deverá constar o valor pago pelo torcedor de forma expressa e legível, já que constitui direito do consumidor obter o comprovante referente à aquisição de produtos e/ou serviços. Desta forma, a entidade organizadora do evento esportivo não poderá confeccioná-los sem observar esta exigência.

2. **Preços diferenciados**: Conforme já afirmado anteriormente, os ingressos relativos a um mesmo setor do estádio não podem apresentar preços diferentes. Justifica-se esta assertiva em razão das normas consumeristas disporem sobre a cobrança de preços igualitários para o mesmo produto disponibilizado pelo fornecedor no mercado.

3. **Venda antecipada de carnê**: A exigência prevista no parágrafo 1º do artigo em comento não se aplicará apenas para a hipótese de venda antecipada

de carnê para um conjunto de, no mínimo, 03 (três) partidas da mesma equipe, ou diante de redução disposta por lei. Nestas situações, a entidade organizadora terá a possibilidade de estabelecer valores distintos, pois não estará agindo de forma arbitrária e nem buscando locupletar-se ilicitamente em prejuízos dos consumidores.

4. **Lei Geral da Copa:** O parágrafo 1º do art. 68 da Lei n. 12.663/12 excluiu a incidência dos arts. 24 a 27 do Estatuto do Torcedor no que concerne aos eventos esportivos internacionais realizados no Brasil em 2013 e 2014.

Art. 25. **O controle e a fiscalização do acesso do público** ao estádio com **capacidade para mais de 10.000 (dez mil) pessoas** deverá contar com meio de **monitoramento por imagem das catracas**, sem prejuízo do disposto no art. 18 desta Lei. (alterado pela Lei n. 12.299/90)

1. **Sistema de monitoramento de imagens:** Destina-se a permitir uma melhor visualização do público presente no estádio, possibilitando às entidades desportivas evitar ocorrências desagradáveis e prejudiciais aos interesses dos consumidores.

2. **Alteração imposta pela Lei n. 12.299/90:** Anteriormente, o Estatuto do Torcedor exigia o monitoramento por imagem das catracas quando a capacidade de público do recinto esportivo fosse superior a vinte pessoas. A citada Lei determinou que, nos locais que podem recepcionar mais de dez mil pessoas, a chegada e a saída destas devem ser acompanhadas através de um equipamento específico. Esta alteração é de grande valia, pois possibilita maior segurança para os presentes.

CAPÍTULO VI
DO TRANSPORTE

Art. 26. Em relação ao transporte de torcedores para eventos esportivos, fica assegurado ao torcedor partícipe:

I – o acesso a transporte seguro e organizado;

II – a ampla divulgação das providências tomadas em relação ao acesso ao local da partida, seja em transporte público ou privado; e

III – a organização das imediações do estádio em que será disputada a partida, bem como suas entradas e saídas, de modo a viabilizar, sempre que possível, o acesso seguro e rápido ao evento, na entrada, e aos meios de transporte, na saída.

1. **As adjacências dos estádios**: Deve-se destacar que o art. 26, inciso III, do Estatuto do Torcedor assegurar ao torcedor partícipe "a organização das imediações do estádio em que será disputada a partida, bem como suas entradas e saídas, de modo a viabilizar, sempre que possível, o acesso seguro e rápido ao evento, na entrada, e aos meios de transporte, na saída".

2. **Transporte de torcedores**: O Estatuto do Torcedor não exige que as entidades organizadoras dos eventos esportivos e as que detenham o mando do jogo forneçam obrigatoriamente transporte para os torcedores. No entanto, caso estas entidades promovam o transporte dos torcedores, quer de forma gratuita ou remunerada, este deve ser concretizado de modo seguro e organizado. Ainda que os torcedores desloquem-se para os estádios através de meios de transportes particulares, ou públicos, devem ter conhecimento do acesso ao local da partida, devendo este ter sido amplamente divulgado. Ademais, as imediações do estádio, em que será disputada a partida, devem ser organizadas de modo a possibilitar a entrada e a saída dos veículos e dos torcedores, garantindo-se um acesso rápido e seguro. O art. 26, incisos I a III, da Lei n. 10.671/03 trata das providências necessárias que devem ser adotadas para se evitar a ocorrência de tumultos e de confusões quando os veículos chegam e deixam os estacionamentos dos estádios.

3. **Acesso aos estádios**: A previsão de normas que garantam aos torcedores um acesso mais tranquilo aos estádios constitui providência salutar, uma vez que a desorganização existente nas imediações e nas entradas são fatores que, em geral, os desestimulam a assistirem os espetáculo esportivos.

4. **Fiscalização pelo Poder Público**: As regras sobre o transporte dos torcedores prevista na Lei n. 10.671/03 devem ser fiscalizadas pelos órgãos públicos competentes, pois as entidades desportivas não possuem o poder de ditar normas particulares. Judivan J. Vieira[105] lembra que "A polícia de trânsito deverá cuidar da segurança tanto nas imediações quanto na entrada e saída dos locais dos eventos". O planejamento e a execução das rotas de transporte dos torcedores deverá ser concretizado mediante a participação das entidades esportivas, dos órgãos de trânsito e outros que sejam encarregados do exercício destas funções. Deve haver uma preocupação com todo o trajeto dos veículos que transportam os consumidores que vão para os estádios, englobando-se a chegada e o retorno destes para os locais de origem, garantindo-se segurança para todos.

---

105. VIEIRA, Judiva J. *Estatuto do Torcedor Comentado*. São Paulo: Síntese, 2003, p. 52.

5. Jusriprudência:

"O CC/16 não disciplinava especificamente o transporte de pessoas e coisas. Até então, a regulamentação dessa atividade era feita por leis esparsas e pelo CCom, que não traziam dispositivo algum relativo à responsabilidade no transporte rodoviário de pessoas. – Diante disso, cabia à doutrina e à jurisprudência determinar os contornos da responsabilidade pelo defeito na prestação do serviço de transporte de passageiros. Nesse esforço interpretativo, esta Corte firmou o entendimento de que danos causados ao viajante, em decorrência de acidente de trânsito, não importavam em defeito na prestação do serviço e; portanto, o prazo prescricional para ajuizamento da respectiva ação devia respeitar o CC/16, e não o CDC. – Com o advento do CC/02, não há mais espaço para discussão. O art. 734 fixa expressamente a responsabilidade objetiva do transportador pelos danos causados às pessoas por ele transportadas, o que engloba o dever de garantir a segurança do passageiro, de modo que ocorrências que afetem o bem-estar do viajante devem ser classificadas de defeito na prestação do serviço de transporte de pessoas. – Como decorrência lógica, os contratos de transporte de pessoas ficam sujeitos ao prazo prescricional específico do art. 27 do CDC. Deixa de incidir, por ser genérico, o prazo prescricional do Código Civil. Recurso especial não conhecido. (STJ, REsp 958833/RS, 3a Turma, Rel. Ministra Nancy Andrighi, j. 08/02/2008, DJ 08/02/2008)

Art. 27. A **entidade responsável pela organização da competição** e a **entidade de prática desportiva detentora do mando de jogo** solicitarão formalmente, direto ou mediante convênio, ao **Poder Público** competente:

I – **serviços de estacionamento** para uso por torcedores partícipes durante a realização de eventos esportivos, assegurando a estes acesso a serviço organizado de transporte para o estádio, ainda que oneroso; e

II – **meio de transporte**, ainda que oneroso, para condução de **idosos, crianças e pessoas portadoras de deficiência física** aos estádios, partindo de locais de fácil acesso, previamente determinados.

Parágrafo único. O **cumprimento** do disposto neste artigo fica **dispensado** na hipótese de evento esportivo realizado em estádio com **capacidade inferior** a **10.000 (dez mil) pessoas.** (alterado pela Lei n. 12.299/10)

1. **Serviços de estacionamento**: Em razão da maioria dos estádios brasileiros não dispor de estacionamento próprio satisfatório, o Estatuto do Torcedor estabeleceu a exigência de que a entidade organizadora do evento esportivo solicite que o Poder Público adote as medidas necessárias para

que os consumidores tenham um local seguro para que possam deixar os seus veículos. Considera-se que o ideal seria que a Lei n. 10.671/03 determinasse que todos os estádios apresentem estacionamento organizado e seguro para que os torcedores tenham tranquilidade ao deixarem os automóveis.

2. **Meio de transporte**: As entidades organizadoras das competições não são obrigadas a fornecer transporte para o público torcedor. Porém, no que tange aos idosos, crianças e pessoas portadoras de deficiência física, urge que solicite ao Poder Público meios para transportá-los de forma segura.
3. **Dispensa da exigência**: As exigências acima mencionadas serão dispensadas na hipótese do evento esportivo ser realizado em estádio com capacidade inferior a dez mil pessoas, **aumentando a proteção para o torcedor.** Esta alteração originou-se do Projeto de Lei 451-B, inúmeras vezes citado, já que antes o Estatuto do Torcedor somente dispensava aquelas formalidades para o caso de competição que comportasse menos de **20.000 (vinte mil) pessoas.**
4. **Jurisprudência:**

> "INDENIZAÇÃO POR DANOS MATERIAIS E MORAIS – ROUBO DE VEÍCULO EM ESTACIONAMENTO ADMINISTRADO POR AUTARQUIA ESTADUAL. A autarquia estadual administradora de estacionamento pago é obrigada a restituir o veículo depositado sob sua responsabilidade e reparar os danos morais causados por assaltantes que agiram no espaço do estacionamento, onde a administradora deveria providenciar segurança. PROCESSO CIVIL, CIVIL E CONSUMIDOR. TRANSPORTE RODOVIÁRIO DE PESSOAS. ACIDENTE DE TRÂNSITO. DEFEITO NA PRESTAÇÃO DO SERVIÇO. PRESCRIÇÃO. PRAZO. ART. 27 DO CDC. NOVA INTERPRETAÇÃO, VÁLIDA A PARTIR DA VIGÊNCIA DO NOVO CÓDIGO CIVIL."(TJ/Minas Gerais/Processo n. 1.0024.05.693967-1/001, Relator José Domingues Ferreira Esteves, j. 14/04/2009, DJ 29/05/2009)

CAPÍTULO VII
DA ALIMENTAÇÃO E DA HIGIENE

Art. 28. O **torcedor partícipe** tem direito à **higiene** e à **qualidade das instalações** físicas dos estádios e dos **produtos alimentícios** vendidos no local.

§ 1º O Poder Público, por meio de seus **órgãos de vigilância sanitária**, verificará o **cumprimento** do disposto neste artigo, na forma da legislação em vigor.

§ 2º É **vedado impor preços excessivos** ou **aumentar sem justa causa** os **preços dos produtos** alimentícios comercializados no local de realização do evento esportivo.

1. **Higiene e qualidade dos estádios**: São exigidas condições higiênicas regulares em todas as instalações dos estádios, abrangendo não somente os locais onde existam as chamadas "cadeiras cativas", ou seja, aqueles destinados ao público consumidor que tenha possibilidade financeira de arcar com o pagamento de ingressos mediante um custo maior. Assim sendo, todas as arquibancadas devem ser mantidas e preservadas em uma situação que permita a permanência dos torcedores sem que sejam afetados com lixos e outros congêneres. Ademais, a assepsia deverá ser uma características de todos os cômodos integrantes da edificação, englobando sanitários, cantinas, tribunas, centrais técnicas e de prestação de informações aos consumidores, locais de recepção de reclamações destes, etc.

2. **As acomodações dos torcedores**: Devem ser realmente higienizadas constantemente, para que, quando os eventos esportivos ocorram, os mesmos não sofram com o odor indesejado e com a visualização de dejetos e lixos no local. As entidades organizadoras dos eventos e as detentoras do mando nestes devem realizar dedetizações no ambiente em períodos regulares. Outrossim, devem dispor de equipes de profissionais que realizem a limpeza regular do local, podendo ser realizado mediante serviço terceirizado ou contratação direta. Os torcedores têm direito de exigirem que tais entidades apresentem os documentos comprobatórios da contratação destes serviços, podendo verificá-los, através das suas associações, do Ministério Público, das comitivas organizadas para este fim, ou mesmo individualmente, no exercício regular e legítimo da sua condição de cidadão consumidor.

3. **Produtos alimentícios**: O citado art. 28 do EDT também determina que, nos eventos esportivos, os produtos alimentícios ofertados para os torcedores nos sejam confeccionados com a imprescindível higiene. A produção destes alimentos poderá ocorrer no próprio local ou de forma prévia, sendo levados para a venda nos estádios. Independentemente do local em que sejam produzidos, caso não atendam às exigências de higiene cabíveis, vindo a causar prejuízos para os consumidores, providências devidas devem adotadas em face das entidades organizadoras do evento e da que detenha o mando do jogo, já que se trata de responsabilidade objetiva. Há a possibilidade também de ser proposta demanda judicial contra o fornecedor direito do alimento contaminado. A higiene

deverá ser averiguada nas cantinas existentes na edificação e demais locais destinados à elaboração dos produtos alimentícios. A presença de equipamentos destinados ao armazenamento e congelamento dos alimentos, assim como instrumentos adequados para o manuseio destes são de fundamental importância para a garantia da qualidade do produto. A existência de água encanada e de energia elétrica são fatores extremamente necessários para que as condições higiênicas sejam mantidas.

4. **Doutrina**: Ao comentar o multicitado art. 28, Décio Rodrigues[106] pondera o seguinte:

   "A comercialização de produtos e serviços para o público consumidor não poderá ocorrer de modo irresponsável e visando atender tão somente aos anseios do fornecedor quanto à obtenção de lucros". Com base no art. 6º, inciso I, do CDC, o autor relembra que restou assegurado aos consumidores a proteção específica à vida, saúde e segurança, "sendo possível a reparação pelos danos causados à integridade física e moral dos mesmos em razão da prática irregular de serviços ou fornecimento de produtos inadequados'. Com relação ao citado dispositivo, complementa que "a mens legis constitui a imperiosidade de se assegurar aos consumidores de produtos e serviços a estrita conformidade destes com os ditames legais", principalmente, "com as regras técnicas específicas que disciplinem a produção dos diversos bens e a prestação dos múltiplos serviços colocados à disposição do mercado consumerista".

5. **Preços dos produtos**: Os produtos alimentícios ofertados pelos administradores e/ou proprietários das cantinas existentes nos estádios, ou outras edificações onde são realizados os eventos esportivos, devem ser vendidos mediante preços condizentes com a média do mercado. O art. 28, parágrafo 2º, da Lei n. 10.671/03 veda a imposição de preços excessivos para os alimentos comercializados no local da competição esportiva. Tais alimentos, ainda que apresentados por vendedores ambulantes, não podem ser submetidos a preços extorsivos. Os valores praticados com relação a estes produtos não podem ser majorados sem justa causa, consoante impõe este dispositivo normativo. A diferença entre os preços praticados nas atividades mercantis em comparação com os estipulados no âmbito dos certames esportivos não poderá ser gritante, pois tal situação geraria prejuízos de grande monta para os torcedores. Ao necessitarem de alimentos no decorrer dos eventos esportivos, os consumidores não terão outra opção do que valer-se dos que são disponibilizados no interior da edificação, pois ninguém deseja

---

106. RODRIGUES, Décio L. *Op. cit.*, p. 32.

interromper o acompanhamento do certame a fim de se deslocar para outro local, objetivando o atendimento das suas necessidades.

5.1. Fixação de preços abusivos: Constitui conduta vedada pelo Sistema Nacional de Proteção ao Consumidor, constituindo-se prática abusiva vedada pelo art. 39, inciso X, do CDC. Este dispositivo veda a majoração dos valores dos serviços e produtos quando não sejam constatados elementos justificadores da necessidade de adoção desta medida. Décio L. Rodrigues[107] argumenta que o torcedor tem direito à qualidade das instalações físicas dos estádios e dos produtos alimentícios vendidos no local, bem como a preços justos praticados nos estádios, pois é vedado impor preços excessivos ou aumentar sem justa causa os preços dos alimentos comercializados no local de realização do evento esportivo, segundo artigo 28, e parágrafos, do Estatuto de Defesa do Torcedor".

5.1.1. A questão da meia entrada: Algumas unidades federativas do País elaboraram leis destinadas para a previsão de meia-entrada nos estádios, facilitando o ingresso do público estudantil.

6. Jurisprudência:

> "ADMINISTRATIVO. RECURSO ESPECIAL. APLICAÇÃO DE MULTA PECUNIÁRIA POR OFENSA AO CÓDIGO DE DEFESA DO CONSUMIDOR. OPERAÇÃO DENOMINADA 'VENDA CASADA' EM CINEMAS. CDC, ART. 39, I. VEDAÇÃO DO CONSUMO DE ALIMENTOS ADQUIRIDOS FORA DOS ESTABELECIMENTOS CINEMATOGRÁFICOS. 1. A intervenção do Estado na ordem econômica, fundada na livre iniciativa, deve observar os princípios do direito do consumidor, objeto de tutela constitucional fundamental especial (CF, arts. 170 e 5º, XXXII). 2. Nesse contexto, consagrou-se ao consumidor no seu ordenamento primeiro a saber: o Código de Defesa do Consumidor Brasileiro, dentre os seus direitos básicos "a educação e divulgação sobre o consumo adequado dos produtos e serviços, asseguradas a liberdade de escolha e a igualdade nas contratações" (art. 6º, II, do CDC). 3. A denominada 'venda casada', sob esse enfoque, tem como ratio essendi da vedação a proibição imposta ao fornecedor de, utilizando de sua superioridade econômica ou técnica, opor-se à liberdade de escolha do consumidor entre os produtos e serviços de qualidade satisfatório e preços competitivos. 4. Ao fornecedor de produtos ou serviços, consectariamente, não é lícito, dentre outras práticas abusivas, condicionar o fornecimento de produto ou de serviço ao fornecimento de outro produto ou serviço (art. 39, I do CDC). (...) 9. Recurso especial improvido." (STJ, REsp 744602 / RJ, 1ª Turma, Relator Ministro Luzi Fux, j. 01/03/2007, DJ 15/03/2007)

---

107. Idem, ibidem.

"Direito do consumidor. Recurso especial. Ação de indenização por danos morais e materiais. Consumo de produto colocado em circulação quando seu prazo de validade já havia transcorrido. "Arrozina Tradicional" vencida que foi consumida por bebês que tinham apenas três meses de vida, causando-lhes gastroenterite aguda. Vício de segurança. Responsabilidade do fabricante. Possibilidade. Recurso especial não provido."(STJ, REsp 980860/SP/2007/0197831-1, 3ª Turma, Relatora Ministra Nancy Andrighi, J. 23/04/2009, DJe 02/06/2009)

7. **Aplicação em Concurso:**

- *2008. UnB/CESPE – Ministério do Esporte. Cargo 13: Técnico de Nível Superior*

  Com base no que preconiza a Lei n.º 10.671/2003, que dispõe sobre o Estatuto de Defesa do Torcedor, julgue o item de 116.

  116. A lei determina que, em estádios com capacidade superior a 25.000 lugares, seja exigida fiscalização quanto à higiene e à qualidade das instalações físicas bem como dos produtos alimentícios vendidos no local.

  Gabarito: a afirmativa está errada.

8. **Lei Geral da Copa:** Com esteio no parágrafo 1º do art. 68 da Lei Geral da Copa, o art. 28, parágrafo 2º, do Estatuto do Torcedor não fora aplicado aos eventos esportivos internacionais realizados no Brasil em 2013 e 2014. Tal situação demonstra o poderio arbitrário da FIFA em face dos direitos dos torcedores.

Art. 29. É **direito do torcedor partícipe** que os **estádios** possuam **sanitários em número compatível** com sua capacidade de público, em plenas condições de limpeza e funcionamento.

Parágrafo único. Os **laudos** de que trata o art. 23 deverão **aferir o número de sanitários em condições de uso** e emitir parecer sobre a sua compatibilidade com a capacidade de público do estádio.

1. **Sanitários em número suficiente**: O dimensionamento da quantidade de sanitários que deverá o estádio conter dependerá do número máximo de espectadores que podem estar presentes no local. Este dado deverá ser auferido por profissionais especializados, para que falhas não sejam cometidas. Os órgãos incumbidos de realizarem vistorias nos estádios, conforme previsto no parágrafo único daquele mesmo dispositivo, devem aferir o número de sanitários existentes e emitir parecer sobre a compatibilidade com a capacidade de público do local averiguado.

CAPÍTULO VIII
DA RELAÇÃO COM A ARBITRAGEM ESPORTIVA

Art. 30. É direito do torcedor que a **arbitragem** das competições desportivas seja **independente, imparcial, previamente remunerada e isenta de pressões.**

Parágrafo único. A **remuneração do árbitro** e de seus auxiliares será de **responsabilidade da entidade** de administração do desporto ou da liga **organizadora do evento esportivo.**

1. **A arbitragem das competições**: Além de garantir aos torcedores o direito de conhecerem previamente quem atuará como árbitro da partida, o EDT assegura que as atividades desenvolvidas por este profissional serão independentes, imparciais, previamente remuneradas e isentas de pressões[108].

2. ***Ratio* da norma**: Das considerações expostas nas linhas precedentes, extrai-se, com limpidez, que o bem tutelado é a valorização da qualidade do desporto, com estímulo à competitividade e seus resultados mediados por uma arbitragem imparcial. Os atos do que popularmente chamamos de corrupção no meio esportivo devem ser amplamente combatidos e reprimidos. O bom funcionamento e desenvolvimento do desporto dependem da atuação natural e eficiente dos administradores e participantes dos eventos, sem quaisquer máculas, vícios ou demais formas anormais de disputa entre competidores e a organização.

3. **A remuneração dos árbitros**: Os arts. 30 a 32 da Lei n. 10.671/03 tratam da relação com a arbitragem esportiva e a primeira exigência é a de que os árbitros sejam remunerados para se evitar que dificuldades econômicas sejam justificativas para a recepção de propinas e a realização de trabalho tendencioso. A remuneração dos árbitros será arcada pela entidade de administração do desporto ou da liga organizadora do evento esportivo[109]. Os árbitros devem atuar de forma justa de modo a observar

108. Décio Rodrigues também informa o seguinte: "O torcedor tem direito a uma arbitragem independente, imparcial, previamente remunerada e isenta de pressões, e a que os árbitros sejam escolhidos mediante sorteio público, dentre aqueles previamente selecionados, com ampla divulgação e realizado no mínimo quarenta e oito horas antes de cada rodada, com local e data previamente definidos, conforme artigos 30 a 32, todos do Estatuto de Defesa do Torcedor". RODRIGUES, Décio. *op. cit.*, p. 45.

109. Judivan L. Vieira comenta que "2. Quanto à remuneração dos árbitros e auxiliares, esta deve ser paga antecipadamente. A operacionalização dessa regra depende mais de negociação entre as partes do que do Estado. Entretanto, se o árbitro entrar em

a partida como um verdadeiro juiz, pautando-se sempre na imparcialidade. Tais profissionais não podem fiscalizar as partidas com o objetivo escuso de beneficiar alguém, uma vez que o seu papel é aplicar as regras regulamentares do jogo e não agir em prol de interesses particulares de atletas, agremiações ou de quem quer seja. Agindo de modo parcial, os árbitros estão descumprindo os seus deveres e desrespeitando os direitos dos torcedores, suscitando as punições cabíveis.

4. Jurisprudência:

> "A Confederação Brasileira de Futebol (CBF) interpôs Recurso Extraordinário (RE 565138 RG / BA – BAHIA) em face de acórdão lavrado pelo Tribunal de Justiça do Estado da Bahia que manteve a sentença de 1º grau condenando-a ao pagamento de indenização em favor de torcedor que pleitou indenização pelos danos materiais e morais sofridos em decorrência de resultados manipulados no Campeonato Brasileiro de Futebol da Série "B". Considerou o Poder Judiciário que a atuação indevida da arbitragem causou "aflição, angústia, desequilíbrio no bem-estar do torcedor, anormalidade de conduta que interferiu intensamente no comportamento psicológico do consumidor". Negou-se seguimento ao citado Recurso sob o fundamento da inexistência de repercussão geral, como pode-se depreender da análise da ementa, a seguir, registrada: "Código de Defesa do Consumidor. Danos materiais e morais. Recurso Extraordinário interposto pela Confederação Brasileira de Futebol – CBF. Ausência de repercussão geral. Decisão: O Tribunal, por maioria, recusou o recurso extraordinário ante a ausência de repercussão geral da questão constitucional suscitada, vencido o ministro Marco Aurélio". (STF, Relator Min. Menezes Direito, j. 29/11/2007, DJe– 07-12-2007)
>
> "TRIBUTÁRIO – CONTRIBUIÇÃO PREVIDENCIÁRIA – **REMUNERAÇÃO PAGA AOS ÁRBITROS**, AUXILIARES DE ARBITRAGEM, DELEGADOS E DEMAIS CONTRIBUINTES INDIVIDUAIS – LEI 8.212/91, ART. 22, III – RESPONSABILIDADE DAENTIDADE PROMOTORA DO EVENTO (FEDERAÇÃO, CONFEDERAÇÃO OU LIGA DE FUTEBOL) – APLICAÇÃO DO CÓDIGO DESPORTIVO DA FEDERAÇÃO – IMPOSSIBILIDADE – CTN, ART. 123 – PRECEDENTE. – Em se tratando de partidas de futebol, a responsabilidade pelo recolhimento das contribuições incidentes sobre a remuneração auferida pelos árbitros, auxiliares de arbitragem, delegados e fiscais de cada espetáculo desportivo, bem como por aqueles que realizam o exame anti-dopping, bilheteiros, porteiros, maqueiros, seguranças, gandulas, etc, é da entidade promotora do evento (federação,

campo sem receber seu salário é por decisão própria. Nesse caso, não deve prejudicar o espetáculo com arbitragens negligentes em virtude de sua insatisfação". *Op. cit.*, p. 56.

confederação ou liga de futebol). – A existência de Código Desportivo da Federação Catarinense de Futebol e de estatuto, atribuindo a responsabilidade à associação desportiva (time da casa), não tem o condão de modificar o sujeito passivo da contribuição previdenciária, em face do regramento contido no art. 123 do CTN.– Recurso especial conhecido, mas desprovido." (STJ, REsp 508981/SC/2003/0019657-1, Relator Ministro Francisco Peçanha Martins, j.18/11/2004, DJ 01/02/2005)

ESTATUTO DO TORCEDOR E RESPONSABILIDADE CIVIL. RECURSO ESPECIAL. PÊNALTI NÃO MARCADO. COMPENSAÇÃO POR ALEGADOS DANOS MORAIS DECORRENTES DE ERRO DE ARBITRAGEM GROSSEIRO, NÃO INTENCIONAL, AINDA QUE COM O CONDÃO DE INFLUIR NO RESULTADO DO JOGO. MANIFESTO DESCABIMENTO. ERROS "DE FATO" DE ARBITRAGEM, SEM DOLO, NÃO SÃO VEDADOS PELO ESTATUTO DO TORCEDOR, A PAR DE SER INVENCÍVEL A SUA OCORRÊNCIA. NÃO HÁ COGITAR EM DANOS MORAIS A TORCEDOR PELO RESULTADO INDESEJADO DA PARTIDA. DANO MORAL. PARA SUA CARACTERIZAÇÃO É IMPRESCINDÍVEL A CONSTATAÇÃO DE LESÃO A DIREITO DA PERSONALIDADE, NÃO SE CONFUNDINDO COM MERO DISSABOR PELO RESULTADO DE JOGO, SITUAÇÃO INERENTE À PAIXÃO FUTEBOLÍSTICA.(REsp 1296944 / RJ/2011/0291739-0, Relator: Ministro Luis Felipe Salomão, 4ª Turma, julgamento em 07/05/2013, DJe 01/07/2013).

Informativo 0562. Período: 25 de setembro de 2013. 6ª Turma. DIREITO CIVIL. RESPONSABILIDADE CIVIL POR ERRO NÃO INTENCIONAL DE ARBITRAGEM. **Não gera dano moral indenizável ao torcedor, pela entidade responsável pela organização da competição, o erro não intencional de arbitragem, ainda que resulte na eliminação do time do campeonato e mesmo que o árbitro da partida tenha posteriormente reconhecido o erro cometido.** REsp 1.296.944-RJ, **Rel. Min. Luis Felipe Salomão, julgado em 7/5/2013.**

AÇÃO CIVIL PÚBLICA. CAMPEONATO BRASILEIRO DE FUTEBOL DE 2005. ANULAÇÃO DE ONZE JOGOS PELO SUPERIOR TRIBUNAL DE JUSTIÇA DESPORTIVA, COM DETERMINAÇÃO DE REALIZAÇÃO DE NOVAS PARTIDAS. DESCOBERTA DE FRAUDES PERPETRADAS PELO ÁRBITRO DE FUTEBOL EDÍLSON PEREIRA DE CARVALHO. MPF INSURGE-SE, NA PRESENTE ACP, CONTRA ANULAÇÃO DE TODOS OS ONZE JOGOS (REsp 1.619.655-RJ, Relator: Ministro Mauro Campbell Marques, publicação em 28/09/2016).

5. Aplicação em Concurso:

- *2008. UnB/CESPE – Ministério do Esporte. Cargo 13: Técnico de Nível Superior*

  Com base no que preconiza a Lei n.º 10.671/2003, que dispõe sobre o Estatuto de Defesa do Torcedor, julgue o item de 117.

117. Cabe à entidade de administração do desporto ou à liga organizadora do evento esportivo a responsabilidade pela remuneração do árbitro e de seus auxiliares.

Gabarito: a afirmativa está correta.

Art. 31. A **entidade detentora do mando do jogo** e seus dirigentes deverão **convocar os agentes públicos de segurança** visando a **garantia da integridade física do árbitro** e de seus auxiliares.

Art. 31-A. É dever das entidades de administração do desporto **contratar seguro de vida e acidentes pessoais**, tendo como beneficiária a **equipe de arbitragem**, quando exclusivamente no exercício dessa atividade. (alteração imposta pela Lei n. 12.299/10)

1. **A segurança dos árbitros**: O resultado do certame deverá refletir as reais condições em que ocorreu e por isso as entidades organizadoras devem concretizar todas as medidas exigidas por lei para a arbitragem seja límpida e baseada em critérios éticos. A preocupação com a atuação dos árbitros é tão grande que o art. 31 do EDT exige que a entidade detentora do mando do jogo e seus dirigentes convoquem os agentes públicos de segurança, visando a garantia da integridade física do árbitro e de seus auxiliares. O desempenho dos árbitros, mesmo quando pautado na legalidade e na lisura, poderá desagradar alguns torcedores, gerando balbúrdia que pode resultar em prejuízos para a incolumidade pública destes profissionais. A atuação dos árbitros encontra-se diretamente vinculada com o saudável desenvolvimento das atividades esportivas.

2. **Doutrina**: Paulo Schmitt[110] destaca que a qualidade do desporto encontra-se imbricada com o atuar sério dos agentes envolvidos: "O resultado de um certame desportivo deve refletir a performance dos competidores. Assim, a alteração fraudulenta de resultado de partida, prova ou equivalente, constitui infração atentatória à dignidade do desporto. A consecução do objetivo pretendido não é determinante para o enquadramento da conduta, entretanto, se ocorrer, acarreta a anulação da competição (parágrafo único do art. 275 do CBJD)".

3. **Contratação de seguro de vida e de acidentes pessoais**: A Lei n. 12.299/10, com base no Projeto de Lei n. 451-B, determinou que a entidade esportiva contrate o mencionado seguro com o fito de melhor proteger os

110. SCHMITT, Paulo. *Curso de Justiça Desportiva*. São Paulo: Quartier Latin, 2007, p. 262.

profissionais da arbitragem desde que estejam atuando especificamente no certame.

4. **Lei Geral da Copa:** O parágrafo 1º do art. 68 da Lei Geral da Copa afastou a aplicação do art. 31-A nos eventos esportivos internacionais realizados no Brasil em 2013 e 2014. Desta forma, a FIFA não terá a obrigação de contratar o referido seguro.

Art. 32. É direito do torcedor que os árbitros de cada partida sejam escolhidos mediante sorteio, dentre aqueles previamente selecionados, ou audiência pública transmitida ao vivo pela rede mundial de computadores, sob pena de nulidade. (Redação dada pela Lei nº 13.155, de 2015)

§ 1º O sorteio ou audiência pública serão realizados no mínimo quarenta e oito horas antes de cada rodada, em local e data previamente definidos. (Redação dada pela Lei nº 13.155, de 2015)

§ 2º O sorteio será aberto ao público, garantida sua ampla divulgação.

1. **O sorteio prévio**: Dada a grande preocupação em possibilitar aos consumidores o conhecimento de todos os aspectos da competição, determina a lei em comento que haja o sorteio prévio dos árbitros que atuarão nas partidas do evento, dentre aqueles previamente identificados. Tal sorteio será concretizado, no mínimo, 48 (quarenta e oito) horas antes de cada rodada, em local e data previamente definidos, devendo ser aberto ao público, garantindo-se assim a sua ampla divulgação. Desta maneira, a seleção dos árbitros não deverá ocorrer mediante critérios obscuros e aleatórios. As entidades devem organizar uma lista dos profissionais comprovadamente capacitados para desempenharem as funções de árbitro e dentre estes, conforme exige o art. 32 do EDT, será sorteado quem atuará na partida e/ou jogo.

2. **Prazo para o sorteio**: Impõe o parágrafo 1º deste mesmo artigo que o sorteio seja realizado no mínimo quarenta e oito horas antes de cada rodada, em local e data previamente definido, exigindo o § 2º que seja aberto ao público, garantindo-se a sua ampla divulgação. As entidades organizadoras não podem escolher, ao seu bel prazer, qualquer indivíduo para atuar como árbitro da partida, pois deverá haver uma lista previamente elaborada. Outrossim, o sorteio do profissional não pode ocorrer em cima da hora da partida, tendo os torcedores o direito de que seja realizado antes do evento, para que possam reclamar sobre as irregularidades detectadas. A escolha não pode acontecer em sala secreta, podendo ser assistida por quem tiver interesse, motivo pelo o

EDT exige que o local e o dia da sua realização sejam comunicados ao público torcedor.

3. **Lei Geral da Copa e sorteio dos árbitros**: Dispõe o parágrafo 1º do art. 68 da Lei n. 12.299/12 que o art. 32 do Estatuto do Torcedor não seria aplicado aos eventos esportivos internacionais realizados no Brasil em 2013 e 2014.

4. **Atualização inserida pela Lei Federal n. 13.155, de 4 de agosto de 2015**: objetiva reforçar os princípios e práticas inerentes à responsabilidade fiscal e financeira, assim como a gestão transparente e democrática dos recursos por parte das entidades desportivas.

CAPÍTULO IX
DA RELAÇÃO COM A ENTIDADE DE PRÁTICA DESPORTIVA

Art. 33. Sem prejuízo do disposto nesta Lei, cada entidade de prática desportiva fará **publicar documento que contemple as diretrizes básicas de seu relacionamento com os torcedores**, disciplinando, obrigatoriamente:

I – o **acesso ao estádio** e aos **locais de venda dos ingressos**;

II – **mecanismos de transparência financeira** da entidade, inclusive com disposições relativas à realização de **auditorias independentes**, observado o disposto no art. 46-A da Lei nº 9.615, de 24 de março de 1998; e

III – a **comunicação entre o torcedor e a entidade** de prática desportiva.

Parágrafo único. A comunicação entre o torcedor e a entidade de prática desportiva de que trata o inciso III do *caput* poderá, dentre outras medidas, ocorrer mediante:

I – a instalação de uma **ouvidoria estável;**

II – a constituição de um **órgão consultivo** formado por torcedores não-sócios; ou

III – reconhecimento da figura do **sócio-torcedor**, com direitos mais restritos que os dos demais sócios.

1. **Relacionamento entre o torcedor e as entidades competentes**: Preocupou-se o legislador, ao elaborar o Estatuto do Torcedor, com a imprescindível comunicação entre as entidades esportivas e o público espectador, exigindo, assim, a elaboração de uma cártula contendo diretrizes básicas sobre o relacionamento entre os interessados. O art. 33 da Lei n. 10.671/03 determina que cada entidade de prática desportiva publicará documento que contemple as diretrizes básicas de seu relacionamento com os torcedores, respeitando-se as normas contempladas neste

diploma legal. Além de ordenar que os entes desportivos atuem com transparência, lisura e ética, o EDT também prever a necessária divulgação dos meios através dos quais os torcedores poderão manter contato com os organizadores e executores do evento, assim como adquirirem ingressos e adentrarem nos estádios.

2. **O direito à informação**: A exigência prevista no citado art. 33 reitera o quanto afirmado em diversas oportunidades neste capítulo: o princípio da informação arregimenta, de forma intensa e constante, o relacionamento entre os fornecedores dos eventos esportivos e os consumidores. Como bem salientam Guido Alpa e Vanna Levi[111], o direito à informação possui uma amplitude inescusável, sendo exigível desde o momento inicial da contratação até a sua etapa final. Em decorrência da extensa zona de atuação deste direito, as entidades organizadoras dos eventos esportivos não podem se escusar de indicar quais os instrumentos disponíveis para que os torcedores se comuniquem com as mesmas.

3. **A divulgação do documento**: A Lei n. 10.671/03 não especifica o modo como o citado documento deverá ser divulgado para o público torcedor, podendo a entidade desportiva utilizar-se dos meios tecnológicos existentes. Os meios de comunicação de massa (televisão, rádio, jornais, etc.) são instrumentos à disposição dos organizadores do evento. A *Internet*, atualmente, é um canal de larga utilização para a comunicação entres os indivíduos e muitas entidades desportivas têm-se valido deste instrumento para a divulgação de dados para os torcedores. O próprio átrio dos estádios pode servir de local para a afixação de cartazes contendo as informações necessárias sobre o certame. O meio e a forma de divulgação destes dados ficarão a critério da entidade responsável pela publicação dos mesmos, mas não se pode olvidar o seu caráter obrigatório e a necessária clareza das informações. Apesar do EDT não especificar quais os meios de comunicação podem ser usados para o cumprimento deste mister, as informações pertinentes devem ser claras e precisas[112].

4. **A venda dos ingressos**: Ter conhecimento do local onde os ingressos são ofertados é condição essencial para que os torcedores possam assistir aos espetáculos e, de fato, inteirar-se da competição esportiva que ocorrerá. Quando se tratou dos ingressos, discorreu-se também sobre os locais de venda destes, não havendo necessidade de repetir-se o quanto já fora externado anteriormente. Cumpre apenas destacar que os locais nos

111. ALPA, Guido; LEVI, Vanna. *I Diritti dei Consumatori e degli Utenti*. Milão: Dott. A Giuffrè S.p.A., p. 16.

112. ALPA, Guido; LEVI, Vanna. *I Diritti dei Consumatori e degli Utenti*. Milão: Dott. A Giuffrè S.p.A., p. 16.

quais os ingressos forem disponibilizados devem ser organizados de tal modo que os torcedores sejam acolhidos com respeito e dignidade, não tendo que enfrentar filas enormes e nem serem maltratados pelos funcionários contratados pelas entidades esportivas. Infelizmente, na prática, em geral, os locais nos quais os ingressos são vendidos não apresentam infraestrutura adequada e nem recursos humanos suficientes para um atendimento eficiente dos torcedores.

5. **A citada comunicação entre público e entidades**: O Estatuto do Torcedor, no parágrafo único, incisos I a III, do art. 33, elenca três formas, mas não descarta a utilização de outras. Poderá ser instalada uma ouvidoria estável, designando-se um profissional, ou um conjunto destes, para prestar informações aos torcedores e receber as reclamações apresentadas, dando-lhes o seguimento apropriado. Outra opção será a constituição de um órgão consultivo, formado por torcedores não sócios. Nesta hipótese, os torcedores encaminhariam as propostas, sugestões e/ou reclamações para este órgão e o mesmo, na condição de legítimo representante dos interesses daqueles, atuaria como instrumento de contato com a entidade desportiva. Possibilita também o EDT o reconhecimento da figura do sócio torcedor, com direitos mais restritos que os dos demais sócios.

6. **Aplicação em Concurso**:

- *A seguinte questão foi elaborada para o corpo discente da Faculdade Baiana de Direito (FBD).*

  Sem prejuízo do disposto nesta Lei, cada entidade de prática desportiva fará publicar documento que contemple as diretrizes básicas de seu relacionamento com os torcedores, disciplinando, obrigatoriamente, exceto:

  A) O acesso ao estádio onde será realizado o evento esportivo;

  B) O acesso aos locais de venda dos ingressos;

  C) Os mecanismos de transparência financeira da entidade, inclusive com disposições relativas à realização de auditorias independentes;

  D) A comunicação entre o torcedor e a entidade de prática desportiva.

  E) A comunicação entre o torcedor e os árbitros;

  Gabarito: E.

CAPÍTULO X
DA RELAÇÃO COM A JUSTIÇA DESPORTIVA

Art. 34. **É direito do torcedor** que os órgãos da **Justiça Desportiva**, no exercício de suas funções, observem os **princípios da impessoalidade, da moralidade, da celeridade, da publicidade e da independência**.

1. **A Justiça Desportiva**: A existência desta não afeta a atuação da Justiça Comum, desenvolvendo ambas funções específicas e autônomas. A Justiça Desportiva tem um raio de atuação adstrito ao exame das questões referentes às competições em si, ou seja, aspectos *interna corporis* referentes aos eventos esportivos. Todos os problemas e aspectos concernentes aos certames desportivos e aos atores nestes envolvidos, que estejam disciplinados no Código Brasileiro de Justiça Desportiva, devem ser submetidos ao crivo desta Justiça especializada. Contudo, quando a situação conflituosa não se encontre presente naquele Código, não se pode hesitar em reconhecer que a Justiça Comum é competente para apreciar a contenda e julgá-la nos termos da legislação em vigor.

2. **O parágrafo 1º do art. 217 da Constituição Federal de 1988**: Estabelece que o Poder Judiciário somente admitirá ações relativas à disciplina e às competições desportivas após esgotarem-se as instâncias da justiça desportiva, que se encontra regulada em lei específica. A interpretação perfunctória deste dispositivo conduz alguns à conclusão equivocada que todo e qualquer conflito que esteja, de qualquer forma, vinculado às competições esportivas, devem ser, *a priori*, submetidos ao exame prévio da Justiça Desportiva. No entanto, apenas os aspectos que digam respeito à organização e execução da competição que estejam previstos no Código Brasileiro de Justiça Desportiva e nos regulamentos específicos das competições devem necessariamente passar pela análise prévia desta.

3. **Competência da Justiça Comum**: Na definição da competência da Justiça Comum para o exame e julgamento de lides advindas dos eventos esportivos, dois fatores essenciais devem ser levados em consideração:

   3.1. Sendo a matéria tratada no CBJD e em regulamentos próprios de cada uma das modalidades esportivas, não poderá ser encaminhada para o Poder Judiciário antes que, de fato, todas as instâncias da Justiça Desportiva sejam esgotadas;

   3.1.1 Mesmo tratando-se de matéria prevista naquele Código, caso a Justiça Desportiva não a decida no prazo máximo de 60 (sessenta) dias, contados da instauração do processo, conforme previsto no parágrafo 2º do art. 217 da CF/88, os interessados podem apresentá-la à Justiça Comum;

   3.1.2 Caso a Justiça Desportiva, no exercício de suas funções, não observe os princípios da impessoalidade, da moralidade, da celeridade, da publicidade e da independência, mesmo a matéria submetida à sua análise não tendo ainda alcançado a instância final, poderá ser remetida para o Poder Judiciário.

3.2. Não tendo o assunto guarida no CBDJ e nem das normas regulamentares da competição deverá ser remetido para as vias judiciárias comuns, para que a tutela jurisdicional seja deferida nos moldes dos ditames que emanam do Ordenamento Jurídico Pátrio;

3.3. Havendo previsão do tema no multicitado Código, mas tratando-se de questão que atinja os interesses da coletividade, quer seja dos torcedores, da comunidade, ou da sociedade como um todo, não há que falar em necessária espera do posicionamento da Justiça Desportiva para que o Estado-Juiz, através do seu aparato jurisdicional, receba a problemática e a decida dentro dos padrões legais vigentes.

4. Jurisprudência:

> "Processo civil. Competência. Conflito positivo. Ações que discutem decisões do Superior Tribunal de Justiça Desportiva a respeito do denominado Campeonato Brasileiro de Futebol de 2003. Art. 219 do CPC. – Compete ao Juízo de Direito da 1ª Vara Cível Regional da Barra da Tijuca – RJ apreciar as ações, conexas, propostas em comarcas diversas, tratadas no presente conflito de competências, pois, afastada a incidência do art. 93, II, do CDC, prevalece a competência do Juízo perante o qual ocorreu a primeira citação válida. Conflito de competência conhecido e declarada a competência do Juízo de Direito da 1ª Vara Cível Regional da Barra da Tijuca – RJ." (STJ, CC 40721 / RJ, 2a Secão, Rel. Min. Nancy Andrighi, j. 18.09.2007, DJ 24.09.2007)
>
> "CONFLITO POSITIVO DE JURISDIÇÃO. COMPETÊNCIA DO SUPREMO TRIBUNAL FEDERAL PARA DIRIMI-LO, POR HAVEREM O TRIBUNAL FEDERAL DE RECURSOS E O TRIBUNAL DE JUSTIÇA DO ESTADO DE SÃO PAULO SE DADO POR COMPETENTES PARA DECIDIR MANDADOS DE SEGURANÇA RELATIVOS A LIMINARES CONCEDIDAS POR DECISÕES DE PRIMEIRO GRAU. INOCORRENCIA, NO CASO, DE LITISCONSORCIO NECESSARIO COM RELAÇÃO A CONSELHO NACIONAL DE DESPORTOS. EM FACE DO DISPOSTO NO ARTIGO 102 DO C.P.C., SÓ A COMPETÊNCIA RELATIVA E QUE SE MODIFICA POR CONEXAO OU CONTINENCIA. INEXISTÊNCIA, NO CASO – E ISSO PORQUE AS MEDIDAS CAUTELARES OBJETO DO CONFLITO TEM COMO PARTES PARTICULARES E ASSOCIAÇÃO CIVIL (AS FEDERAÇÕES DESPORTIVAS O SÃO, E SEUS DIRIGENTES NÃO EXERCEM FUNÇÃO DELEGADA PELO PODER PÚBLICO) –, DE QUALQUER DAS HIPÓTESES PREVISTAS NO INCISO I DO ARTIGO 125 DA CONSTITUIÇÃO FEDERAL. CONFLITO DE JURISDIÇÃO QUE SE CONHECE, DANDO-SE PELA COMPETÊNCIA DA JUSTIÇA ESTADUAL COMUM." (STF, CJ 6345 / SP – SÃO PAULO CONFLITO DE JURISDIÇÃO, Tribunal Pleno, Relator Min. Moreira Alves, j. 03/03/1982, DJ 02-04-1982).

AGRAVO REGIMENTAL - CONFLITO DE COMPETÊNCIA - LIMINAR – AÇÕES MOVIDAS POR TORCEDORES COM FUNDAMENTO NO ESTATUTO DO TORCEDOR, QUESTIONANDO DECISÃO DA JUSTIÇA DESPORTIVA QUANTO AO CAMPEONATO BRASILEIRO DE FUTEBOL DE 2013 - PERDA DE PONTOS E DESCLASSIFICAÇÃO DE EQUIPE DE FUTEBOL - AGRAVO REGIMENTAL IMPROVIDO – LIMINAR CONFIRMADA - DETERMINAÇÃO DE INFORMAÇÃO AOS PRESIDENTES DOS TRIBUNAIS DE JUSTIÇA E TRIBUNAIS REGIONAIS FEDERAIS. 1.- Absolutamente conveniente, em termos jurídicos e práticos, a atribuição a um só Juízo, o do local da sede da CBF – Confederação Brasileira de Futebol a que distribuído o primeiro processo, da competência provisória para processamento e julgamento de ações em que se questionam decisões da Justiça Desportiva, relativas ao Campeonato Brasileiro de Futebol de 2013. 2.- Confirmação de decisão liminar, restando todas as matérias para exame futuro pela 2ª Seção desta Corte, após oportunidade de manifestação dos Juízos Suscitados e parecer do Ministério Público. 3.- Determinação de informação, via eletrônica, aos Presidentes dos Tribunais de Justiça e Presidentes dos Tribunais Regionais Federais, para a divulgação visando à atenção que vier a merecer dos Juízos em que eventualmente ajuizadas ações semelhantes por torcedores. 4.- Agravo Regimental improvido, com determinação. (AgRg no CC 132438 / RJ/2014/0031220-4, Relator: Ministro Sidnei Beneti, 2ª Seção, julgamento em 26/02/2014, DJe 07/03/2014).

Nesse mesmo sentido, examinar: EDcl no CC 133.244/RJ, Rel. Ministro Sidnei Beneti, 2ª Seção, julgado em 23/04/2014, DJe 13/05/2014. CC 132.402/SP, Rel. Ministro Sidnei Beneti, 2ª Seção, julgado em 11/06/2014, DJe 01/07/2014. CC 133.244/RJ, Rel. Ministro Sidnei Beneti, 2ª Seção, julgado em 11/06/2014, DJe 01/07/2014.

Informativo 0549. Período: 5 de novembro de 2014. 6ª Seção. DIREITO PROCESSUAL CIVIL. COMPETÊNCIA PARA JULGAR AÇÃO CUJA CONTROVÉRSIA SE REFIRA À VALIDADE E À EXECUÇÃO DE DECISÕES DA JUSTIÇA DESPORTIVA ACERCA DE CAMPEONATO DE FUTEBOL DE CARÁTER NACIONAL (APLICAÇÃO ANALÓGICA DO ART. 543-C DO CPC).

Art. 35. As **decisões** proferidas pelos órgãos da **Justiça Desportiva** devem ser, em qualquer hipótese, **motivadas** e ter a mesma **publicidade** que as decisões dos tribunais federais.

§ 1º **Não correm em segredo de justiça** os processos em curso perante a Justiça Desportiva.

§ 2º As **decisões** de que trata o caput serão disponibilizadas no **sítio** de que trata o § 1º do art. 5º. (alterado pela Lei n. 12.299/10)

1. **Motivação e publicidade das decisões**: As decisões prolatadas pela Justiça Desportiva devem ser fundamentadas com nas respectivas normas vigentes, havendo a exposição dos fatos e dos pressupostos que lhes serviram de embasamento. A pacificação dos conflitos nos eventos esportivos e as punições aplicadas terão que guardar estreita relação com as regras técnicas e normativas previstas no Código Brasileiro de Justiça Desportiva. A divulgação das decisões é obrigatória, competindo ao órgão prolator disponibilizá-las no sítio específico.

Art. 36. São **nulas as decisões** proferidas que não observarem o disposto nos arts. 34 e 35.

1. **Nulidade das decisões da Justiça Desportiva**: A desconformidade da decisão com o quanto previsto nos arts. 34 e 35 acarretará a sua nulidade. Reitera-se a observação de que a Justiça Desportiva tem que obrigatoriamente respeitar os princípios da impessoalidade, da moralidade, da celeridade, da publicidade e da independência. Decisões tendenciosas a favor de uma agremiação oi atleta não refletem os ideais da justiça e devem ser questionadas. O mesmo se pode afirmar com referência às decisões que afrontem a probidade dos eventos esportivos, que gerem entraves desnecessários, ou sejam adotadas de forma sigilosa e arbitrária.
2. **Jurisprudência**:

   A nulidade das decisões da Justiça Desportiva poderá inclusive ser pleiteada junto ao Poder Judiciário, conforme pode-se verificar através da seguinte decisão:

   > "Campeonato Brasileiro de Clubes de Futebol Profissional. Ação cautelar e ação civil pública (intentadas nos foros das Capitais do Rio de Janeiro e São Paulo e no Distrito Federal). Dano (âmbito nacional). Entidade autárquica (interesse). Competência. 1. A ação civil pública há de ser proposta no foro do local onde ocorre o dano. É de natureza funcional (Lei nº 7.347/85, art. 2º). 2. Tratando-se de dano de âmbito nacional, caso em que o dano transcende a área geográfica de mais de um Estado, é competente para a causa o foro do Distrito Federal (Cód. de Def. do Consumidor, art. 93, II). 3. Entidade autárquica figurando no pólo passivo de uma das ações. 4. Conflito conhecido e declarada competente a Justiça Federal do Distrito Federal." (STJ, CC 28003/RJ, 2a Seção, Relator Ministro Nilson Naves, j. 24.11/99, Dj 11/03/02).

CAPÍTULO XI
DAS PENALIDADES

Art. 37. Sem prejuízo das demais sanções cabíveis, a **entidade** de administração do desporto, a liga ou a entidade de prática desportiva que **violar ou de qualquer forma concorrer para a violação** do disposto nesta Lei, observado o devido processo legal, incidirá nas seguintes **sanções**:

I – **destituição de seus dirigentes**, na hipótese de violação das regras de que tratam os Capítulos II, IV e V desta Lei;

II – **suspensão por seis meses dos seus dirigentes**, por violação dos dispositivos desta Lei não referidos no inciso I;

III – **impedimento** de gozar de qualquer **benefício fiscal em âmbito federal**; e

IV – **suspensão** por seis meses dos repasses de **recursos públicos federais** da administração direta e indireta, sem prejuízo do disposto no art. 18 da Lei nº 9.615, de 24 de março de 1998.

§ 1º Os **dirigentes** de que tratam os incisos I e II do caput deste artigo serão sempre:

I – o **presidente da entidade**, ou aquele que lhe faça as vezes; e

II – o **dirigente que praticou a infração**, ainda que por omissão.

§ 2º A União, os Estados, o Distrito Federal e os Municípios poderão instituir, no âmbito de suas competências, multas em razão do descumprimento do disposto nesta Lei, observado o valor mínimo de R$ 100,00 (cem reais) e o valor máximo de R$ 2.000.000,00 (dois milhões de reais). (Redação dada pela Lei nº 13.155, de 2015)

§ 3º A instauração do **processo apuratório** acarretará **adoção cautelar do afastamento compulsório dos dirigentes** e demais pessoas que, de forma direta ou indiretamente, puderem **interferir prejudicialmente na completa elucidação dos fatos**, além da suspensão dos repasses de verbas públicas, até a decisão final.

1. **A importante previsão de sanções**: No Brasil, o descaso de muitas entidades desportivas em face dos direitos dos torcedores tornou-se fato frequente e rotineiro. Campeonatos realizados com base em regras fixadas ao alvedrio do conhecimento dos torcedores. Edificações sem as mínimas condições de segurança têm sido utilizadas como cenário para a execução dos eventos esportivos. Este estado alarmante tem caracterizado as competições esportivas no nosso País, conduzindo o legislador infraconstitucional a exigir, na Lei n. 10.671/03, que as entidades desportivas organizem e concretizem os eventos esportivos com transparência

e segurança para os torcedores. Não se limitou o legislador a estipular obrigações para aquelas entidades, prevendo também um rol de sanções aplicáveis em caso de descumprimento.

2. **As espécies de sanções**: O artigo 37 do Estatuto do Torcedor elenca quatro espécies de sanções que incidirão a depender da natureza da conduta praticada pelas entidades desportivas. *A priori*, deve-se atentar que as punições, contidas naquele dispositivo, não interferirão na cominação de outras existentes dentro do arcabouço jurídico vigente. Estarão sujeitas à aplicação destas sanções as entidades de administração do desporto, a liga ou a entidade de prática desportiva que violar os ditames constantes na Lei n. 10.671/03. Os entes que concorrerem, de qualquer forma, para a transgressão do quanto disposto nesta Lei, também estarão sujeitos às consequências destas punições. Importantíssimo ressaltar que as aludidas sanções não têm previsão no Código Brasileiro de Justiça Desportiva (CBDJ) e consequentemente não se exige o esgotamento das instâncias desta Justiça Especializada, para que o problema seja encaminhado para o Estado-Juiz.

2.1. Destituição dos dirigentes das entidades desportivas: Aplica-se para a hipótese de violação das regras de que tratam os Capítulos II , IV e V da Lei n. 10.671/03, que tratam respectivamente da transparência das competições esportivas, da segurança dos torcedores e das regras exigidas para a confecção dos ingressos. A violação de qualquer um dos dispositivos que integrem aqueles capítulos ensejará a retirada dos dirigentes das entidades dos postos ocupados. Em geral, os dirigentes máximos das entidades desportivas são denominados de presidentes, mas outras nomenclaturas podem ser utilizadas, não inviabilizando a aplicação da sanção. O parágrafo 1º do art. 37 do EDT, no inciso I, conceitua dirigente como sendo o presidente da entidade, ou "aquele que lhe faça as vezes", ou seja, quem estiver exercendo as funções de gestão superior da pessoa jurídica integrante do setor desportivo poderá sofrer a sanção de perda do cargo, havendo comprovação de que foram violadas as normas que versem a transparência, segurança e emissão de ingressos das competições.

2.1.1. Conceito de dirigente: Em determinadas entidades desportivas, a presidência é exercida por um grupo de indivíduos e quem praticar conduta ilícita deverá perder o cargo ocupado. O inciso II, do parágrafo 1º, do art. 37 do EDT considera dirigente aquele que, ocupando cargo integrante do *staff* superior da entidade, cometa atos ilícitos, ou mesmo omita-se quanto ao cumprimento dos seus deveres, transgredindo normas que assegurem a transparência e/ou segurança dos torcedores, serão destituídos dos cargos que ocupam. Havendo uma diretoria colegiada em certa entidade desportiva, o ato praticado por um dos gestores, ou a flagrante omissão quanto ao cumprimento das suas obrigações, poderá implicar na destituição de todos os demais. Os dirigentes não podem aquiescer com irregularidades cometidas pelos demais, ou mesmo concordar com inações que atinjam a lisura e a regularidade das competições. Todos devem estar atentos às atividades encetadas pelos demais, fiscalizando-os mutuamente e, sendo detectadas irregularidades, devem procurar saná-las, pois, em caso de inércia, serão também retirados dos cargos ocupados.

2.2. Suspensão dos dirigentes: Restringe-se ao prazo máximo de 06 (seis) meses, em decorrência de violação dos dispositivos do EDT, não referidos no item anterior. Em determinadas situações, os dirigentes das entidades esportivas descumprem outras regras previstas na Lei n. 10.671/03, mas que não se relacionam com a segurança e a transparência das competições esportivas. Podem ser exigências concernentes às condições higiênicas do local, aos produtos alimentícios ofertados nas competições, ao transporte dos torcedores, além de quaisquer outras constantes no Estatuto do Torcedor. Nestas hipóteses, os dirigentes das entidades esportivas podem ser afastados do exercício das suas funções pelo prazo máximo de seis meses. Tal punição apresenta-se interessante pelo fato de que, neste *lapsus temporis*, os dirigentes poderão analisar os problemas ocorridos e verificar quais as medidas necessárias para a melhoria da *perfomance* da entidade nos campeonatos esportivos.

2.3. Impedimento da entidade gozar de qualquer benefício fiscal em âmbito federal: A depender da natureza das práticas ilícitas investigadas, o Poder Judiciário pode impedir a entidade desportiva de se beneficiar de vantagens concedidas pelo fisco no âmbito federal. Poderá ser também decretada a suspensão dos repasses de recursos públicos federais, provenientes da administração direta ou indireta, pelo prazo de 06 (seis) meses. O parágrafo 3º do art. 37 possibilita ainda que haja a suspensão cautelar do repasse de verbas públicas até seja a contenda julgada de forma definitiva. Esta providência apresenta-se muito importante, pois caso as entidades estejam agindo de forma arbitrária e os recursos públicos continuem sendo recepcionados, podem ser aplicados indevidamente.

2.4. Suspensão dos repasses de recursos públicos federais: Há a possibilidade do poder público federal, estadual e municipal, através dos órgãos competentes, instituírem multas em razão do descumprimento das determinações contidas na Lei n. 10.671/03. É o que determina o parágrafo 2º do art. 37 do Estatuto do Torcedor. A União, os Estados e os Municípios podem instituir órgãos ou secretarias que tratem dos eventos esportivos, tendo competência para aplicar as sanções pecuniárias pertinentes. Ressalte-se que os órgãos de proteção e defesa do consumidor podem, dentro da sua órbita legal de atuação, impor multas diante da violação dos ditames do EDT.

3. **Instauração de procedimento apuratório**: Dispõe o parágrafo 3º do art. 37 do EDT que a instauração do processo apuratório acarretará a "adoção cautelar do afastamento compulsório dos dirigentes e demais pessoas que, de forma direta ou indiretamente, puderem interferir prejudicialmente na completa elucidação dos fatos". Desta forma, havendo indícios de que os dirigentes descumpriram as regras previstas na Lei n. 10.671/03 poderá ser pleiteado, em caráter cautelar ou liminar, o imediato afastamento dos dirigentes. Além disso, quaisquer outros indivíduos que integrem a estrutura organizacional das entidades desportivas podem ser afastados quando possam agir de modo a causar embaraços para a apuração da situação conflituosa. É o caso, v.g. de funcionários que ameaçam testemunhas, ou tentam ofertar vantagens indevidas para torcedores, a fim de que estes não prestem declarações que possam comprometer os dirigentes.

3.1. Afastamento preliminar do dirigente: A provisória retirada dos dirigentes das entidades, quando necessária para o eficiente e tranquilo trâmite das investigações, é medida salutar e deve ser realmente implementada. Judivan Vieira,[113] ao comentar o dispositivo que versa sobre esta providência, afirma que "Nada mais justo. Afinal, deixar o acusado com livre acesso ao processo e ao lugar da infração é 'dar sopa para o azar'. Com isso, pode acabar acontecendo inundação ou enchente fora de época, pode haver 'curto-circuito' em instalações etc". Constatando-se que os dirigentes das entidades desportivas, ou outros funcionários a esta vinculados, podem agir prejudicialmente no interregno da investigação, o Poder Judiciário deve agir de modo diligente e afastá-los o quanto antes, para que consequências negativas sejam cerceadas o mais rapidamente possível.

4. **Conclusão**: A importância de que as competições esportivas sejam estruturadas e concretizadas com transparência e em consonância com as normas de segurança exigidas foi retratada pela Lei n. 10.671/03. Pode-se afirmar que o Estatuto do Torcedor encontra-se assentado em dois pilares fundamentais: informação e segurança dos partícipes dos eventos esportivos. Atos irresponsáveis das entidades desportivas quanto à prestação de informações para o público torcedor e à oferta de condições seguras

113. VIEIRA, Judivan J. *Estatuto do Torcedor Comentado*. São Paulo: Síntese, 2003, p. 63.

devem ser combatidos com rigor. Permitir que dirigentes indiferentes ao cumprimento das normas de segurança nas competições esportivas seria um despautério, pois estar-se-ia colocando em jogo a vida e a saúde dos mesmos. Admitir que competições esportivas sejam realizadas sem que os torcedores tenham a oportunidade de conhecer previamente as regras norteadoras, e nem possam questioná-las, é ferir o direito ao exercício da cidadania. A perda dos cargos exercidos pelos dirigentes nestas hipóteses é algo inevitável dentro de um Estado de Direito.

5. Jurisprudência:

> APELAÇÃO. AÇÃO CIVIL PÚBLICA. DEMONSTRAÇÃO INEQUÍVOCA DE CONDUTA VIOLADORA DO ESTATUTO DO TORCEDOR. VENDA DE INGRESSOS PARA A PARTIDA VÁLIDA PELA SEMIFINAL DA COMPETIÇÃO DENOMINADA COPA DO BRASIL.Agremiação esportiva que não observou o dever de colocar à venda os ingressos até setenta e duas horas antes do início da partida em pelo menos cinco postos de venda localizados em distritos diferentes da cidade. Artigo 20, § 5º, da lei 10.671/2003. Perda do objeto no que concerne ao pleito de destituição definitiva dos dirigentes do Clube de Regatas Vasco da Gama que outrora ocupavam a presidência e a vice-presidência. Notória derrota daquela gestão nas eleições ocorridas na entidade após o ajuizamento da presente demanda. Impedimento de gozar de qualquer benefício fiscal em âmbito federal. Penalidade que encontra alicerce no argito 37, III, do estatuto do torcedor. Modificação imperativa do dispositivo da sentença que não reconheceu a existência do dever de indenizar os danos eventualmente causados aos torcedores. Ocorrência de eventuais danos sofridos por alguns consumidores que reclama a habilitação individual e a demonstração de reforma concreta do prejuízo sofrido e de sua respectiva titularidade. Parecer pelo conhecimento de ambos os recursos com desprovimento do apelo do réu e provimento parcial da apelação do Ministério Público (REsp 1.317.120 – RJ, Relator: Ministro Marco Buzzi, publicação em 19/10/2016).

> Informativo n. 0287. Período: 29 de maio a 9 de junho de 2006. 6a Turma. AFASTAMENTO. FUNÇÃO. DESCABIMENTO. GARANTIA. INSTRUÇÃO CRIMINAL. O MP, ao afirmar que o recorrente, no exercício de sua função de dirigente de entidade esportiva, prejudica o andamento da ação penal e a conveniência da instrução criminal, deve ater-se aos requisitos da prisão preventiva e, se os constatar, deve requerê-la. Não presentes tais requisitos, o magistrado ficará impedido de decretar outra medida substitutiva dessa, pois uma vez que os mesmos são suficientes para garantir o regular processamento da instrução do processo penal. O afastamento das funções, conforme dispõe o art. 37, § 3º, da Lei n. 10.671/2003 (Estatuto doTorcedor), não poderia ser deferido no âmbito de uma ação penal, mas sim de uma ação própria,

observado o devido processo legal.RMS 20.818-RJ, **Rel. Min. Nilson Naves, julgado em 6/6/2006.**

Naquele mesmo sentido: AgRg no REsp 1.336.923/RS, 3ª Turma, Rel. Ministro Ricardo Villas Bôas Cueva, julgado em 20/06/2013, DJe 27/06/2013)

6. **Lei Geral da Copa e sanções previstas no Estatuto do Torcedor:** O parágrafo 1º do art. 68 da Lei Geral da Copa afastou a incidência das sanções previstas no art. 37 do Estatuto do Torcedor aos eventos esportivos internacionais realizados no Brasil em 2013 e 2014.

7. **Lei Federal n. 13.155, de 4 de agosto de 2015:** estabeleceu alterações no art. 37 do Estatuto do Torcedor com vistas à reforçar os princípios e as práticas de responsabilidade fiscal e financeira pelas entidades desportivas profissionais.

Art. 38. (VETADO)

1. **A organização desportiva do País**: O art. 38 dispunha que a organização desportiva brasileira integra o patrimônio cultural e é considerada de elevado interesse social. O dispositivo também estabelecia que ao Ministério Público Federal competia a fiscalização das entidades nacionais de administração do desporto. Já o Ministério Público dos Estados e do Distrito Federal deveriam acompanhar os atos praticados pelas demais entidades e ligas.

2. **Razões do veto**: O dispositivo terminou sendo excluído em decorrência de tratar das atribuições do Ministério Público, somente podendo esta tarefa ser concretizada através de lei complementar. Ademais, o tratamento da organização desportiva do País deverá ser contemplado na própria lei que institui normas gerais sobre o desporto.

Art. 39. O **torcedor** que promover **tumulto, praticar ou incitar a violência, ou invadir** local restrito aos competidores ficará **impedido de comparecer às proximidades**, bem como a qualquer local em que se realize evento esportivo, pelo prazo de três meses a um ano, de acordo com a gravidade da conduta, sem prejuízo das demais sanções cabíveis.

§ 1º Incorrerá nas mesmas penas o **torcedor que promover tumulto, praticar ou incitar a violência num raio de cinco mil metros ao redor do local** de realização do evento esportivo.

§ 2º A verificação do **mau torcedor** deverá ser feita pela sua **conduta no evento** esportivo ou por **Boletins de Ocorrências Policiais** lavrados.

§ 3º A apenação se dará por **sentença dos juizados especiais criminais** e deverá ser provocada pelo **Ministério Público**, pela **polícia judiciária**, por qualquer **autoridade**, pelo **mando do evento** esportivo ou por qualquer **torcedor partícipe**, mediante **representação**.

Art. 39-A. A **torcida organizada** que, em evento esportivo, promover **tumulto**; praticar ou incitar a **violência**; ou **invadir local restrito** aos competidores, árbitros, fiscais, dirigentes, organizadores ou jornalistas será **impedida**, assim como seus associados ou membros, de **comparecer a eventos esportivos** pelo prazo de até 3 (três) anos.

Art. 39-B. A **torcida organizada responde civilmente, de forma objetiva e solidária**, pelos **danos causados** por qualquer dos seus associados ou membros no local do evento esportivo, em suas imediações ou no trajeto de ida e volta para o evento.

1. **Tumulto, violência ou invasão de estádio**: Os torcedores que não se portarem de forma digna nos eventos esportivos, causando confusões e aglomerações serão punidos nos termos do art. 39 do Estatuto em epígrafe. O mesmo ocorrerá com aqueles que atuem de modo violento, praticando lesões corporais em terceiros. A invasão de locais não permitidos para os torcedores também constitui conduta vedada e que suscita a punição adequada.

2. **Impedimento de comparecimento no local**: Aqueles torcedores que incidirem nas condutas acima expostas ficarão impedidos de comparecimento nas proximidades dos estádios, ou em outras edificações destinadas para as competições esportivas. A penalidade pode ser estabelecida pelo prazo de 03 (três) meses a 01 (um) ano e não afeta a aplicação de outras cabíveis. O comportamento inadequado do torcedor em um raio de cinco mil metros ao redor do local do evento ainda ensejará a incidência da aludida sanção.

3. **Apuração do comportamento do torcedor**: A averiguação do comportamento irregular do torcedor far-se-á com base na sua conduta no evento ou através de Boletim de Ocorrência Policial. A apuração das infrações cometidas pelos torcedores será provocada por representação formalizada pelo Ministério Público Estadual, pela polícia judiciária, por qualquer autoridade, pelas entidades desportivas ou por qualquer interessado presente no evento.

4. **Prática de infração pela torcida organizada**: Caso a torcida organizada promova tumulto, atos violentos ou invada local restrito aos competidores, árbitros, fiscais, dirigentes, organizadores ou jornalistas não mais ficará impune. Com a alteração implementada pela Lei n. 12.299/10, a torcida organizada, caso atue de modo indevido, será impedida, assim como seus associados ou membros, de comparecer a eventos esportivos pelo prazo de até 3 (três) anos. Ademais, acarretando danos a terceiros, a torcida organizada e os integrantes responderão civilmente, em caráter objetivo e solidário. Observe-se que a apuração da conduta destes não estará embasada na análise da culpabilidade, atribuindo-se a responsabilidade de modo direto e sem análise do elemento subjetivo.

5. **Jurisprudência:**

> "CIVIL E PROCESSUAL. AÇÃO DE INDENIZAÇÃO. MORTE DE TORCEDOR APÓS PARTIDA DE FUTEBOL POR GRUPO DO TIME RIVAL. ABSOLVIÇÃO PELO TRIBUNAL DO JURI. EFEITO SOBRE A RESPONSABILIDADE CIVIL. INEXISTÊNCIA MATERIAL DO FATO. ARTS. 1.525 DO CC E 66 E 386 DO CPP. INCOMPATIBILIDADE PARCIAL. I. Nem todas as hipóteses de absolvição no Tribunal do Juri levam à aplicação das exceções previstas no art. 1.525 do Código Civil quanto à impossibilidade de apuração da existência do fato ou da sua autoria, em face da ressalva constante do art. 66 do CPP, norma mais moderna e prevalente. II. Assim, se não firmada, categoricamente, a inexistência material do fato – e aqui ele ocorreu – permite-se a investigação no cível da ocorrência de dolo ou culpa que levaram à prática do ilícito gerador da obrigação de indenizar. III. Caso em que a prova dos autos, como reconhecido pelas instâncias ordinárias – em 1º grau até antes da decisão criminal – mostra a participação dos réus na agressão a um grupo rival de torcedores que levou à morte do esposo e pai dos autores, após partida de futebol. Demonstrada a existência material do fato na esfera criminal e a ilicitude do comportamento, no âmbito civil, procede o pedido indenizatório relativamente aos responsáveis. IV. Recurso especial não conhecido." (STJ, REsp 26975/RS, 4ª Turma, Relator Min. Aldir Passarinho, j.18/12/2001, DJ 20/05/2002).
>
> PROCESSUAL PENAL E PENAL.HABEAS CORPUS PRISÃO PREVENTIVA. ASSOCIAÇÃO CRIMINOSA, LESÃO CORPORAL, DANO QUALIFICADO E CRIME DO ESTATUTO DE DEFESA DO TORCEDOR. EXTENSÃO DE LIBERDADE PROVISÓRIA DEFERIA A CORRÉUS. IDENTIDADE FÁTICO-PROCESSUAL PREVISTA NO ART. 580 DO CPP. AUSÊNCIA. MANUTENÇÃO DA PRISÃO PELA CONDIÇÃO DE FORAGIDOS. FUNDAMENTAÇÃO CONCRETA. ILEGALIDADE. AUSÊNCIA. HABEAS CORPUS DENEGADO. (HC 367732 / SP /2016/0218332-3, 6ª Turma, Relator: Ministro Nfi Cordeiro, julgamento em 22/11/2016, DJe 07/12/2016).

No que concerne à abstenção de comparecimento em estádios, consultar: a Petição nº 11.422 - SP (2016/0118751-0), tendo como Relator o Ministro Antonio Carlos Ferreira, publicada em 30/05/2016.

6. **Lei Geral da Copa e as torcidas organizadas:** Como visto acima, os arts. 39-A e 39-B do Estatuto do Torcedor somente serão aplicados às torcidas existentes de fato ou constituídas formalmente ou sediadas no Brasil, excluindo-se as estrangeiras.

Art. 40. A **defesa dos interesses e direitos dos torcedores em juízo** observará, no que couber, a mesma disciplina da **defesa dos consumidores** em juízo de que trata o Título III da Lei nº 8.078, de 11 de setembro de 1990.

1. **Aplicação da Lei n. 8.078/90**: No Brasil, a Política Nacional das Relações de Consumo tem por escopo atender às necessidades dos consumidores em geral, dentre as quais aqueles que pagam e adquirem ingressos para assistirem os espetáculos esportivos. Para que seja respeitada a dignidade dos espectadores dos eventos esportivos e protegidos os seus interesses econômicos, as relações contratuais devem estar pautadas na transparência e a harmonia dos direitos, conforme previsto no *caput* do art. 4º do Código de Proteção e Defesa do Consumidor. Nesta esteira, os torcedores/consumidores têm direito à assistirem eventos seguros, transparentes e adequados.

2. **O princípio da harmonia no âmbito consumerista**: É um dos baluartes na Política Nacional, previsto no inciso III daquele dispositivo normativo – pressupõe que as negociações estejam sempre baseadas na boa-fé e no equilíbrio entre os interesses dos fornecedores e consumidores. O respeito a tal princípio somente será possível quando, na prestação de serviços e/ou fornecimento de produtos, os fornecedores ajam de modo compatível com a eticidade, não se aproveitando da condição privilegiada de poderem, previamente, traçar o conteúdo da relação jurídica em desfavor de inúmeros consumidores.

   2.1. O aludido direito à informação: Ser informado sobre as reais condições dos serviços que estão sendo contratados, inclusive quanto ao valor dos mesmos, constitui um dos direitos básicos dos consumidores (art. 6º, III, do CDC). O torcedor, ao pagar para assistir um espetáculo esportivo, ainda que não seja profissional, têm o direito de ser informado sobre o regulamento da competição em prazo compatível com a possibilidade de apresentar questionamentos sobre o teor e de obter as respostas devidas. Limitam-se, em geral, as entidades organizadoras dos certames amadoras a comunicar quando estes ocorrerão, não disponibilizando para os torcedores dados mais específicos sobre os eventos, não havendo, pois, qualquer divulgação dos regulamentos que os nortearão. Os torcedores também não tomam conhecimento da existência de um ouvidor e normalmente ninguém é designado para esta missão. A forma e o momento da seleção dos árbitros também não chegam à esfera de conhecimento do público torcedor. Os recursos financeiros angariados pelas entidades esportivas nestes eventos não profissionalizantes também são omitidos dos torcedores, facilitando a sua divisão e aplicação ao bel prazer dos grupos dominadores das atividades desportivas.

2.1.1. Dever de informar qualificado: No mercado de consumo, os fornecedores de produtos e serviços devem prestar informações verídicas sobre os aspectos inerentes ao bem comercializado, permitindo aos interessados uma correta visualização do que, de fato, estão adquirindo. A informação precisa e leal sobre as características dos produtos e serviços constitui um dos corolários em que se assenta o sistema jurídico de proteção e de defesa do consumidor, razão pela qual se exige que as pessoas físicas ou jurídicas, que desenvolvam atividades no ramo, atuem de modo leal, respeitando a boa-fé dos consumidores. Assim sendo, as entidades esportivas, além de terem que divulgar os regulamentos das competições, devem zelar para retratem as reais condições em que serão concretizadas. O mesmo pode-se afirmar com relação aos demais aspectos da competição: a atuação do ouvidor e do árbitro, a renda obtida, dentre outros.

2.1.2. Os Regulamentos das Competições: Quando as entidades desportivas organizam e concretizam competições sem prestarem informações sobre os regulamentos que as nortearão, bem como sem selecionarem os profissionais que atuarão como árbitro e ouvidor, transgridem o princípio fundamental da informação – pedra angular do Direito do Consumidor. Há uma restrição absurda do direito dos torcedores de tomarem conhecimento prévio das regras que servirão de bússola para a competição. Outrossim, os consumidores estarão remunerando produtos e/ou serviços sem obterem a contrapartida compatível e os fornecedores obterão vantagem indevida, eis que receberão os valores cobrados, mas não cumprirão com os seus deveres contratuais. A realização dos jogos em descompasso com as normas de segurança e saúde também dará origem a benefícios excessivos para os fornecedores e prejuízos inaceitáveis para os torcedores/consumidores.

2.1.3. Violação à boa-fé objetiva: Os torcedores que acompanham as atividades esportivas, quer seja mediante associação à determinada entidade do ramo, apoio às modalidades e/ou como simples espectador, objetivam que as competições sejam projetadas e realizadas de acordo com as normas que emanam do Ordenamento Jurídico vigente. Quando os torcedores se depararam com obstáculos para o fornecimento de informações sobre os eventos, posturas arbitrárias e condições desfavoráveis à sua segurança e saúde, a boa-fé objetiva destes é transgrida. Acreditam os torcedores que as entidades desportivas devem agir dentro da órbita da licitude, mas são surpreendidos com tantas e tamanhas falcatruas cometidas.

2.1.3.1. Importância da boa-fé: Dentro da sistemática adotada pelo Código de Proteção e Defesa do Consumidor Brasileiro, a boa-fé vem sendo erigida como um dos baluartes da Política Nacional de Proteção e Defesa do Consumidor. Dispõe o art. 4º, inciso II, do CDC, que um dos grandes objetivos será a "harmonização dos interesses dos participantes das relações de consumo e compatibilização da proteção do consumidor com a necessidade de desenvolvimento econômico e tecnológico, de modo a viabilizar os princípios nos quais se funda a ordem econômica". Constituindo-se cláusula geral que norteará as relações econômicas inseridas no universo consumerista, a boa-fé objetiva desenvolverá uma tarefa essencial na solução dos conflitos entre consumidores e fornecedores, principalmente, quando se tratam das atividades desportivas[114].

2.1.3.2. O art. 51, inciso IV, do CDC: A análise do quanto disposto por este dispositivo revela que a boa-fé objetiva é uma cláusula geral que orientará as relações estabelecidas entre os fornecedores e os consumidores, a fim de que possa ser aquilatada ou não a sua abusividade. Trata-se da boa-fé objetiva, consistindo esta no bom e razoável comportamento das partes na fase das negociações preliminares, no ato de formalização do contrato, no decorrer da vigência deste, no ápice da sua finalização e após esta etapa conclusiva. A atuação das partes contratantes deverá está pautada na lealdade, nos bons costumes e no padrão de moralidade média vigente em dada sociedade, resultando, daí, a confiança mútua.

3. **Os eventos esportivos amadores**: A violação ao direito à informação dos torcedores nos eventos amadores é flagrante e inconcebível a

114. Tratando com muito lucidez da importância da adequação dos atos contratuais praticados no bojo da relação de consumo aos ditames da boa-fé, o professor alagoano Marcos Bernardes de Mello assevera: "Como observamos antes, as leis de proteção ao consumidor têm incluído a boa-fé e equidade como pressupostos de validade das estipulações contratuais. O Código de Defesa do Consumidor (art. 51, IV) considera nulas de pleno direito as cláusulas contratuais que "sejam incompatíveis com a boa-fé ou a equidade". Como decorrência dessa norma, entende a doutrina que no sistema jurídico brasileiro, no âmbito do direito do consumidor haveria implícita nos contratos uma cláusula geral de boa-fé, cuja ofensa acarretaria a nulidade da cláusula contratual". MELLO. Marcos Bernardes de. *Teoria do Fato Jurídico: plano da validade*. 6ª ed. São Paulo: Saraiva, 2004, p. 89.

manutenção do *status quo* vigente, uma vez que o Código de Proteção e Defesa do Consumidor, que já vigora há 18 (dezoito) anos, traz um plexo de normas protetivas. Christoph Fabian[115] ressalta a importância do direito de os consumidores serem bem informados sobre as condições dos bens adquiridos, quer sejam produtos ou serviços, perante os fornecedores:

"No direito do consumidor compreende-se como informação todos os dados sobre uma situação de fato, emitidos em direção aos consumidores. O critério do 'dado sobre uma situação de fato' reflete-se nos arts. 37, parágrafos 1º e 2º , 38, 30 e 31 do CDC". Para o Código de Defesa do Consumidor, aduz que "não importam conceitos abstratos, mas dados concretos e finalmente avaliáveis, pois, frequentemente, "o desequilíbrio no mercado de consumo se baseia em um desequilíbrio informativo". O fornecedor detém um conhecimento mais amplo sobre a matéria contratual do que o consumidor – ressaltando que muitos contratos "são tão complexos que o consumidor precisaria de algum tempo, talvez horas, para compreender a sua abrangência". Dessa forma, a transparência é um princípio que demanda como resultado clareza sobre o conteúdo da relação de consumo. Neste sentido, "a transparência descreve um modo de informar, isto é, informar de forma clara", regendo, em primeiro plano, "as relações contratuais, mas a relação de consumo abrange também a relação não-contratual entre o fabricante e o consumidor (arts. 8-10 do CDC)".

4. **Desrespeito às normas de segurança**: Além da ausência de esclarecimento prévio sobre os critérios que serão seguidos para a realização das competições esportivas, estas são efetivadas, em diversas oportunidades, em desrespeito às normas de segurança vigentes. Estádios em precárias condições, havendo instalações físicas deficitárias são utilizados para as práticas desportivas, sem nenhuma preocupação com a vida e a saúde dos que ali comparecem para se regozijarem com o desporto. Edificações com instalações físicas em desrespeito às normas regulamentares existentes, que devem ser obedecidas por todos os gestores e/ou proprietários de imóveis abertos ao público, têm constantemente sido o palco destes eventos. Determinados estádios se quer dispõem de planos de prevenção e combate a incêndio e pânico. Os torcedores acreditam, nestes casos, que estão ingressando em um local seguro, mas, na realidade, adentram em um local desestruturado, como se fossem meros objetos que não merecem respeito.

---

115. FABIAN, Christoph. *O dever de informar no direito civil*. São Paulo: Editora Revista dos Tribunais, 2002, p. 43, 49 e 68.

5. **Aspectos sanitários**: As condições de higiene de muitas edificações que servem de cenário para as atividades esportivas, são terríveis. Sanitários em número insuficiente e contendo equipamentos insatisfatórios são destinados para os torcedores. Cantinas em estado deplorável, onde os alimentos são comercializados apresentam-se comuns, tendo os consumidores que comprar produtos sem a qualidade desejada e esperada. Muitos produtos são vendidos com valores majorados, aproveitando-se os fornecedores da vantagem de estarem no interior dos estádios e da impossibilidade de os torcedores dirigirem-se para outro local, são fatos comumente observados. Tais fatos violam o direito à segurança e à saúde dos torcedores, previsto no art. 6º, incisos IV e V, do Código de Proteção e Defesa do Consumidor. A oferta de um ambiente inseguro e sem condições higiênicas razoáveis constitui prática abusiva que ofende as normas insculpidas em favor dos consumidores.

6. **A expressa vulnerabilidade do torcedor**: Os fornecedores de produtos e/ou serviços, englobando-se as entidades desportivas, aproveitam-se da vulnerabilidade dos consumidores para agirem de forma abusiva. Sendo as responsáveis pelo planejamento e execução dos eventos esportivos, aquelas entidades, em inúmeras ocasiões, acreditam que podem fazer valer regras escusas que atendem exclusivamente aos seus interesses, prejudicando os torcedores e frequentemente os seus próprios atletas. Os torcedores são tratados como meros espectadores que não têm o direito de nada reivindicar e as entidades desportivas, aproveitando-se do domínio do poder de estruturação dos espetáculos, deliberam como desejam, sem qualquer preocupação com os consumidores. Ao agirem sem amarras, tais entidades ofendem os interesses dos torcedores/consumidores que sujeitos reconhecidamente vulneráveis no mercado de consumo, conforme previsto nos arts. 4º, inciso I; 6º, inciso I e 7º, da Lei nº 8.078/90.

7. **Produtos e/ou serviços irregulares**: Os eventos desportivos organizados e efetivados em desrespeito à legislação vigente, a depender do aspecto considerado, consoante já externado, podem dar origem a produtos e/ou serviços que não são condizentes com o consumo saudável e regular. Conforme acentua Bruno Miragem[116], o art. 18 do Código de Proteção e Defesa do Consumidor reza que os fornecedores de produtos de consumo duráveis ou não duráveis respondem solidariamente pelos vícios de qualidade ou quantidade que os tornem impróprios ou inadequados ao consumo. No que concerne às competições esportivas, caso os produtos

116. MIRAGEM, Bruno. *Direito do Consumidor*. São Paulo: Revista dos Tribunais, 2008, p. 257.

disponibilizados antes, durante ou após a sua finalização sejam qualificados como inadequados para o consumo saudável dos torcedores, estes poderão acionar os fornecedores. Dentre os produtos considerados impróprios ao consumo, previstos no art. 18, §6º, CDC, encontram-se os deteriorados, alterados, adulterados, avariados, falsificados, corrompidos, fraudados, nocivos à vida ou saúde, perigosos, ou ainda, em desacordo com as normas regulamentares de fabricação, distribuição ou apresentação (inciso II), que, segundo Antônio Herman de Vasconcellos e Benjamin, são definidos da seguinte forma:

> Os produtos em desacordo com as normas regulamentares de fabricação, distribuição ou apresentação (artigo 18, § 6º, II). Aqui o produto é impróprio simplesmente porque desrespeitou a regulamentação. Não se exige que sejam nocivos à saúde e segurança ou mesmo que não se prestem a cumprir a sua destinação original. É mais um caso de impropriedade meramente formal.[117]

8. **Danos materiais e morais**: Examinando-se os serviços desportivos sob a ótica dos serviços prestados, havendo violação às regras jurídicas vigentes, também os torcedores terão direito às reparações devidas. Dispõe o art. 20 do CDC que o fornecedor de serviços responde pelos vícios de qualidade que os tornem impróprios ao consumo ou lhes diminuam o valor, assim como por aqueles decorrentes da disparidade com as indicações constantes da oferta ou mensagem publicitária. As competições esportivas devem ser concretizadas de modo que os torcedores tenham direito à informação, à segurança e à manutenção da sua saúde e havendo qualquer desrespeito aos ditames legais, os fornecedores devem ser responsabilizados. Assim sendo, os produtos e/ou serviços disponibilizados para os torcedores no âmbito dos eventos esportivos, quando em descompasso com as normas regentes, estes consumidores estarão respaldados, sem quaisquer sombras de dúvidas, para pleitearem as reparações cabíveis.

9. **Cumprimento das normas regulamentares**: Ressalte-se que a colocação, no mercado de consumo, qualquer produto ou serviço em desacordo com as normas expedidas pelos órgãos competentes constitui prática abusiva vedada pelo inciso VIII, do art. 39, do Código de Proteção e Defesa do Consumidor. De acordo com Antônio Herman de Vasconcellos e Benjamin, a prática abusiva no sentido latu senso "é a desconformidade com os padrões mercadológicos de boa conduta em relação ao consumidor". E assim acrescenta ainda que "... As práticas abusivas nem sempre

117. *Op. cit.*, p. 789.

se mostram como atividades enganosas. Muitas vezes, apesar de não ferirem o requisito da veracidade, carreiam alta dose de imoralidade econômica e de opressão. Em outros casos, simplesmente dão causa a danos substanciais contra o consumidor. Manifestam-se através de uma série de atividades, pré e pós-contratuais, assim como propriamente contratuais, contra as quais o consumidor não tem defesas, ou, se as tem, não se sente habilitado ou incentivado a exercê-las." Analisando as mencionadas normas regulamentares de fabricação, distribuição e apresentação, esclarece Herman Benjamin que "São aquelas expedidas pelo Poder Legislativo, as baixadas pelo Poder Público, assim como aquelas formuladas por organismos privados (Associação Brasileira de Normas Técnicas, por exemplo) ou até de auto-regulamentação".[118]

10. **A vantagem excessiva em desfavor dos torcedores**: As entidades organizadoras de eventos desportivos e as que detenham o mando do jogo, quando ofertam para os torcedores produtos e/ou serviços em descompasso com a legislação vigente, obtêm vantagem excessiva. Exigem dos torcedores o pagamento de ingressos e não utilizam os valores obtidos para a prestação de serviços seguros e eficientes e nem tampouco para a disponibilização de produtos condizentes com as normas específicas. O Código de Proteção e Defesa do Consumidor apresenta parâmetros para a averiguação da vantagem excessiva, disciplinando hipóteses conforme pode ser verificado no parágrafo 1º, do artigo 51. São consideradas hipóteses caracterizadoras da vantagem indevida dos fornecedores em face dos consumidores os serviços e/ou produtos que:

   - ofendam os princípios fundamentais do sistema jurídico a que pertençam;
   - restrinjam direitos ou obrigações fundamentais inerentes à natureza do contrato, de tal modo a ameaçar seu objeto ou o equilíbrio contratual;
   - se mostrem excessivamente onerosas para o consumidor, considerando-se a natureza e conteúdo do contrato, o interesse das partes e outras circunstâncias peculiares ao caso.

11. **A responsabilidade das entidades desportivas**: Com relação aos eventos nefastos e trágicos verificados nas competições amadoras pagas, também será objetiva e solidária, consoante previsto nos arts. 12 e 14 do Código de Proteção e Defesa do Consumidor. Nesta hipótese, trata-se de relação de natureza consumerista, uma vez que os torcedores remuneram a

118. *Op.Cit.*, p. 78.

entrada no espetáculo, advindo daí um feixe de direito e de obrigações. O que vier a ocorrer antes, durante e após a realização das competições esportivas deverá ser apurado sob a ótica do CDC, pois os torcedores não podem ficar prejudicados sem que a reparação dos danos sofridos venha a efetivar-se.

12. Jurisprudência:

"Apelação – mandado de segurança – resolução n° 33/95, da Federação Paulista de Futebol – proibição da entrada de torcedores organizados nos estádios de futebol portando faixas, bandeiras, bandeirões, bonés com a identificação de "Torcida Uniformizada do Palmeiras – TUP – admissibilidade da proibição – autonomia das entidades desportivas – manutenção da ordem pública Recurso não provido." (TJ/São Paulo/Apelação com Revisão 3863065100, 1ª Câmara de Direito Público, RelatorVenicio Salles, j. 18/10/2009, DJ 20/10/2009)

"Direito Administrativo – Ação Civil Pública – Medidas de segurança em estádio de futebol – Responsabilidade direta da fundação pública e subsidiária da municipalidade – Perda de objeto da ação não demonstrada – Relação de consumo caracterizada – Necessidade de adoção das medidas de segurança – Exegese do Código de Defesa do Consumidor e Estatuto do Torcedor – Obrigação de fazer – Viabilidade de aplicação de *astreintes* face à Fazenda Pública." (TJ/Minas Gerais, Apelação/Processo 1.0702.05.245394-2/003, Relator Audebert Delage, j. 27/03/2008, DJ 10/04/2008)

"Direito civil e direito do consumidor. Responsabilidade civil. Indenização. Danos materiais e morais. Festival de arrancadas. Acidente com espectador do autódromo Nelson Piquet. 1– Aplicabilidade do CDC. Na espécie, embora não seja a apelante organizadora do evento no qual foi o autor lesado, é responsável, ainda que na qualidade de concessionária, pelas dependências do autódromo internacional Nelson Piquet. A responsabilidade pela segurança do espectador durante a realização do festival de arrancadas não pertence somente à empresa organizadora do evento (AMC – autódromo motor club), mas também à entidade responsável pelas dependências do autódromo. E tal responsabilidade, tratando-se de prejuízos causados por falha de segurança, é regida pelo Código de Defesa do Consumidor ou seja, na espécie, não há dúvida de que a ré integra a cadeia de prestação de serviço. (...) (TJDF – Apelação cível : AC 20020110406104 DF, 2ª Turma Cível, Relator Waldir Leôncio Júnior, j. 24/04/2006, DJU 22/06/2006)

CAPÍTULO XI-A
DOS CRIMES

Art. 41. A União, os Estados, o Distrito Federal e os Municípios promoverão a defesa do torcedor, e, com a finalidade de **fiscalizar o cumprimento do disposto nesta Lei**, poderão:

I – constituir **órgão especializado de defesa do torcedor**; ou

II – atribuir a promoção e defesa do torcedor aos **órgãos de defesa do consumidor**.

Art. 41-A. Os juizados do torcedor, órgãos da Justiça Ordinária com competência cível e criminal, poderão ser criados pelos Estados e pelo Distrito Federal para o processo, o julgamento e a execução das causas decorrentes das atividades reguladas nesta Lei. (Incluído pela Lei nº 12.299, de 2010).

Art. 41-B. Promover tumulto, praticar ou incitar a violência, ou invadir local restrito aos competidores em eventos esportivos: (Incluído pela Lei nº 12.299, de 2010).

Pena - reclusão de 1 (um) a 2 (dois) anos e multa. (Incluído pela Lei nº 12.299, de 2010).

§ 1º Incorrerá nas mesmas penas o torcedor que: (Incluído pela Lei nº 12.299, de 2010).

I - promover tumulto, praticar ou incitar a violência num raio de 5.000 (cinco mil) metros ao redor do local de realização do evento esportivo, ou durante o trajeto de ida e volta do local da realização do evento; (Incluído pela Lei nº 12.299, de 2010).

II - portar, deter ou transportar, no interior do estádio, em suas imediações ou no seu trajeto, em dia de realização de evento esportivo, quaisquer instrumentos que possam servir para a prática de violência. (Incluído pela Lei nº 12.299, de 2010).

§ 2º Na sentença penal condenatória, o juiz deverá converter a pena de reclusão em pena impeditiva de comparecimento às proximidades do estádio, bem como a qualquer local em que se realize evento esportivo, pelo prazo de 3 (três) meses a 3 (três) anos, de acordo com a gravidade da conduta, na hipótese de o agente ser primário, ter bons antecedentes e não ter sido punido anteriormente pela prática de condutas previstas neste artigo. (Incluído pela Lei nº 12.299, de 2010).

§ 3º A pena impeditiva de comparecimento às proximidades do estádio, bem como a qualquer local em que se realize evento esportivo, converter-se-á em privativa de liberdade quando ocorrer o descumprimento injustificado da restrição imposta. (Incluído pela Lei nº 12.299, de 2010).

§ 4º Na conversão de pena prevista no § 2º, a sentença deverá determinar, ainda, a obrigatoriedade suplementar de o agente permanecer em estabelecimento indicado pelo juiz, no período compreendido entre as 2 (duas) horas antecedentes e as 2 (duas) horas posteriores à realização de partidas de entidade de prática desportiva ou de competição determinada. (Incluído pela Lei nº 12.299, de 2010).

§ 5º Na hipótese de o representante do Ministério Público propor aplicação da pena restritiva de direito prevista no art. 76 da Lei nº 9.099, de 26 de setembro de 1995, o juiz aplicará a sanção prevista no § 2º. (Incluído pela Lei nº 12.299, de 2010).

Art. 41-C. Solicitar ou aceitar, para si ou para outrem, vantagem ou promessa de vantagem patrimonial ou não patrimonial para qualquer ato ou omissão destinado a alterar ou falsear o resultado de competição esportiva ou evento a ela associado: (Redação dada pela Lei nº 13.155, de 2015)

Pena - reclusão de 2 (dois) a 6 (seis) anos e multa. (Incluído pela Lei nº 12.299, de 2010).

Art. 41-D. Dar ou prometer vantagem patrimonial ou não patrimonial com o fim de alterar ou falsear o resultado de uma competição desportiva ou evento a ela associado: (Redação dada pela Lei nº 13.155, de 2015)

Pena - reclusão de 2 (dois) a 6 (seis) anos e multa. (Incluído pela Lei nº 12.299, de 2010).

Art. 41-E. Fraudar, por qualquer meio, ou contribuir para que se fraude, de qualquer forma, o resultado de competição esportiva ou evento a ela associado: (Redação dada pela Lei nº 13.155, de 2015)

Pena - reclusão de 2 (dois) a 6 (seis) anos e multa. (Incluído pela Lei nº 12.299, de 2010).

Art. 41-F. Vender ingressos de evento esportivo, por preço superior ao estampado no bilhete: (Incluído pela Lei nº 12.299, de 2010).

Pena - reclusão de 1 (um) a 2 (dois) anos e multa. (Incluído pela Lei nº 12.299, de 2010).

Art. 41-G. Fornecer, desviar ou facilitar a distribuição de ingressos para venda por preço superior ao estampado no bilhete: (Incluído pela Lei nº 12.299, de 2010).

Pena - reclusão de 2 (dois) a 4 (quatro) anos e multa. (Incluído pela Lei nº 12.299, de 2010).

Parágrafo único. A pena será aumentada de 1/3 (um terço) até a metade se o agente for servidor público, dirigente ou funcionário de entidade de prática desportiva, entidade responsável pela organização da competição, empresa contratada para o processo de emissão, distribuição e venda de ingressos ou torcida organizada e se utilizar desta condição para os fins previstos neste artigo. (Incluído pela Lei nº 12.299, de 2010).

1. **A instituição de órgão especializado**: Em busca da real proteção dos interesses dos torcedores, a União, os Estados, o Distritos Federal e os municípios poderão constituir órgão especializado para a promoção da defesa desta categoria vulnerável. Tarefa de grande vulto para que os torcedores não continuem sendo desrespeitados pelas entidades desportivas, já que mesmo a Lei n. 10.671/03 impondo a transparência, a lisura e a devida comunicação entre público e organizadores das competições, a realidade demonstra que, no plano fático, o descompromisso com o Ordenamento Jurídico impera. Ao Poder Público compete a tarefa essencial de instituir órgãos especializados para o atendimento dos pleitos e anseios da massa torcedora, sendo necessária uma postura altiva e enérgica das autoridades.[119]

2. **Promoção de tumulto:** No decorrer dos eventos esportivos, os torcedores devem se portar de forma digna e respeitosa, a fim de não causar confusões e aglomerações. Havendo a prática de tumulto por parte de torcida organizada, ficará impedida de comparecer a eventos esportivos pelo prazo de até 3 (três) anos, conforme dispõe o art. 39-A do Estatuto, incluído pela Lei n. 12.299/10. Ocorrendo situação conflituosa gerada por grupos organizados, todos os seus associados ou membros ficarão proibidos de se fazerem presentes nos desafios esportivos, ainda que não tenham participado da balbúrdia. A preocupação com a segurança do local exigiu do legislador uma postura mais séria com relação a tais entidades.

   2.1. Caracterização do tipo penal: A prática de tumulto poderá ocorrer antes, durante ou após o evento esportivo, não exigindo a norma que a situação venha a configurar-se no momento que a competição já tenha sido iniciada. Caso o torcedor, ou determinado grupo, venha a gerar tumulto antes de iniciada a partida, a infração terá sido praticada. Da mesma forma, havendo amotinação ou agitação após a finalização do evento, o tipo penal estará configurado. Para que o crime venha a ser consumado, não há a necessidade de que seja cometido no cerne do evento esportivo. Quanto aos sujeitos que podem cometer o tipo penal, deve-se

119. MANHÃES, Eduardo Dias. *Política dos Esportes no Brasil*. 2a. ed. rev. e ampl. São Paulo: Paz e Terra, 2002, p. 120. p. 148.

atentar que qualquer presente no evento esportivo terá a possibilidade de ser enquadrado como autor. O torcedor, caso não se mantenha de modo pertinente e provoque um tumulto, será enquadrado como sujeito ativo da infração. Os demais indivíduos que estejam presentes no evento também podem praticar o crime em análise, ou seja funcionários das entidades esportivas, seguranças, policiais militares, atletas, árbitros e demais agentes encarregados do exercício de atividades no local têm o condão de gerarem balbúrdia e serem responsabilizados.

2.1.1. Local e momento do tipo penal: A provocação de tumulto no interior do local em que o evento esportivo for concretizado não suscita quaisquer dúvidas quanto à configuração do tipo penal. Contudo, objetivando a efetiva proteção do consumidor, o parágrafo 1º , inciso I, do citado art. 41-B estabelece que a promoção de tumulto, num raio de 5.000 (cinco mil) metros ao redor do local de realização do evento esportivo, caracterizará a infração penal. Havendo também tumulto durante o trajeto de ida e volta do local da realização do evento, o tipo penal estará também materializado. Nesta senda, a provocação de tumulto em local que esteja situado até a mencionada distância do certame ensejará a aplicação da penalidade correspondente, bem como no ínterim que permite o acesso ao estádio.

2.1.2. A questão do resultado danoso: Para a incidência do tipo penal, não se faz necessária a ocorrência de resultados danosos, sendo, assim, classificado como delito de mera conduta ou formal. Mesmo que praticado o tumulto, pessoas não sejam lesionadas, ainda assim, a infração penal terá sido cometida. O que se pretende apurar não é o resultado do tumulto em si, mas, sim o seu cometimento maléfico para o evento esportivo e os presentes.

2.1.3. Elemento subjetivo: A provocação de tumulto pressupõe uma conduta dolosa por parte do agente, uma vez que o art. 41-B do Estatuto do Torcedor não traz previsão sobre a modalidade culposa. O sujeito tem a intenção de gerar a conturbação, ou pelo menos, sabe que se portando de determinado modo, poderá provocar a exaltação criminosa. O elemento subjetivo do tipo penal *sub oculis* é o dolo direto ou eventual, não sendo admissível a modalidade culposa. Havendo negligência, imprudência ou imperícia por parte do sujeito, não ensejará a modalidade infracional em exame.

2.2. Prática ou incitamento de violência: Nos eventos esportivos, os torcedores e demais presentes devem comportar-se dentro dos padrões normais, não praticando e nem incitando a violência, pois, caso contrário, a infração penal, prevista no art. 41-B, da Lei n. 10.671/03, estará materializada. Não se admite que o torcedor, ou qualquer outro sujeito, utilize-se da força para agredir os demais. Ainda que não chegue a empregar a força bruta, ocorrendo incitamento à prática de violência, o agente terá praticado o tipo penal em análise.

2.2.1. Caracterização do tipo: A infração penal pode ser praticada mediante o cometimento de atos de violência ou o estímulo para que outrem atue de modo impetuoso e brusco. Aquele que se valer da agressão para atingir outrem ou que açular e instigar terceiro para assim agir terá praticado o crime. A *ratio legis* deste dispositivo é evitar que os torcedores, e outros que estejam nos eventos esportivos, agridam-se e que não exortem ou encorajem os demais a lançar mão da violência, desencadeando agitação e resultados nefastos.[120]

2.2.2. Instrumentos indevidos: Dispõe o parágrafo1º, inciso II, do referido artigo que constitui infração penal portar, deter ou transportar, no interior do estádio, em suas imediações ou no seu trajeto, em dia de realização de evento esportivo, quaisquer instrumentos que possam servir para a prática de violência. A intenção do legislador é evitar que pessoas façam uso de qualquer objeto que possibilite a prática de atos violentos, dentre estes, podem ser citados as bombas, madeiras, etc.

2.2.3. Sujeitos e outros aspectos: As observações, registradas no tópico anterior, quanto aos sujeitos que podem cometer a infração de provocação de tumulto, aplicam-se perfeitamente ao tipo em epígrafe. Qualquer indivíduo que esteja no espaço físico do evento pode ser o autor da infração, eis que o tipo não se restringe apenas aos atos de violência praticados ou estimulados por torcedor. Quanto ao momento em que a infração poderá cometida, também se aplicam as mesmas considerações feitas anteriormente, ou seja, é possível que a sua ocorrência em período anterior ou posterior ao evento esportivo, assim como no seu desenrolar.

120. APELAÇÃO CÍVEL. RESPONSABILIDADE CIVIL. **AGRESSÃO E ROUBO PERPETRADOS EM ESTÁDIO DE FUTEBOL POR TORCIDA ORGANIZADA.** FALHA NA SEGURANÇA. DANO MORAL CARACTERIZADO.DERAM PARCIAL PROVIMENTO AO APELO DO AUTOR E NEGARAM PROVIMENTO AO RECURSO DO RÉU. UNÂNIME. (Apelação Cível Nº 70018527150, Sexta Câmara Cível, Tribunal de Justiça do RS, Relator: Odone Sanguiné, Julgado em 13/11/2007).

2.2.4. Local da infração: No que concerne ao espaço, pune-se a prática ou o incitamento à violência num raio de 5.000 (cinco mil) metros ao redor do local de realização do evento esportivo, ou durante o trajeto de ida e volta do local da realização do evento. Busca-se a proteção não somente do local em que o certame será concretizado, bem como das áreas contíguas. Outrossim, não será punido apenas quem está presente, ou esteve, na competição, mas também o sujeito que, mesmo não tendo comparecido no local, venha a agir violentamente, ou incite a agressão.

2.2.5. Resultado danoso: O tipo penal, em análise, implica em resultado danoso, pois a violência gerará uma modificação da realidade, ou um resultado naturalístico. As vítimas dos comportamentos vandálicos e violentos dos torcedores, de modo constante, sofrem danos materiais e/ou físicos graves, com sérias consequências, nomeadamente sob a ótica psicológica[121]. Da mesma forma, o incitamento ao ato de violência é concebido como um delito material. Quanto ao elemento subjetivo, não houve a previsão da modalidade culposa – o que significa que se exige o dolo direito ou eventual do agente, devendo o mesmo saber que os atos, ou o incitamento à violência, causará danos para outrem, ou, ao menos, assim o cogitar.

2.3. Invasão de local restrito: A segurança e a saúde dos atletas e dos demais agentes incumbidos do acompanhamento e do treinamento destes é assegurada através do art. 41-B do Estatuto do Torcedor. Restou coibida a presença de pessoas nãoautorizadas nos locais restritos aos

121. Ilustra-se a assertiva com a seguinte decisão: REPARAÇÃO DE DANOS MATERIAIS E MORAIS. TORCEDOR AGREDIDO E ROUBADO DENTRO DE ESTÁDIO DE FUTEBOL. Aplicabilidade do Código de Defesa do Consumidor. Irrelevância de não estar em vigor o Estatuto do Torcedor, face às disposições protetivas da legislação consumerista. Inaplicabilidade do prazo de decadência por se tratar de acidente de consumo ou defeito do serviço e não de vício de qualidade dos mesmos. Comprovação dos fatos constitutivos do direito do autor. Irrelevância de a comunicação de ocorrência ter sido feita poucos dias após os fatos na cidade de origem do torcedor, eis que desconhecia a possibilidade de proceder ao registro da ocorrência no próprio estádio de futebol. Omissão do réu em prover as condições segurança para evitar agressão e roubo como a sofrida pelo autor. Nexo de causalidade evidente, não se podendo falar em culpa de terceiro, já que o causador direto do dano não afasta a responsabilidade do causador indireto, do Clube que deveria zelar pela segurança. Dano moral comprovado, pela violência dos fatos e desmoralização do autor diante de seus companheiros. Indenização fixada em quantia módica. Sentença confirmada por seus próprios fundamentos. (TJ/Rio Grande do Sul/ Recurso Cível Nº 71000553602, Primeira Turma Recursal Cível, Turmas Recursais, Relator: Ricardo Torres Hermann, Julgado em 02/09/2004)

competidores nos eventos esportivos, a fim de evitar que estes venham a importuná-los ou agredi-los.

2.3.1. Caracterização da infração penal: O tipo penal contém o verbo "invadir", ou seja, penetrar, à força, no local reservado para aqueles que participam do certame. O sujeito ativo deve deslocar-se até o espaço físico destinado para os competidores e, sem qualquer anuência dos responsáveis, adentrar neste recinto, ocupando-o belicamente. A infração penal, para se concretizar, exige uma conduta ativa do agente, pois, deve o mesmo, de modo comissivo, empreender esforços para conseguir invadir o local.

2.3.2. O resultado: O delito, em exame, prevê um resultado, qual seja a invasão do dito espaço pelo sujeito ativo, sendo, assim, tipificado como material[122]. É possível que o agente tente invadir o local e não obtenha êxito, mas, nesta hipótese, a infração não estará caracterizada. O mero esforço do agente para invadir o local proibido, mesmo que resultado positivo, configura o delito na modalidade tentada.

2.3.3. O local da infração: A Lei n. 12.299/10 tipificou como infração penal apenas a entrada nãoautorizada de pessoas no espaço físico reservado para os competidores. No entanto, acredita-se que a redação deveria ser mais abrangente, englobando todos os locais não permitidos, viabilizando uma maior proteção para os presentes, pois determinado sujeito poderá ingressar em recintos, mesmo que não destinados para os competidores, e causar sérios problemas. Cita-se, como exemplo, o fato de um torcedor, ou qualquer outro indivíduo, ingressar no setor destinado ao controle da energia elétrica e sabotá-lo, causando danos.

---

122. Analise-se a seguinte decisão: BRIGA EM PARTIDA DE FUTEBOL. INVASÃO DO CAMPO POR PARTE DE TORCEDORES. AGRESSÃO FÍSICA (SOCO NO OLHO) SOFRIDA POR JOGADOR DE UM DOS TIMES E ATRIBUÍDA A TORCEDOR DO TIME ADVERSÁRIO. VERSÃO DO RÉU QUE NEGA A AUTORIA DO FATO. PROVA TESTEMUNHAL CONTROVERTIDA. DÚVIDAS DOS JULGADORES DE SEGUNDO GRAU QUE DEVEM SER DIRIMIDAS ATRAVÉS DA VALORIZAÇÃO DO PRINCÍPIO DA IMEDIAÇÃO FÍSICA DO JULGADOR DE PRIMEIRO GRAU. RECURSO DESPROVIDO. Em situação caracterizadora de rixa, em que se atribui ao réu a autoria de agressão, a postura defensiva pode assumir uma das seguintes alternativas: ou se nega a autoria, ou se procura justificá-la no contexto da briga como tendo sido mera defesa, quando se alega uma participação para fins unicamente de aparte. Adotando a primeira alternativa ¿ negativa de autoria corre o réu o risco de ficar evidenciada sua participação e, nesse caso, na ausência de justificativa, a procedência da ação se imporá. (TJ/Rio Grande do Sul/Recurso Cível Nº 71000539320, Terceira Turma Recursal Cível, Turmas Recursais, Relator: Eugênio Facchini Neto, Julgado em 13/07/2004)

2.3.4. O elemento subjetivo: Não se admite a modalidade culposa para a configuração do tipo penal, sendo necessário que o sujeito ativo objetive adentrar no espaço restrito, ou, pelo menos, deva saber que este se encontra reservado para um público seleto. Desta forma, havendo o ingresso do sujeito, por negligência, imperícia ou imprudência, no local proibido, não estará materializada a infração.

2.4. Alteração ou falseamento do resultado de competição: O resultado da competição esportiva deverá realmente refletir a forma como a competição foi finalizada. A grande preocupação com a lisura dos eventos esportivos conduziu o legislador a alterar o Estatuto do Torcedor e a estabelecer três infrações penais sobre o assunto. Anteriormente, discorreu-se sobre as atividades dos árbitros e da exigência fundamental de que atuem nos meandros da ética. Com a nova redação do EDT, havendo investidas em prejuízo do resultado do certame, sanções penais devem ser aplicadas.

2.4.1. Caracterização do tipo: O art. 41-C do Estatuto do Torcedor tipificou como crime a solicitação, ou o aceite, para si ou para outrem, de vantagem, ou promessa de vantagem patrimonial ou não patrimonial, para qualquer ato ou omissão destinado a alterar ou falsear o resultado de competição esportiva. Os árbitros podem praticar este tipo penal requerendo qualquer benefício, ou concordando em recebê-lo, de quem se prontifique para tal mister. Será possível também que outras pessoas cometam esta infração penal, pois podem pleitear ou aceitar vantagens alegando que vão colaborar para modificar os dados conclusivos do certame.

2.4.2. Configuração do tipo: O Estatuto do Torcedor, mediante a alteração implementada pela Lei n. 12.299/10, fixou normas mais rigorosas para punir aqueles que atuem de modo a atingir a estrutura real do resultado da competição. No dispositivo supra mencionado, pune-se aquele que pede ou aceita a vantagem indevida, enquanto no art. 41-D, considera-se infrator quem dê, ou prometa vantagem patrimonial ou não patrimonial, com vistas a alterar ou falsear o resultado de uma competição desportiva. Este tipo penal poderá ser cometido por qualquer sujeito, quer seja torcedor ou não, não se restringindo apenas a tal categoria.

2.4.3. A vantagem pretendida: Ambos os tipos, acima descritos, encontram-se vinculados a uma vantagem, quer seja patrimonial ou não, ou seja, não é apenas o dinheiro solicitado, aceito, dado ou prometido que dará origem à infração, mas qualquer outro benefício disponibilizado.

Qualquer espécie de auxílio, favor, privilégio, benfeitoria ou circunstância favorável, mesmo que sem qualquer montante pecuniário, utilizado para a alteração do resultado da competição, caracterizarão as infrações penais em exame.

2.4.4. O resultado pretendido: Nestas infrações penais, o objetivo do sujeito ativo é alterar ou falsear o resultado da competição – ele deseja deturpar, distorcer ou resvalar os dados verdadeiros que refletem a atuação dos atletas na partida. Contudo, para que o tipo tenha sido praticado, não se faz necessário que este fim colimado tenha sido atingido, pois a simples solicitação, concordância, oferta ou promessa da vantagem para que o resultado seja manipulado já consuma a infração. Trata-se, assim, de delito formal, com a previsão de um resultado intentado, que poderá ter sido alcançado ou não, mas que não afasta a incidência da norma caso a alteração ou falseamento não ocorram.

2.4.5. A efetiva alteração do resultado: Com intento de zelar, de forma efetiva, pelos resultados das competições esportivas, o Estatuto do Torcedor recebeu o art. 41-E, através da Lei n. 12.299/10, segundo o qual fraudar, por qualquer meio, ou contribuir para que se fraude, de qualquer forma, o resultado de competição esportiva, também constitui infração penal. Comparando-se este tipo com aqueloutros, obtém-se a ilação de que o falseamento, ou a modificação do resultado da competição, mesmo que não tenha sido motivado por qualquer vantagem, corresponde a uma infração de natureza penal.

2.4.5.1. Sujeitos do tipo: Quanto ao sujeito ativo do tipo, poderá ser praticado pelo árbitro ou por qualquer outro indivíduo que tenha o condão de acessar o resultado do certame e fraudá-lo. Não se constitui em um crime próprio ou restrito apenas à categoria da arbitragem. Torcedores, funcionários das entidades esportivas, atletas, ou quem quer que venha a alterar, diretamente, o resultado, ou contribuir para tal. Ressalte-se o rigor do tipo ao prever que aquele que for colaborador do ato criminoso será qualificado também como autor e não como mero coautor , nos termos do art. 29 do Código Penal Brasileiro.

2.4.5.2. A fraude almejada: Neste tipo penal, a fraude constitui pressuposto para que a infração seja consumada, sendo assim classificado como um delito material. Pressupõe-se que o fraudador tenha agido de má-fé para iludir ou enganar o público acerca do resultado da competição. O resultado naturalístico compõe a estrutura do tipo e é um elemento necessário para a sua completude. Não ocorrendo a modificação do resultado, será possível o enquadramento da conduta do agente nos dois tipos anteriores desde que esteja vinculada a qualquer espécie de vantagem.

2.5. Imposição de preço superior para ingressos: O valor do ingresso para os eventos esportivos deverá estar registrado no bilhete e ser praticado de forma unificada. Não é cabível que, apesar do valor do ingresso encontrar-se previsto no citado documento, sejam impostos montantes diferenciados por terceiros interessados. A cobrança de valores distintos pelos denominados cambistas sempre foi uma constatação comum, vindo os mesmos a adquirirem inúmeros bilhetes e a repassá-los mediante a exigência de preços exorbitantes.

2.5.1. Caracterização do tipo: Para coibir o cambismo, dispôs o art. 41-F do Estatuto do Torcedor que a venda de ingressos de evento esportivo por preço superior ao estampado no bilhete, corresponde a crime punido com pena de reclusão de 1 (um) a 2 (dois) anos e multa. A imposição de valores arbitrários pelos vendedores de ingressos gera prática abusiva, prevista no art. 39, inciso V, do Código de Proteção ao Consumidor. O valor de produtos não poderá ser fixado de modo abusivo, sendo imprescindível que atenda aos padrões legais vigentes.

2.5.2. Manobras ilícitas: Qualquer manobra ilícita com o fito de que o valor do ingresso seja majorado indevidamente também configura a infração penal prevista no art. 41-G do Estatuto do Torcedor. O fornecimento, o desvio ou a facilitação da distribuição de ingressos para venda por preço superior ao estampado no bilhete inicide no aludido tipo penal. O legislador objetivou punir não somente quem vende o ingresso com valor superior ao previamente estipulado, como também aquele que fornece para outrem, desvia ou cria facilidades para que outrem comercialize o bilhete nestas condições.

2.5.3. Sanção penal: A título de sanção penal em decorrência da prática da infração, foi prevista reclusão de 2 (dois) a 4 (quatro) anos e multa. A pena será aumentada de 1/3 (um terço) até a metade se o agente for servidor público, dirigente ou funcionário de entidade de prática desportiva, entidade responsável pela organização da competição, empresa contratada para o processo de emissão, distribuição e venda de ingressos ou torcida organizada e se utilizar desta condição para os fins previstos neste artigo. É o que dispõe o parágrafo único do art. 41-G.

3. **O processo para apuração de infração penal:** Antes da alteração estabelecida pela Lei n. 12.299/10, o comportamento irregular do agente, que cometia infrações penais prejudiciais aos eventos esportivos, será apurado com base na sua conduta no evento ou através de Boletim de Ocorrência Policial. A apuração das infrações cometidas pelos torcedores será provocada por representação formalizada pelo Ministério Público Estadual, pela polícia judiciária, por qualquer autoridade, pelas entidades desportivas ou por qualquer interessado presente no evento. Atualmente, as infrações penais praticadas em desfavor dos eventos esportivos serão processadas e julgadas com base no quanto previsto nos parágrafos 2º a 5º do art. 41-B, não mais sendo aplicáveis as observações acima expostas.

3.1. Sanções previstas: As infrações penais que afetam a segurança e a tranquilidade dos eventos esportivos devem ser punidas mediante as sanções acima citadas. Porém, na sentença penal condenatória, caso o agente seja primário, tenha bons antecedentes e não tenha sido punido anteriormente pela prática de tumulto, violência ou invasão, o juiz deverá converter a pena de reclusão em pena impeditiva de comparecimento ao estádio e às proximidades deste. A depender da gravidade da conduta, a sanção poderá ser aplicada pelo período de prazo de 3 (três) meses a 3 (três) anos.

3.2. Descumprimento do impedimento: Havendo descumprimento da sanção impeditiva de comparecimento aos locais dos eventos esportivos ou às suas imediações, haverá a sua conversão em pena privativa de liberdade, nos termos do parágrafo 3º do referido artigo. Para que tal alteração seja implementada, a autoridade judiciária deverá determinar, ainda, a obrigatoriedade suplementar de o agente permanecer em estabelecimento indicado pelo juiz, no período compreendido entre as 2 (duas) horas antecedentes e as 2 (duas) horas posteriores à realização de partidas de entidade de prática desportiva ou de competição determinada. Esta providência tem por meta conduzir o agente a refletir sobre os seus atos e evitar que o mesmo venha a, mais uma vez, reincidir naquelas práticas[123]. Na hipótese de o representante do Ministério Público propor aplicação da pena restritiva de direito prevista no art. 76 da Lei n. 9.099/95, o juiz aplicará a sanção prevista no parágrafo 2º do art. 41-B.

3.3. Infrações penais específicas previstas pela Lei Geral da Copa: Objetivando proteger os interesses patrimoniais da FIFA, o Brasil até

123. Tal previsão encontra-se inserida no parágrafo 4º do art. 41-B.

mesmo concordou em tipificar determinadas condutas como infrações penais, adentrando em um ramo jurídico que deveria ser a última *ratio*. [124] Dentro da concepção criminológica pós-moderna, a qualificação de determinado comportamento como crime ou contravenção penal somente deve ocorrer quando indiscutivelmente necessária. A movimentação da Federação em termos de manutenção dos seus privilégios no campo comercial e publicitário foi tão pujante que, no âmbito da Lei n. 12.663/12, foram criados três tipos penais que tratam do uso dos símbolos oficiais e do marketing durante os eventos internacionais.

3.3.1. Vigência das infrações penais: Os tipos penais previstos tiveram vigência até o dia 31 de dezembro de 2014, ou seja, quando findaram as competições que integram a Copa do Mundo, aplicando-lhes o princípio da temporariedade, presente no art. 3º do Decreto-Lei n 2.848, de 7 de dezembro de 1940 (Código Penal)[125]. O legislador infraconstitucional cedeu às pressões da FIFA, concebendo como crimes situações que poderiam ser solucionadas nas esferas cível e administrativa. Para atender, contudo, aos reclamos da Entidade, sancionou, de forma desnecessária, condutas que tão somente causariam incômodos à Federação[126]. É importante observar que o Estatuto do Torcedor não as enquadrou como infrações penais e indaga-se: seria a FIFA um fornecedor mais qualificado que merece maior respeito dos que as entidades brasileiras que organizam os eventos esportivos? Como justificar tratamento tão diferenciado e aviltante?

4. Jurisprudência:

> No que concerne ao art. 41-B, examinar: CC 149.233- PR, Relator: Ministro Reynaldo Soares da Fonseca, publicação 03/11/2016. HC 380.659-RJ, Relator: Ministro Felix Fischer, publicação em 28/03/2017. HC 388.587 – SP, Relator: Ministro Reynaldo Soares da Fonseca, publicação em 22/02/2017. RHC 06.6760-SP, Relator: Antonio Saldanha Palheiro, publicação em 31/03/2017.AREsp 1.049.007- RJ, Relator: Ministro Francisco Falcão, publicação em 07/04/2017. HC 380.180-DF, Relator: Ministro Antonio Saldanha Palheiro, publicação em 07/04/2017.

---

124. Claus Roxin, *in Problemas Fundamentais de Direito Penal*. 3. Ed. Lisboa: Colecção Vega Universidade, 2004, discorre sobre o uso desse ramo jurídico como última *ratio*.
125. Dispõe o art. 3º do CPB que a lei excepcional ou temporária, embora decorrido o período de sua duração ou cessadas as circunstâncias que a determinaram, aplica-se ao fato praticado durante sua vigência.
126. A vigência daqueles tipos penais encontra-se disciplinada no art. 36 da Lei n. 12.663/12.

RECURSO ESPECIAL. CÁRCERE PRIVADO. CONSTRANGIMENTO ILEGAL. LESÃO CORPORAL. DOSIMETRIA. PENA-BASE. CONDUTA SOCIAL. PERSONALIDADE. CIRCUNSTÂNCIAS DO CRIME. AGRAVANTES PREVISTAS NO ART. 61 DO CÓDIGO PENAL. FRAÇÃO DE AUMENTO. FUNDAMENTAÇÃO. AGRAVANTE PREVISTA NO ART. 62, I, DO CÓDIGO PENAL. RECURSO ESPECIAL PARCIALMENTE PROVIDO. 1. O fundamento utilizado pelo Juiz de primeiro grau, qual seja, o fato de o recorrido, no exercício da atividade de atleta profissional, ingerir bebida alcoólica e fumar maconha, frequentar orgias ou mesmo ter agredido torcedor, é idôneo a justificar a exasperação da pena-base, haja vista que a vetorial da conduta social avalia o comportamento do réu no meio social, familiar ou profissional (REsp 1535955 / RJ/2013/0376211-0, 6ª Turma, Relator: Ministro Rogerio Schietti Cruz, julgamento em 15/10/2015, DJe 05/11/2015).

PROCESSUAL PENAL. RECURSO ORDINÁRIO EM HABEAS CORPUS. ORGANIZAÇÃO CRIMINOSA. VENDA ILEGAL DE INGRESSOS PARA A COPA DE 2014. SONEGAÇÃO FISCAL. LAVAGEM DE DINHEIRO. CORRUPÇÃO ATIVA. PRÉVIO REMÉDIO HEROICO EXTINTO SEM APRECIAÇÃO MERITÓRIA. TESE DEFENSIVA NÃO APRECIADA NO ACÓRDÃO. COGNIÇÃO POR ESTA CASA DE JUSTIÇA. IMPOSSIBILIDADE. SUPRESSÃO DE INSTÂNCIA. APRECIAÇÃO DO TEMA PELO TRIBUNAL A QUO. EXAME DE PROVAS. DESNECESSIDADE. CONSTRANGIMENTO ILEGAL. OCORRÊNCIA. RECURSO NÃO CONHECIDO. ORDEM CONCEDIDA DE OFÍCIO (RHC 074.555 – RJ, Relatora Maria Thereza de Assis Moura, publicação em 24/11/2016).

Quanto à problemática da venda de ingressos por preços superiores, examinar: AgRg no HC 367.923-RJ, tendo como Relator o Ministro Ribeiro Dantas, publicação em 30/08/2016. AREsp 997.086-RJ, Relator: Ministro Francisco Falcão, publicação em 24/11/2016.

DIREITO PENAL. RECURSO EM HABEAS CORPUS. ESTATUTO DO TORCEDOR. CAMBISMO. ARTIGO 41-F DA LEI 10.671/2003. TIPICIDADE. ALEGAÇÃO DE NECESSIDADE DE PRÉVIA AFERIÇÃO DE ESGOTAMENTO DOS INGRESSOS NA BILHETERIA. NÃO ACOLHIMENTO. RECURSO IMPROVIDO. 1. Dentre os plúrimos interesses que subjazem na venda de ingressos em grandes eventos esportivos, destaca-se a paixão do torcedor. Como ondas humanas, os seguidores dos diversos clubes desaguam nos estádios, levando consigo todo um sentimento, esquecendo-se, amiúde, da realidade, dura, do dia-a-dia. Não é possível olvidar que vivemos num Estado muitas vezes chamado de o "País do Futebol". E é sobre tal fenômeno que se debruçou o legislador para tratar do "cambismo".

Trata-se de comportamento dotado de reprovabilidade penal, pela simples razão de envolver a exploração, artificiosa, de um bem finito: a quantidade de lugares nos estádios. Desta maneira, abusando de certo privilégio decorrente de se chegar antes ao guichê, adquirem-se mais unidades, que são vendidas com ágio. É desinfluente a circunstância, eventual, de ainda existirem ingressos à venda nas bilheterias. A uma porque o tipo penal, expressamente, a tal não se refere. A duas, porque, pela simples conduta enunciada no modelo incriminador, o bem jurídico já é afetado, porquanto materializa-se exploração do preço, em mercado de bem finito, operado por um único fornecedor. Gera-se indevida especulação, promovendo a daninha quebra da isonomia, que seria assegurada pela exclusividade nas vendas. 2. Recurso improvido (RHC 47.835/RJ, Rel. Ministra Maria Thereza de Assis Moura, 6ª Turma, julgado em 09/12/2014, DJe 19/12/2014).

CAPÍTULO XII
DISPOSIÇÕES FINAIS E TRANSITÓRIAS

Art. 42. O **Conselho Nacional de Esportes – CNE** promoverá, no prazo de seis meses, contado da publicação desta Lei, a **adequação do Código de Justiça Desportiva** ao disposto na Lei nº 9.615, de 24 de março de 1998, nesta Lei e em seus respectivos regulamentos.

1. **Necessária adequação do Código de Justiça Desportiva**: Tal adequação torna-se necessária em virtude da imprescindível harmonização entre a Lei n. 10.671/03 e o quanto disposto pelo Código de Justiça Desportiva. Conforme preceitua Cláudia Lima Marques, diálogo das fontes permite que dois conjuntos normativos convivam e continuem vigendo, desde que as adaptações sejam realizadas[127]. Desta forma, para o aludido Código pudesse continuar sendo aplicado, a sua atualização tornou-se imperiosa.

Art. 43. Esta Lei aplica-se apenas ao **desporto profissional**.

1. **Aplicação ao desporto profissional**: Aduz Sérgio Santos Rodrigues que "Este dispositivo dá aplicação ao mandamento constitucional inserido no art. 217, III, da Carta Magna, que determina o tratamento diferenciado entre o desporto profissional e não profissional.[128] A aplicação

---

127. MARQUES, Cláudia Lima. Contratos no Código de Defesa do Consumidor. São Paulo: Revista dos Tribunais, 2013, p. 555.
128. RODRIGUES, Sérgio Santos. *Comentários ao Estatuto de Defesa do Torcedor*. Belo Horizonte: Del Rey, 2008, p. 82.

do Estatuto do Torcedor encontra-se restrita apenas ao desporto profissional, conforme determina o art. 43 da Lei nº 10.671/03. Define-se esta modalidade como aquela em que os atletas são contratados pelas agremiações desportivas na condição de verdadeiros profissionais. O parágrafo único do art. 26 da Lei n. 9.615/98 prevê que se considera desporto profissional a atividade disputada por atletas cuja remuneração decorra do contrato de trabalho desportivo, com o escopo de obtenção de renda. A atividade do atleta profissional, que atue em qualquer modalidade desportiva, caracteriza-se pela existência de um contrato formal de trabalho estabelecido com a entidade de prática desportiva, que deverá prever, de forma obrigatória, cláusula penal para as hipóteses de descumprimento, rompimento ou rescisão unilateral. Os atletas, considerados profissionais, são aqueles que sobrevivem da remuneração paga pela entidade contratante. Já os amadores são os que não conseguiram penetrar no ramo com a exclusividade que lhes possibilite renda para a manutenção do seu bem-estar pessoal e familiar[129], não estando ainda vinculados diretamente a certa agremiação.

2. **Eventos amadores remunerados**: Nos certames esportivos amadores que exijam a aquisição de ingressos pelos torcedores, ou de uma parcela destes, a relação jurídica de natureza consumerista instalar-se-á e, mesmo que o Estatuto do Torcedor não seja aplicado, já que se restringe aos eventos profissionais, o Código de Proteção e Defesa do Consumidor servirá de escudo para o combate de situações irregulares. Informar o consumidor e tratá-lo com dignidade e respeito são deveres dos fornecedores de produtos e/ou serviços, não estando excluídas as entidades desportivas.

   2.1. Existência de vícios: Como já externado anteriormente, nos eventos esportivos, os consumidores estarão adquirindo um produto e este poderá apresentar-se viciado ou defeituoso. Existem três espécies de defeitos dos produtos, como elucubra Herman Benjamin[130], quais sejam:

> "a) defeito de concepção, também designado de criação, envolvendo os vícios de projeto, formulação, inclusive design dos produtos";

129. O recente Código Brasileiro de Justiça Desportiva – CBDJ, editado através da Resolução n. 01/2003 e alterado pela Resolução n. 11/2006 do Conselho Nacional do Esporte, atendendo ao prescritivo constitucional, prevê a diferenciação entre o desporto profissional e não-profissional.
130. ibid, p. 786.

"b) defeito de produção, também nominado de fabricação, envolvendo os vícios de fabricação, construção, montagem, manipulação e acondicionamento dos produtos; e

"c) defeito de informação ou de comercialização, que envolve a apresentação, informação insuficiente ou inadequada, inclusive a publicidade".

2.1.1. Os eventos esportivos podem conter vícios desde o seu planejamento até a sua execução: Havendo prejuízos para os torcedores, as entidades envolvidas devem ser responsabilizadas de modo objetivo. A organização das competições esportivas é fator de primordial importância para que problemas posteriores não advenham. O regulamento de todo e qualquer certame esportivo deverá estar pautado nas normas regulamentares vigentes, não devendo conter irregularidades e nem arbitrariedades. A clareza na redação do regulamento é de extrema importância, pois o seu teor deve ser inteligível por todos. Ademais, o regulamento deverá ser divulgado com antecedência que permita aos torcedores poderem questionar o seu conteúdo antes que a competição ocorra. A existência de um canal de comunicação entre os torcedores e as entidades organizadoras também impõe-se. Desta forma, de modo similar ao previsto no Estatuto do Torcedor, pessoas competentes devem ser encarregadas de realizarem o atendimento dos presentes e de resolver eficientemente as reclamações apresentadas.

2.1.2. Reparação de prejuízos: Aplicando-se o CDC aos eventos esportivos amadores remunerados, os prejuízos sofridos pelos torcedores devem ser reparados sem a necessária identificação da culpabilidade dos envolvidos com a organização e execução da atividade. Segundo Zelmo Denari[131], não interessa "investigar a conduta do fornecedor de bens ou serviços, mas somente se deu causa (responsabilidade causal) ao produto ou serviço, sendo responsável pela sua colocação no mercado de consumo." Constatadas irregularidades na prestação dos serviços e/ou dos produtos disponibilizados pelas entidades esportivas, configurar-se-á a responsabilidade objetiva destas e impõe-se a necessária indenização dos torcedores em razão dos danos sofridos[132].

131. DENARI, Zelmo. Código Brasileiro de Defesa do Consumidor: comentado pelos autores do anteprojeto. In: GRINOVER, Ada Pellegrini et al, 2012, p.143..

132. Hélder Gonçalves Dias Rodrigues assevera que "Ainda, com lastro no referido exemplo, se o transportador for a título oneroso, havendo dano ocasionado aos participantes do evento, a culpa será analisada a nível de Código de Defesa do Consumidor (e das regras de trânsito), ou seja, pela responsabilidade objetiva (sem culpa) da transportadora em virtude do 'simples' evento danoso. Como regra, a responsabilidade será da entidade

2.2. Ética e moralidade: São valores que não podem ser desprezados nos campeonatos amadores, eis que a inexistência de atletas profissionais no certame não legitima as entidades esportivas a fazerem o quem entenderem e quiserem. O espírito de lealdade é exigido entre os participantes de qualquer contratação e, no caso das competições amadoras pagas, os consumidores esperam adquirir um produto que não esteja viciado e nem corrompido por falcatruas. Imperioso será que o certame transcorra dentro das normas previstas e para que isso ocorra, urge que estejam presentes árbitros que atuem com decoro e no estrito cumprimento do seu dever. A seleção dos árbitros não poderá verificar-se às escuras e com base em interesses escusos e particulares. Tudo o que os árbitros observarem nas partidas e registrarem nos relatórios emitidos deverá ser divulgado para o público torcedor, uma vez que a transparência e a informação são pilares fundamentais da proteção e defesa dos consumidores.

2.3. Segurança e Higiene: São aspectos a serem observados em toda e qualquer competição, ainda que de caráter amador. Onde existam muitos indivíduos reunidos, a salubridade e assepsia tornam-se fatores de extrema importância. Havendo irregularidades quanto a tais aspectos, os danos atingirão a diversas pessoas, situação esta que reforça a exigência de que as entidades responsáveis pelo evento sejam diligentes para não ofertarem produtos periculosos para os interessados. Arruda Alvim, Thereza Alvim, Eduardo Arruda Alvim e James Marins[133] enunciam que: PROIBIÇÃO DE PERICULOSIDADE INDEVIDA. "Não é lícito (permitido) ao fornecedor introduzir no mercado de consumo qualquer produto ou serviço que possa apresentar indevido grau de periculosidade", ou seja, acrescenta o autor, "somente se tolera que produtos ou serviços apresentem risco potencial à saúde e à segurança do consumidor na medida que estes decorram de sua normal fruição e estejam dentro do que seja previsível, de acordo com as condições próprias de uso e finalidade do produto ou serviço".

2.4. Informação e Segurança: As relações estabelecidas entre consumidores e fornecedores de produtos e/ou serviços devem ser regidas pelos postulados básicos da informação e da segurança, sempre exigidos como

---

desportiva promotora do evento que cobrou a determinada quantia para transportar os participantes. (...)" . RODRIGUES, Hélder Gonçalves Dias. *A Responsabilidade Civil e Criminal nas Atividades Desportivas*. São Paulo: Servanda, 2004, p. 233.

133. Arruda Alvim, Thereza Alvim, Eduardo Arruda Alvim e James Marins. *Código do Consumidor Comentado* – 2a. ed. fl. 78.

parâmetros para se averiguar a responsabilidade quanto aos danos e prejuízos que podem advir. Torcedores presentes em estádios mediante remuneração de ingressos são consumidores e as entidades vinculadas com a competição são fornecedoras e a relação jurídica entre estes será arregimentada pela Lei n. 8.078/90. Os torcedores pagantes de eventos amadores devem respeitados como reais consumidores e terão direito à transparência e à segurança. Caso isto não aconteça, aplicar-se-ão as regras da responsabilidade objetiva para a reparação dos danos sofridos.

3. **Competições amadoras não-pagas:** As competições esportivas amadoras em que seja admitida a entrada franca dos torcedores, sem exigir-lhes a aquisição de ingressos, são eventos que também exigem organização e execução responsável e eficiente. A importância do desporto para o desenvolvimento dos direitos fundamentais vinculados à dignidade do ser humano, inúmeras vezes ressaltada, justifica a exigência de que os certames, ainda que não profissionais, estejam pautados na transparência e na oferta de condições seguras para os torcedores. Nestes casos, não há relação de consumo e não se aplicarão as normas previstas no Código de Proteção e Defesa do Consumidor. Não se tratando de evento profissional, as regras da Lei n. 10.671/03 também não incidirão para a solução dos litígios que podem emergir. No entanto, normas constitucionais e cíveis servirão de espeque para a proteção dos interesses dos torcedores.

Art. 44. O disposto no parágrafo único do art. 13, e nos arts. 18, 22, 25 e 33 entrará em **vigor** após **seis meses da publicação** desta Lei.

1. **Início da vigência dos citados artigos**: A vigência dos citados artigos foi postergada para 06 (seis) meses após a publicação da Lei n. 10.671/03 em decorrência de estabelecer exigências que suscitam organização das atividades empreendidas pelas entidades desportivas. Assim sendo, seria necessário um prazo para que estas melhor se estruturassem para o atendimento das previsões legais.

Art. 45. Esta Lei entra em **vigor** na **data de sua publicação.**

Brasília, 15 de maio de 2003;
182º da Independência
e 115º da República.

1. **O questionamento da constitucionalidade do Estatuto do Torcedor:** Insatisfeito com o teor da Lei n. 10.671/03, cuja meta primordial é a proteção dos interesses dos torcedores, o Partido Progressista (PP) ingressou com Ação de Declaração de Inconstitucionalidade contra este arcabouço normativo, engendrando a ADIN 2937, que ainda tramita no Supremo Tribunal Federal (STF). Esta ação encontra-se fundamentada no argumento de que o Estatuto do Torcedor apresenta normas específicas sobre o desporto, não tendo a União competência para o exercício deste mister, de acordo com o quanto previsto no art. 24, inciso IX, parágrafo §1º, da Constituição Federal de 1988. Estabelece este dispositivo que "Compete à União, aos Estados e ao Distrito Federal legislar concorrentemente sobre: IX – educação, cultura, ensino e desporto; § 1º – No âmbito da legislação concorrente, a competência da União limitar-se-á a estabelecer normas gerais." Questiona-se também nesta medida judicial que o EDT viola a autonomia das entidades desportivas, ferindo o quanto disposto pelo art. 217, inciso I, da Lei Maior do nosso País, além de viabilizar interferência estatal inaceitável no funcionamento destas pessoas jurídicas.

▶ **OBSERVAÇÃO:** O Supremo Tribunal Federal, em sessão de julgamento realizada em 23 de fevereiro de 2012, declarou a constitucionalidade das disposições integrantes da Lei Federal n. 10.671, de 15 de maio de 2003 - Estatuto do Torcedor, julgando improcedente a ADIN 2937. No processo, atuou como relator o Ministro Cezar Peluso cujo voto reconheceu que a União, ao estruturar o diploma legal, exerceu regularmente a competência prevista no inciso IX do artigo 24 da Constituição Federal de 1988, visto que as normas contidas no EDT não tratam de particularidades ou minudências sobre o tema. O Ministro ressaltou a necessidade de o Estatuto prever inclusive aspectos procedimentais para a regulamentação das competições esportivas, sob pena de não ser possível alcançar efetividade social[134].

---

2. **A importância da defesa dos interesses dos consumidores**: O questionamento da inconstitucionalidade da Lei n. 10.671/03 revela a ocorrência de um conflito entre dois bens no plano jurídico: os interesses dos consumidores/torcedores e as metas capitalistas das entidades desportivas. Ao se depararem os valores contidos nos anseios daqueles que valorizam e apreciam o desporto com os que organizam os eventos deste campo, a importância e a amplitude do que almejam os torcedores se sobrepõem aos planos corporativistas e egoístas traçados pelas pessoas físicas e

134. Consultar o site do Supremo Tribunal Federal.

jurídicas inseridas no setor das atividades esportivas. O direito dos consumidores e a autonomia das entidades privadas que atuam no setor esportivo encontram-se previstas em sede constitucional, sendo assegurados como corolários do sistema jurídico vigente. Entretanto, os interesses de grupos específicos e particulares não têm a pujança de sobreposição em face das legítimas manifestações de coletividades constituídas por uma multiplicidade de sujeitos. Dentro do sistema capitalista instalado no País, o princípio da livre iniciativa, conferido aos particulares para a realização dos seus empreendimentos, deverá ser mitigado com a defesa da cidadania e da dignidade da pessoa humana[135] (art. 1º, incisos II e III, da CF/88).

3. **O predomínio das normas constitucionais**: Insatisfações advieram com a previsão de normas específicas protetivas dos torcedores, tanto que foi intentada ação declaratória de inconstitucionalidade. Destaca Maria Luiza Feitosa[136] que, atualmente, assiste-se a "constitucionalização do direito privado", sendo possível "detectar um interregno onde as forças do mercado globalizado avançaram de modo avassalador sobre alguns domínios jurídicos do Estado". Ainda que diversas manobras tenham certas entidades esportivas executado para inviabilizarem que o Estatuto do Torcedor produza efeitos jurídicos de modo concreto, conclui a autora que "alguns ditames do constitucionalismo cederam, mas outros se mantiveram venturosos, indicando que todos os elementos se conjugam em torno de uma nova, complexa e multifacetada realidade, em permanente processo de elaboração". Poder-se afirmar que a defesa do consumidor/torcedor constitui um dos pilares do Estado Democrático de Direito e não será afetado pelas artimanhas meticulosas de determinados integrantes do aparato privado.

4. **A conformidade da Lei n. 10.671/03 com a Constituição Federal**: O legislador, ao criar o Estatuto do Torcedor, procurou conceder proteção para os interesses dos torcedores nas atividades esportivas, arregimentando e valorizando dois bens de caráter extremamente importante para o desenvolvimento social do País – os direitos dos consumidores do produto/serviço desporto e as atividades esportivas em si. As reclamações dos torcedores sobre as irregularidades cometidas neste setor

---

135. SARLET, Ingo Wolfgang. *Dignidade da pessoa humana e Direitos Fundamentais na Constituição Federal de 1988*, 2a. ed. Porto Alegre, 2002, p. 73.

136. FEITOSA, Maria Luiza Pereira de Almeida Mayer. *Paradigmas Inconclusos: os Contratos entre a Autonomia Privada, a Regulação Estatal e a Globalização dos Mercados*. Coimbra: Coimbra Editora, 2007, p. 395.

não dizem respeito a um bem material de qualquer valor, pois tratam-se de práticas de tamanha importância para a sociedade, sob o ponto de vista não somente físico, mas também socioeconômico e cultural. Se o direito daqueles que adquirem produtos e/ou serviços, como destinatário final, mediante remuneração, deverá ser respeitado, tanto que a defesa do consumidor tem espeque no art. 5º, inciso XXXII, da Carta Magna, como um dos direitos sociais, *a fortiori*, quando estes estão reivindicando algo em face de um bem de extrema significância social: o desporto. O surgimento de um conjunto normativo que protege os lídimos interesses dos torcedores trará reflexos positivos também para os atletas, que dedicam suas vidas em certas modalidades esportivas, bem como para todos os demais agentes que estejam vinculados ao campo do desporto.

4.1. A expressa competência da União: A alegação de que a União somente poderá editar normas gerais em matéria de desporto (art. 24, inciso , CF/88) não prospera e nem atinge a constitucionalidade da Lei n. 10.671/03. Ao ditar quais são as obrigações que as entidades organizadoras e detentoras do mando do evento esportivo deverão cumprir, esta Lei não estipulou regras específicas sobre o setor do desporto, mas, sim tratou dos interesses dos consumidores, respeitando-se o quanto disposto pelo art. 5º, inciso XXXII, da própria Carta Jurídica Maior do País. há descasos e desmando/equânimes/atividade econômica/agente normativo, regulador e fiscalizador.

4.2. O desrespeito ao direito do torcedor: Deve-se respeitar o direito das entidades esportivas de se organizarem e estruturarem as competições das diversas modalidades do desporto. Em contrapartida, a estas compete também enxergar o torcedor não como uma mera "peça da engrenagem" que lhe proporciona tantos lucros, considerando-o como cidadãos que apreciam um bem que influencia nos direitos sociais fundamentais da coletividade. Deve-se atender ao que Karl Larenz[137] denomina de *principio general del respeto recíproco* (princípio geral do respeito recíproco).

---

137. LARENZ, Karl. *Derecho Justo. Fundamentos de Etica Juridica*. Trad. Luis Díez-Picazo. Madrid: Editorial Civitas S.A, 1985, p. 62. (A liberdade de arbítrio em um Estado de Direito só pode existir dentro dos limites determinados pelo fato que cada um pode pretender uma liberdade igual. Ademais, a liberdade não pode compreender atos antijurídicos, pois tal liberdade aniquilaria o Estado de Direito em que se apóia a liberdade de todos. Em áreas da vida conjunta em uma comunidade que satisfaça as condições de um Estado de Direito, têm todos que aceitar certas limitações de sua liberdade, sem as quais esta não seria possível.Todo direito de liberdade encontra, por esta, seu limite no direito de liberdade dos demais e nos

> "O veto aposto ao § 1º do art. 7º da Lei federal nº 9.868, de 10 de novembro de 1999, não excluiu a necessidade de observância de prazo prevista no § 2º, para admissão dos chamados "amici curiae". A inteligência sistemática do disposto no § 2º, não podendo levar ao absurdo da admissibilidade ilimitada de intervenções, com graves transtornos ao procedimento, exige seja observado, quando menos por aplicação analógica, o prazo constante do § único do art. 6º. De modo que, tendo-se exaurido tal prazo, na espécie, aliás pela só apresentação das informações, a qual acarretou preclusão consumativa, já não é lícito admitir a intervenção requerida por AVAÍ FUTEBOL CLUBE, CEARÁ SPORTING CLUB, AMÉRICA FUTEBOL CLUBE, SANTA CRUZ FUTEBOL CLUBE, CLUBE ATLÉTICO PARANAENSE, ASSOCIAÇÃO ATLÉTICA PORTUGUESA, CRUZEIRO ESPORTE CLUBE, SOCIEDADE ESPORTIVA PALMEIRAS e GRÊMIO FOOT-BALL PORTO ALEGRENSE. Indefiro, pois, os pedidos, sem prejuízo de oportuna juntada "por linha" das respectivas petições. Int. Publique-se. Brasília, 16 de setembro de 2003. Ministro CEZAR PELUSO Relator" (STF, ADI 2937/DF– DISTRITO FEDERAL, j. 16/09/2003, DJ 23/09/2003).

4.3. Conclusão: O Estatuto do Torcedor é um instrumento legítimo e válido para que os cidadãos que, de qualquer forma, estejam vinculados às atividades esportivas, tenham os seus direitos implementados. Qualificá-lo como inconstitucional seria o equivalente a negar aos indivíduos o direito à informação e à segurança nas competições esportivas e isto atingiria o núcleo essencial do Estado de Direito: o exercício da cidadania. Os reclames de uma oligarquia, que aspira manter-se em um pedestal, mesmo quando a massa de torcedores já conclama respeito, não podem prosperar e atingir a aplicação e a validade de um diploma legal. Os torcedores não podem assistir atônitos as manobras ardilosas dos grupos que dominam o setor desportivo brasileiro e a sociedade civil necessita organizar-se para combatê-las com êxito.

---

deveres que o Direito impõe a cada um em benefício da paz jurídica, e a todos em benefício da existência de uma comunidade erigida sobre a idéia do Direito).

Referências

AFONSO, Maria; VARIZ, Manuel. Da Responsabilidade Civil Decorrente de Produtos Defeituosos. Coimbra: Coimbra Editora, 1991.

AIDAR, Carlos Miguel Castex. Aspectos Normativos e Retrospectiva Histórica da Legislação Esportiva Infraconstitucional. In *Curso de Direito Desportivo Sistêmico*. MACHADO, Rubens Approbato; LANFREDI, Luís Geraldo Sant'Ana *et al* (coordenadores). São Paulo: Quartier Latin, 2007.

ALMEIDA, Carlos Ferreira de. Negócio jurídico de consumo, caracterização, fundamentação e regime jurídico. *Boletim do Ministério da Justiça*. Lisboa, no 347, p. 11, 23-24, jun.85.

ALMEIDA, João Batista de. *A Proteção Jurídica do Consumidor.* 5a. ed. rev. e atual. São Paulo: Saraiva, 2006.

ALPA, Guido; LEVI, Vanna. *I Diritti dei Consumatori e degli Utenti*. Milão: Dott. A Giuffrè S.p.A.

ALTERINI, Atilio Aníbal. *Contratos civiles – comerciales – de consumo*. Buenos Aires: Abeledo-Perrot, 2005.

ARRUDA ALVIM, Thereza Alvim, Eduardo Arruda Alvim e James Marins. *Código do Consumidor Comentado* – 2a. ed. São Paulo: Revista dos Tribunais, 2000.

BENJAMIN, Antônio Herman Vasconcellos e. Código Brasileiro de Defesa do Consumidor: comentado pelos autores do anteprojeto. In: GRINOVER, Ada Pellegrini et al, 2012.

BOURGOIGNIE, Thiery. O conceito de abusividade em relação aos consumidorese a necessidade de seu controle através de uma cláusula geral, *in Revista de Direito do Consumidor*, número 06, São Paulo, Revista dos Tribunais, 1993, p. 07.

CABEZÓN, Ricardo de Moraes. *Os Direitos do Torcedor. Uma Abordagem do Alcance da Responsabilidade Civil Aplicado ao Estatuto do Torcedor (Lei n. 10.671/03)*. São Paulo: Memória Jurídica, 2006.

CALAIS-AULOY, Jean; STEINMETZ, Frank. *Droit de la Consommation*. 7a. ed. Paris: Dalloz, 2006.

CALVÃO DA SILVA, João. Responsabilidade Civil do Produtor. Coimbra: Almedina, 1999.

CARNEVALI, Ugo. La Responsabilità del Produttore. Milão: Dott. A Giuffrè, 1974.

CAS, Gérard; FERRIER, Didier. Droit de la consommation. Paris: Presses Universitaire de France, 1986.

DENARI, Zelmo. Código Brasileiro de Defesa do Consumidor: comentado pelos autores do anteprojeto. In: GRINOVER, Ada Pellegrini et al, 2012.

EFING, Antônio Carlos. *Fundamentos do Direito das Relações de Consumo,* 2a. ed. rev. e atual. Curitiba: Juruá Editora, 2004.

FABIAN, Christoph. *O dever de informar no direito civil*. São Paulo: Editora Revista dos Tribunais, 2002.

FARIA, Octavio de *et al*. *O Olho na Bola*. Rio de Janeiro: Gol, 1968.

FEITOSA, Maria Luiza Pereira de Almeida Mayer. *Paradigmas Inconclusos: os Contratos entre a Autonomia Privada, a Regulação Estatal e a Globalização dos Mercados*. Coimbra: Coimbra Editora, 2007.

GARCIA, Leonardo Medeiros. *Direito do Consumidor: Código Comentado e Jurisprudência*. São Paulo: Ímpetus, 2007.

GOMES, Luiz Flávio; CUNHA, Rogério Sanches; PINTO, Ronaldo B.; OLIVEIRA, Gustavo Vieira de. Estatuto do Torcedor Comentado. Atualizado de acordo com a Lei n. 12.299/10. São Paulo: RT, 2011.

FOLHA ONLINE, São Paulo: Disponível em:http://www1.folha.uol.com.br/folha/esporte/ult92u60128.shtml. Acesso em: 23 de maio de 2003.

IDEC, São Paulo: Idec, 30 jul. 2002. Disponível em: http://www.idec.org.br/paginas/noticias.asp?id=978. Acesso em: 30 jul. 2002.

ITURRASPE, Jorge Mosset. *Defensa del Consumidor*. 2.ed. Santa Fé: Rubinzal-Culzoni Editores, 2003.

KARAQUILO, Jean-Pierre. Le Droit du Sport. 2. ed. Paris: Dalloz, 1997.

LARENZ, Karl. *Derecho Justo. Fundamentos de Etica Juridica*. Trad. Luis Díez-Picazo. Madrid: Editorial Civitas S.A, 1985.

LEIS DO ESPORTE E ESTATUTO DO TORCEDOR ANOTADOS. São Paulo: Manole, 2003.

LOPES DA SILVA, Joseane Suzart. Estádio. Ausência de plano global de contingência e segurança. Instalações físicas precárias. Irregularidades. *Revista de Direito do Consumidor*, São Paulo: Revista dos Tribunais, n. 66, p. 367-386, abr./junho 2008.

_______. O Estatuto do Torcedor a Proteção Constitucional do Consumidor, *Revista do Ministério Público do Estado da Bahia*, Salvador, v.13, n.15, t.1, dez.2008.

_______.*Direitos dos Torcedores*. A Proteção Jurídica dos Torcedores no Brasil. Eventos Esportivos com Dignidade, Informação e Segurança. Curitiba: Juruá, 2017.

LORENZETTI, Ricardo Luis. La Relación de Consumo. *In Defensa del Consumidor*.

______. SCHÖTZ, Gustavo Juan (coords.). Buenos Aires: Depalma, 2003.

_______. "El daño a la persona". *In Daño a la Persona*. Pautas Jurisprudenciales. ITURRASPE, Jorge Mosset; SESSAREGO, Carlos Fernández; LORENZETTI, Luis Ricardo; CASTILLA, Gustavo Ordoqui. Montevideo: Ediciones Del Foro, 1996.

LOUP, Jean. Les sports et le Droit. Paris: Dalloz, 1930.

MANHÃES, Eduardo Dias. *Política dos Esportes no Brasil*. 2a. ed. rev. e ampl. São Paulo: Paz e Terra, 2002.

MARQUES, Cláudia Lima. Contratos no Código de Defesa do Consumidor. São Paulo: Revista dos Tribunais, 2013.

MARQUES, Cláudia Lima. *Contratos no Código de Defesa do Consumidor*, 7. ed. rev. atual. e ampl. São Paulo: Revista dos Tribunais, 2008.

MAZEAUD, Denis *et al*. "Loyauté, solidarité, fraternité: la nouvelle devise contractuelle ?". *L'avenir du droit*. Mélanges enn Hommage a François Terré. Paris: Dalloz/Presses Universitaires de France/Editions du Juris-Classeur, 1999.

MEIRIM, José Manuel. Direito Desportivo Internacional. *In Curso Sistêmico de Direito Desportivo*. MACHADO, Rubens Approbato; LANFREDI, Luís Geraldo Sant'Ana *et al* (coordenadores). São Paulo: Quartier Latin, 2007.

MEIRELLES, Hely Lopes. Direito Administrativo Brasileiro. São Paulo: Malheiros, 2012.

MELLO. Marcos Bernardes de. *Teoria do Fato Jurídico: plano da validade*. 6ª ed. São Paulo: Saraiva, 2004.

MIRAGEM, Bruno. *Direito do Consumidor*. São Paulo: Revista dos Tribunais, 2008.

MIRANDA, Martinho Neves. *O Direito no Desporto*. Rio de Janeiro: Lumen Juris, 2007.

NERY JÚNIOR, Nelson. *Código de Defesa do Consumidor comentado pelos autores do Projeto*. Rio de Janeiro, 2013.

NEVES, Marcelo. *A Constituição Simbólica*. São Paulo: Acadêmica, 1994.

RIZZATTO NUNES, LUIZ ANTÔNIO. CURSO DE DIREITO DO CONSUMIDOR. SÃO PAULO: SARAIVA, 2013.

RODRIGUES, Décio Luiz José. *Direitos do Torcedor e temas polêmicos do futebol*. São Paulo: Rideel, 2003.

RODRIGUES, Sérgio Santos. *Comentários ao Estatuto de Defesa do Torcedor*. Belo Horizonte: Del Rey, 2008.

ROXIN, Claus. *Problemas Fundamentais de Direito Penal*. 3. ed. Lisboa: Colecção Vega Universidade, 2004.

SANTOS, Joel Rufino dos. *História política do futebol brasileiro*. Rio de Janeiro, Civilização Brasileira, 1964.

SCHMITT, Paulo. *Curso de Justiça Desportiva*. São Paulo: Quartier Latin, 2007.

TOLEDO, L.H. de. "Transgressão e violência entre torcedores de futebol". *Dossiê futebol*. São Paulo, Universidade de São Paulo, n. 22, jun./jul./ago. 1994.MELO FILHO, Álvaro Melo. *Direito Desportivo. Novos Rumos*. Belo Horizonte: Del Rey, 2003.

RODRIGUES, Hélder Gonçalves Dias. *A Responsabilidade Civil e Criminal nas Atividades Desportivas*. São Paulo: Servanda, 2004.

RODRIGUES, Sérgio Santos. *Comentários ao Estatuto de Defesa do Torcedor*. Belo Horizonte: Del Rey, 2008.

SARLET, Ingo Wolfgang. *Dignidade da pessoa humana e Direitos Fundamentais na Constituição Federal de 1988*, 2a. ed. Porto Alegre, 2002.

SCHMITT, Paulo. *Curso de Justiça Desportiva*. São Paulo: Quartier Latin, 2007.

SESMA, Edson. Futebol Brasileiro – Estatuto de Defesa do Torcedor é uma proposta inovadora. Consultor Jurídico, 11 jun. 2003. Disponível em http://conjur.uol.com.br/textos/19456.

SOUZA, Gustavo Lopes Pires de. Estatuto do Torcedor – A Evolução dos Direitos do Consumidor no Esporte. Belo Horizonte: Alfstudio, 2009.do Consumidor no Esporte. Belo Horizonte: Alfstudio, 2009.

VIEIRA, Judivan. *Estatuto do Torcedor Comentado*. Porto Alegre: Síntese, 2003.

WHALEY, Douglas. *Problems and Materials on Consumer Law*. New York: Aspen Law&Business, 2002.

EDITORA JusPODIVM
www.editorajuspodivm.com.br

markpress BRASIL
TEL.: (11) 2225-8383
WWW.MARKPRESS.COM.BR